U0067013

台灣史基本讀本

蔡正元、張亞中◎著

蔡序

摒除偏見，重新認識台灣

我自一九八二年投入台灣經濟史的學習和研究，促發了對台灣史許多問題的疑惑，例如：中國人移民來台，只有男性，沒有女性，但荷蘭殖民時代，卻有對女性中國移民課人口稅的記錄；清朝時代初期，中國移民的男女比例沒有失衡。清政府有渡台三限制，但中國人大舉移居台灣島卻發生在康雍乾時期。平埔族漢化成中國漢人而消失，但到日本殖民初期，平埔族的人口和荷蘭殖民末期相較，卻約略相同，顯然平埔族漢化是在日本殖民末期。這些疑惑吸引我投入台灣史各個角度的史料蒐集和驗證，發覺很多台灣史的著作常以「史觀」之名掩護政治偏見。有人受日本人影響，過度對日本殖民時期塗脂抹粉，只見日本在台推動工業化，忽視台灣人的務農人口比例並未同步降低的事實。有人站在國民黨的立場看台灣史，過度貶抑清政府治台的成績。有人爲了推進台獨，全面性捏造台灣島主權變動的基本法律事實。因此，爲了留下研究記錄，本人於二〇〇四年開始提筆撰寫《台灣島史記》。完成著作之後，蒙張亞中教授不吝指教，還寫序給予莫大的鼓勵。此外，張教授還費心引述，編寫成較平易近人的《台灣史基本讀本》。張教授從孫文思想、中國史、台灣史出發，洋溢對台灣的熱愛，替台灣尋找平安之路的心願，實在非常令人敬佩。

財團法人孫中山紀念圖書館文教基金會董事長

蔡正元 謹識

序及前言

重讀真正的台灣史

老子說過，「天地不仁，以萬物爲芻狗。」天地無私，不以人的意願好惡而轉移；但是我們卻看到，人們往往以自己的意願或好惡來詮釋歷史，甚而刻意曲解歷史。

任何一部歷史，其間都可以看到人性的光輝面與黑暗面，但也有可能透過歷史的詮釋，狗熊成爲英雄，昔日豪傑卻成爲千夫所指；烈士孤墳無處可尋，患有斯德哥爾摩症候群者卻是比比皆是。這不能怪罪於一般人民，其責任與業力全在書寫與詮釋歷史者的身上。

人的認同絕大部分是「建構」而成的，「史觀」是認同建構的絕對重要部分。台灣的歷史教育一開始就有著強烈的政治意識形態意圖，一九九七年（民國八十六年）剛開始推動「認識台灣」課程時，幾乎沒有人反對，不論是所謂的外省人或本省人，都認爲人應該多瞭解一些台灣史。但是到後來才發現，這卻是台灣「去中國史」進程的開端。主其事者利用手上的權柄，以台灣主體爲名，把台灣史從中國史中抽離出去，而以獨立的脈絡敘事，把「台灣史」定位成「國史」，讓兩岸形成「一邊一史」的認同結構。

推廣「一邊一史」並曲解台灣史的人，大略可分爲兩類：一是爲獨立建國而必須要建構「去中國化」的台獨史觀；另一種則是爲了要打倒從大陸來台的中國國民黨。兩者目的雖不盡相同，方法卻是一致，即透過「台灣史」的撰寫與詮釋，以期完成其政治目的。這二十多年來，台灣史成爲爲政治意識形態服務的工具，錯誤的研究報告、隱藏眞相的歷史事實、錯亂的歷史詮釋，的確在台灣造成「去中」的效果，並透過對日本殖民統治的美化、醜化國民政府來台後的作爲，成功地讓年輕學子在認同上產生巨大的改變。

不僅是教科書，隨著民進黨取得執政權，一些台獨史觀的學者也逐漸占居教育、學術或教學樞紐地位，掌握了資源分配的權力，也使得不同觀點的學術界新進，不敢碰觸此一議題。政治人物不喜讀書，對歷史不求甚解，爲求選票，媚俗討好，因而既無知識，也無興趣去瞭解台灣歷史的眞相，反而輕率地認同已經行之有年的「政治正確」。

誤讀台灣史是台灣的全面性現象，即使馬英九總統任職八年（2008-2016）期間，也未能堅持對歷史課綱做任何一個字的微調。以訛傳訛、積非成是，經過一、二十年的政治社會化過程，若干謬誤的台灣史觀點已成爲「政治正確」，這也使得認同問題成爲台灣社會難以癒合的傷口。台灣也從解嚴後，一九九〇年代起進入一場由「認同問題」而引發的「民主內戰」。這場內戰用的不是槍砲，而是選票，內戰打的不僅是「政權的爭奪」，更包括「我是不是中國人」，以及由這個身分認同所引發的「統」、「獨」，還是「維持現狀」的台灣前途爭議。二〇一六年民進黨獲得全面執政，標示著這場認同的「民主內戰」，透過台灣史的教育，結果已大勢抵定。

這一場因認識台灣史而引起的認同內戰，使得台灣社會撕裂，影響團結與發展，而其結果卻會使得另一場迄今仍然存在的「兩岸內戰」，和平曙光更是遙遙無期。明確地說，如果不能理性認眞面對歷史認同問題，台灣終將永無寧日。

「立場不必中立，態度必須客觀」是我們在面對歷史認同問題時所必須堅守的信念。每個人出身不同，所受教育不同，自然有不同立場，但是在面對歷史問題時，我們必須客觀地檢視，瞭解歷史「是什麼」，而不是「應是什麼」；認識歷史帶給我們的啓發是什麼，而不是想著如何刻意曲解歷史來遂行自己的政治意識形態。

本書就是以這樣的信念撰寫，既希望能讓社會瞭解台灣史的眞實面貌，又希望能夠爲台灣社會的和諧做出棉薄貢獻。

本書得以出版也是時運福至，因緣俱足。爲了讓中華文化、本國史與立國思想在台灣留下一些火種，孫文學校決定編寫有關中華文化、本國史、孫文思想、台灣史四套文史哲叢書，前三套已順利進行，正在愁如何撰寫一本客觀且眞實的台灣史時，二〇一八年（民國一〇七年）初有緣拜讀好友蔡正元兄所撰的百萬字《台灣島史記》巨著，如獲至寶並深受啓發，原本希望將其納入孫文學校出版的文史哲叢書，但因該書已交由香港中華書局發行，未來在台灣也可能不易接觸。在與正元兄溝通後，由我代爲執筆，共同撰寫《台灣史基本讀本》一書。本書絕大部分的資料數據均參考《台灣島史記》，如果將本書視爲《台灣島史記》的節錄本也無不可。不同於《台灣島史記》是以編年體的方式寫作，本書則是以十二年國教高中歷史教科書所規定的課綱爲依據撰寫，希望能夠作爲年輕學生的歷史課本或讀物，也方便讀者能夠以時序主題並重方式，瞭解該一議題的歷史脈絡及意義。

本書的另一個特點，就是對台灣社會普遍重視且具重大爭議的議題，擴大其寫作篇幅，讓讀者可以完整而清晰的瞭解議題的原貌、過程及影響，從而期許原本已有立場的讀者，從每個階段台灣史的起承轉合、因緣脈絡能夠得到足夠的資訊，再思評價。

重閱高中歷史課本與若干台灣史著作，以下是二十個重大爭議問題，均將在本書中一一呈現其原貌：

一、多年以來，台灣的教育部課綱委員會明確要求各教科書必須述明台灣是多元文化，受原住民、荷蘭、西班牙、中國漢人、日本及西方的影響，而不准寫「台灣是以中華文化爲主體的多元文化」。究竟何者正確，本書將以事實爲根據說明。

二、爲了建構台灣的主體性，幾乎所有教科書都無「漢人來台」此一章節，在介紹完原住民後，就直接跳到荷蘭、西班牙來台，然後就是鄭成功來台，在談及清朝治理台灣期間，又有「渡海禁令」之說。若眞有此事，爲何到清朝時期，已有兩百多萬人在台灣生根落葉？這些人應該不是從石頭裏蹦出來的吧！先民爲了開拓新天地而渡海來台，這一段胼手胝足、可歌可泣的歷史，就在當今爲求「政治正確」的論述中被埋沒忽視了。本書將會介紹這一段先民的移民史。

三、幾乎全部教科書都說，在台灣開港以前，清朝對台是「消極統治」、「爲防台而治台」，官員治台也是輕忽腐敗，致使誇張地說台灣「三年一小反，五年一大反」，並將其詮釋爲「反清復明」的民族運動，或反對「外來政權」壓迫的政治抗爭，或爲「官逼民反」的義行。事實是否眞是如此？幾乎所有教科書從來沒有清楚說明，在清治台灣兩百多年間，台灣人民如何全面大墾荒，幾乎將全台均開發爲可用的田地。此一可比擬美國「大西部開發」的波瀾壯闊偉大成就，沒有清廷的積極配合及有效管理，如何能夠做到？台灣幾次重大「民變」的本質爲何？這也是本書要處理的問題。

四、幾乎全部教科書也在說，由於當時種種限制，「只有唐山公，沒有唐山嬤」，因而現在絕大多數台灣人都有平埔族血統，已非純粹的漢人；更有政治人物因而引以為台灣人是「南島語族」，「台灣人不是中國人」的論述依據。這樣的見解是否正確？本書將清楚說明。又為了政治正確，將目前總統府、外交部前的大道取名為「凱達格蘭大道」，如果知道在台灣根本就沒有凱達格蘭這個民族，會如何想？

五、有的教科書為了要凸顯台灣獨立的可行性，特別說荷蘭時期有「大肚王國」，鄭經在台灣成立「東寧王國」、「東寧政府」，以作為台灣曾有獨立國家的「事實」。事實是否如此，本書將一一解釋，並說明為何鄭氏統治台灣期間，應以「明鄭時期」的簡稱較符合歷史的敘述方式。

六、幾乎所有教科書都沒有處理清廷、漢人與原住民三者之間的連動關係。在眾多教科書裏，清廷與漢人都是欺壓原住民的罪魁禍首。從本書中，我們可以看到滿清由於是少數民族出身，對原住民的關注遠遠超過大家的想像，而與原住民爭地的漢人的表現卻是令人汗顏的，這是現有教科書不會去處理的問題。

七、絕大多數教科書肯定日本對台灣現代化的貢獻，但卻很少教科書清楚地說明，日本建設台灣是用誰的錢、誰的資源，從台灣拿走了多少？對日本帝國主義做出什麼樣的貢獻？爲何不准日本人吸食鴉片，卻讓台灣人吸食？日本「現代化」、「工業化」台灣的目的爲何？而相對於滿清政府只有給錢，一九四九年的民國政府是帶著黃金、大量物資、國寶重器來到台灣。清政府和民國政府對台灣的態度與荷蘭及日本是完全相反的，前者是家人，後者是外人。本書會提供具體數字供讀者參考比較。

八、直到今日，不少人認爲日本殖民統治時期，台灣人就是日本人，並以曾有此經歷爲榮。但是絕大多數教科書沒有告訴青年人，當時台灣人的眞實身分是什麼？與日本人的差距在哪裏？日據時期的台灣人是「屬民」，而非「公民」；「島人」是當時台灣人的法律身分，而不是日本人的「和人」，即使是爲日本作戰的志願兵，所受的待遇也與日本兵有天淵之別，本書將清楚地爲大家介紹兩者的差異。

九、有學術研究說，台灣的地方自治能夠成功，是因爲在日據時期台人就有參與地方選舉的經驗。事實是如此嗎？已經到了日據時期末期，殖民政府才開一個窗口，台灣民眾四百多萬人中只有兩萬人有投票權，設有一大堆天花板限制，而且很快就關上了。本書會告訴讀者，什麼是殖民地式的「民主」。

十、馬英九任內對歷史教科書不敢撥亂反正，但曾有課綱微調的討論，其中一個點就是慰安婦到底是「自願」還是「被迫」。由於馬英九當時卻連「微調」也不敢堅持，最終決定「新舊課綱」均可使用，使得此一議題仍舊處於爭議階段，本書也會處理此事，做一清楚說明。

十一、很多人說，台灣人當時是被迫參戰，但是看到資料顯示，當日本陸軍徵兵一千，第一次就有四十多萬台籍青年報名，第二次又有超過六十萬名報名時，是否還會認爲日本的皇民化教育並不成功？能否瞭解台灣人希望透過當兵取得與日本人同樣身分待遇的期待？台灣人的認同何時發生轉變？這是本書要處理的問題。

十二、殺人如麻，視台灣人爲「貪生、怕死、好面子」的兒玉源太郎與後藤新平，爲何其銅像迄今仍安座在台灣博物館內，而沒有人去質疑是否應將其拆除，卻只是要拆除中正紀念堂內爲台灣做出具體貢獻的蔣介石銅像，這是什麼樣的思維？我們必須瞭解其中的緣由，這是所有教科書都沒有、也不容許處理的問題，本書將一一探究。

十三、日本殖民統治期間，應該如何簡稱，是「日治時期」還是「日據時期」？一字之差，表達出不同的歷史詮釋與史觀。「日治」用法，是肯定日本殖民統治的合法性與正當性，「日據」用法，則是接受日本殖民統治雖爲事實，但認爲其取得台灣的法源是不正當的。本書並非只是用主觀性的史觀道德情感理由來申述，而是提出國際法的證據來說明，為何使用「日據」簡稱較為合理與合法。

十四、台灣不少教科書及學者，喜歡並堅持用「終戰日」而非「台灣光復日」來定義一九四五年八月十五日這一天。本書將說明，「終戰日」只是日本人自己日後所創造出來，為「無條件投降」遮羞的詞彙而已。本書將從國際法律文件中的法律角度說明，為何使用「光復」而非「終戰」才是正確。

十五、二二八事件是個歷史悲劇，在兩蔣時期政策性的隱晦不談，後蔣經國時期到前李登輝時期，隨著解嚴，二二八非但不是禁忌，反而成為顯學，但是事實真的如目前政治正確的「官逼民反」、「大屠殺」、「蔣介石是元兇」嗎？還是整個事件的詮釋是「官民聯合大撒謊」下的產物？因為這件事對台灣的重要，本書特別用約一萬字來陳述，未來還會再出專書，以讓此一重大議題能夠還原其眞正的面貌。台獨論者總是將二二八事件作為其推動台獨的起點，並將一九四七年發生的二二八事件與一九四九年以後發生的「白色恐怖」，這兩件在本質上不同的事情混在一起談，其謬論及訴求為何？本書也將清楚分析說明。

十六、綠營人士要求教科書必須講授「台灣地位未定論」，絕大多數教科書也跟著照辦，台獨人士更以「台灣地位未定」作爲其推動台獨的理論依據；也有人認爲當時日本只是放棄台灣澎湖，而沒有歸還給中華民國，日軍只是向盟軍投降，而不是向國軍投降。本書將用不少篇幅，從專業的國際法觀點予以一一駁斥。

十七、一九四九年以後兩岸既分治又對峙，美國曾是民國政府最重要的盟友，但也是「台灣地位未定」的倡議者。幾十年來，民國政府的國際地位隨著美國的意願而發生轉變，而且愈變愈低。一般教科書在討論這些轉變時，只是輕描淡寫的帶過，但是本書認爲這是一個絕對重要的課題，對於瞭解美國的對台政策有絕對的助益，因此，本書也會用相當篇幅介紹。

十八、蔣介石在抗戰結束，將台灣人視爲中國人，讓台灣人從戰敗國的同謀共業者，搖身一變爲戰勝國的國民，而使得台灣人民免受戰爭的責任與道德追訴。一九五〇年代蔣介石帶領台灣成功抵擋中共對台的武力解放企圖，確保了台灣的安全；發行新台幣、推動土地改革、九年國教、成功的經濟建設，讓台灣在一九六〇年代享有十年的黃金歲月，但是部分台灣民衆卻視其爲仇讎，要除其塑像，拆其紀念堂，毀其名聲而後快。無論朝野高官，卻向日本工程師八田與一雕像膜拜，是台灣人民的無知，還是無情？是刻意被操作，還是比斯德哥爾摩症候群更嚴重的媚日情結作祟？

看完本書，即使仍有立場，但是應該也能有一把尺，判斷部分民眾如此「媚日恨蔣」的眞實原因爲何？

十九、有不少教科書把台灣經濟成長的原因，歸功於日本留下的建設，以及美援的功能，卻對當時的經濟政策規劃輕輕帶過，並絕口不提關鍵性的功臣。教科書似乎刻意遺忘，台灣在戰後美軍的大轟炸中變得如何破損，美援固然有功能，但畢竟只是一個因素，沒有一個安定且穩定的環境、全民努力的奉獻、技術官僚的戮力從公，台灣怎麼可能有起飛的黃金十年？如何能夠成爲亞洲四小龍？本書會將台灣經濟發展的因素一一呈現，讓讀者瞭解成功不是天上掉下來，不是美國人給的，更不是日本人留下的。

二十、多年前，大陸觀光客到台灣來，盛讚「台灣最美麗的風景是人」，西方也認爲台灣保留了最多且美好的中華文化元素。如果沒有當時政府推動國語與中華文化運動，台灣今天的文化面貌又是如何？本書的書寫範圍界定在一九八八年蔣經國去世以前，因而並沒有對一九九〇年代以後民進黨等泛綠人士如何以「台灣主體性」、「多元文化」進行「去中國化」、「去中華文化」的解構過程有所描繪。但是可以從本書中看到，一九九〇年代以前，除了國際政治以外，台灣在文化、經濟、民主都是領先大陸，但是後來的台灣自己把優勢毀掉，部分台灣政客與學者的無明理盲、權力利益的自私，帶著台灣走向沉淪，是否為重要原因？或許從台灣史的誤讀，可以看出端倪一二。

知識需要推廣，觀念需要傳播，台灣史的眞實面貌應該用各種方式呈現，為此孫文學校曾開設「台灣史專業講師認證班」，由《台灣史島記》的作者蔡正元先生親自面授，邱毅及其他多位專家就相關議題做錄影式的視聽教材，以作為青年學子、授課教師及海內外對台灣史有興趣的朋友閱聽之用。

另外，本書幾個寫作規範亦一併說明如下：一、歷史撰寫盡量避免述及當代議題，本書也謹遵此一原則，避免撰寫這一代的事物。一代為三十年，所以本書的撰寫期間，是從台灣史的開始到三十年前，也略是蔣經國時代的結束。不過，由於歷史是連貫的，有其關聯脈絡，因此，在需要時，本書會將一九九〇年代以後若干發展，簡單陳述，以方便讀者瞭解後來的發展與影響。二、在荷蘭聯合東印度公司殖民台灣時，使用「中國移民」，因為當時中國仍未統治台灣，但是在明鄭以後，因台灣已屬於中國，則用「漢人移民」來表述。三、在使用年代方面，本書以西元為主，當時統治者的紀元為輔，除非一節中出現跨越不同紀元的年，年代第一次出現時，西元與紀元並寫，以後僅寫西元，以節省字數。四、中華民國時期，以行憲日為標準，一九四七年底以前，因為是訓政時期，稱之為「國民政府」，即國民黨所主政的政府，但是在制憲以後為憲政時期，則稱「民國政府」，其意為中華民國政府。

五、本書以直排方式印刷，以符合傳統中文閱讀方式，但文中有數字部分，除年代時間及四位數以下者以中文書寫外，其餘則以數字呈現（如某人生卒時間及任職期間，或百分比數字等）以避免干擾讀者閱讀，若有必要，本書也會以中文數字呈現大約數額，而將具體數字在括號內呈現，以方便閱讀及記憶。

知識可以改變認識，認識可以減弱我執，是本書寫作的信念。佛有言：「千年暗室，一燈即明。」面對千年的暗室，我們並不需要千年，當燈點亮的剎那，暗室就即刻放光明。《台灣史基本讀本》的出版，就是希望為台灣點一盞燈。

作為本書的作者之一，學養仍有不足，不對之處，亦請不吝指正，也很感謝正元兄對若干觀點的包容。相信正元兄與我一樣，希望透過本書的出版，能夠喚起大家重視台灣史的研究與閱讀，畢竟，要先能眞正瞭解自己的過去，才能有更大的能量去展望未來。

孫文學校總校長

張亞中 謹識

目 錄

第三單元　日本殖民時期　157

第一單元

早期台灣

第一章

史前文化與原住民社會

壹、史前文化與考古發現

一、台灣島的出現與稱呼的演變

㈠台灣島的出現

一億年前，菲律賓海底板塊開始向西推擠，碰撞歐亞大陸板塊，並隱沒入歐亞大陸板塊底下，將歐亞大陸板塊東緣大陸架上的沉積物抬高，於六百萬年前露出海平面，形成台灣島。

台灣島總面積約為三萬六千餘（36,188）平方公里，南北長三九五公里，東西寬一四四公里，環島海岸線長約一一三九公里。與中國大陸隔著台灣海峽，兩側海岸線平均距離約兩百公里，最窄處在現在台灣的新竹縣與福建省平潭島之間，僅有一三〇公里。台灣的基隆市距離北面的釣魚台島約一九〇公里，東面宜蘭蘇澳港距離琉球八重山群島的「與那國島」約一一一公里，台灣島南面與菲律賓的巴丹群島（Batanes），相隔巴士海峽，距離約一四二公里。台東外海的蘭嶼與巴丹群島最北的雅米島（Mavudis〔Yami〕）相距九十九公里。

㈡稱呼的演變

台灣最早的名稱爲「琉球」、「小琉球」、「福爾摩沙」、「東番」、「北港」、「大員」、「大灣」。最後再從「大員」與「大灣」相結合演變爲「台灣」的名稱。

一三四九年（元朝至正九年）元代旅行家汪大淵撰《島夷誌略》，是稱台灣爲「琉球」的最早期文獻。一五三五年（明嘉靖十四年）陳侃在《使琉球錄》中以「小琉球」稱呼台灣，這個稱呼也普遍被葡萄牙人和西班牙人使用。一五四四年（明嘉靖二十三年）葡萄牙商船途經台灣稱呼爲「福爾摩沙」，到了一五五四年才有地圖將Formosa一詞標示入圖，但西班牙官方文書直到一五八〇年仍稱台灣爲「小琉球」。比較正式的中國史料是一五五五年鄭舜功出使日本，於一五六〇年出版《日本一覽》，繪圖標示小琉球、雞籠山的位置即台灣。

一五七三年（明萬曆元年）曹學佺《倭患始末》一書中用「東番」一詞稱呼台灣。一五八九年（明萬曆十七年）許孚遠的《海禁條約行分守漳南道》，又用「北港」泛指台灣的稱呼，不是現今雲林北港。現今雲林北港原名「笨港」，清代乾隆時期才改名爲「北港」。

早在一六二四年（明天啓四年）荷蘭人入台之前，一六〇三年（明萬曆三十一年）中國文獻，陳第所撰《東番記》就出現「大員」的稱呼，這可能是最早出現「大員」稱呼的文獻。但他所稱的「大員」，僅限於現今台南安平古堡附近區域，僅指台江內海的一鯤鯓港口，並非台灣的全稱，在陳第的用語裏，「東番」才是台灣的名稱。

一六二九年（明崇禎二年）出現「台灣」，都只在講台南地區，不是指稱台灣全島。但是在一六三五年，何楷在奏摺中所稱的「台灣」，就已經是指全部的台灣。「大員」一詞仍保留在專用於指涉「一鯤鯓」（現稱上鯤鯓）。直到現在，台灣居民用閩南語稱呼「台灣」的發音，仍然念成「大員」，而不是閩南語發音應有的「台灣」字音。「員」的閩南語發音同「丸」，而不是用「灣」發音，若用閩南語叫「台灣」會叫成「代彎」，不論台灣腔、廈門腔、泉州腔、漳州腔、溫州腔或新加坡腔的閩南語發音都是如此。

「台灣」之名從「一鯤鯓」沙洲的大員港，再成爲荷蘭人的「大員統治當局」及其統治地區的泛稱，最後由「大員」轉型成「台灣」作爲台灣島的全稱。而原本模糊的全島名稱如琉球、小琉球、東番、北港、福爾摩沙、大灣、東都、東寧，都因測量技術進步和政治局勢演變而逐漸退出歷史舞台。

一六六七年（清康熙六年）由沈光文（1612-1688）所作的《台灣賦》是最早以「台

灣」爲名的中國文學作品，顯見鄭經的延平王政府時代，「台灣」已成爲普遍的地理名詞，用於稱呼全台灣島。只是延平王的政權並非以「台灣」爲名，仍是奉明爲正朔，鄭成功（1624-1662）將台灣視爲「東都」，鄭經（1642-1681）改名「東寧」，表示台灣是明朝的東方邊區政府轄地。「台灣」仍只是地理名詞，不是國號、王號或政治名詞。

二、台灣史前時期的文化

按其年代早晚、空間分布及文化內容，可將台灣史前文化分爲舊石器時代晚期、新石器時代早期、新石器時代中期、新石器時代晚期和鐵器時代五個時期。

㈠舊石器時代晚期：長濱人

人類進化過程從「古猿」到「猿人」再到「智人」（Homo Sapiens）。「智人」就是現代人類，是人類進化的第三階段，已脫離猿猴的臉部特徵，不再是猿人。

人類的舊石器時代開始約於三百萬年前左右，當時「直立猿人」剛出現。約二十五萬年前「智人」出現在非洲，約十萬年前「智人」移民至亞洲和中國，約五萬年前出現在東亞南部。約一萬年前人類才結束舊石器時代。

台灣史前人類從何而來？考古學家咸認不同時期有不同的來源。史前考古資料顯示，藉著五萬年前「第四紀更新世」冰河時期的「冰盛期」來臨，海水大規模結冰，海平面下降，低於目前的一四〇公尺，台灣海峽的底土大都露出海面，因而使得台灣直接與大陸透過「陸橋」相連，中國大陸東南一帶，靠狩獵維生，沒有航海能力的「智人」追捕動物群進入台灣。所以三萬年前的舊石器時代，台灣已有來自中國大陸的人類居住，即是因在台東長濱地區被發現而命名的「長濱人」（**Kakacawan**）。

舊石器時代人類使用的工具是以打製成形的石器爲主，台灣舊石器時代的文化遺址，主要有長濱文化及網形文化。

現在台東縣長濱鄉八仙洞群的「長濱文化」，出現的年代至少在一萬五千年前，甚至可能早到距今五萬年前，是台灣目前發現人類活動年代最早的遺址，主要分布在台灣東部及恆春半島海岸。長濱文化的史前人類多居住在海邊的洞穴，以採集、漁獵維生，已知用火，完全無農畜的跡象，晚期還包含漁撈、採貝等活動。當時人類使用石器的原料採自海邊的礫石，以單面加工敲擊而成，多爲石片器，另外尚有不少骨器出土。屏東鵝鑾鼻的舊石器遺址與長濱文化的存在時間約略相當。近年的研究顯示，台南市左鎮區發現的左鎮人化石的年代並沒有過去所想的那麼久，且與長濱文化的年代不相符。

網形文化分布在台灣西北部台地，尤其以苗栗大湖鄉爲主。距今八千至六千年前，曾被認爲是台灣的「晚期智人」。雖然此文化的發展時間和長濱文化大致接近，但是出土器物的形制和製造方式，包括許多尖器、刮器，明顯不同。因此，考古學家將此文化體系單獨命名。不過，一般認爲這兩個文化都與大陸系統的舊石器時代有關。

約一萬年前「冰盛期」結束，海平面開始上升，六千年前「陸橋」被黑潮的海水淹沒，台灣與中國大陸才以台灣海峽相隔，成爲一個完全四面環海的島嶼。目前沒有資料可以理解，長濱人爲何消失滅絕，但可以確定的是，長濱人和新石器時代以後出現在台灣的原住民沒有血緣關係。

㈡新石器時代早期：大坌坑人

新石器時代最早出現在台灣的人類是「大坌坑人」，約六千年以前趁著冰河時期的「冰盛期」，台灣海峽的海平面比目前低，從中國大陸，經過「東山陸橋」，走過澎湖群島抵達台灣。也有可能是順著黑潮的強勁海流自菲律賓群島北上，抵達台灣的先住民。大坌坑人已有農業生產能力，並以原始村落形式聚居，生存時間距今約有六千年前至四千五百年前，在台灣島上生活了一千五百年後消失。目前沒有證據顯示台灣原住民就是「大坌坑人」的後裔。另外，從長濱人消失，到大坌坑人出現，中間有近一萬年的空白，目前尚不清楚這一萬年間在台灣發生什麼事。

大坌坑位於今台灣新北市八里區埤頭里公田聚落南方，海拔約三十至四十公尺的緩坡上。目前台灣的北、中、南部、東海岸及澎湖群島都有「大坌坑文化」的遺址。

新石器時代與舊石器時代的相異之處是，人們開始種植糧食、畜養牲口。根據遺址的大小及文化層堆積型態得知，大坌坑文化已經是定居的小型聚落，主要分布在河邊或海邊、湖岸稍高的陸地。從大坌坑出土文物可知，當時的人已懂得製作陶器，也懂得將石器打磨成生產工具，從事農耕，以種植根莖類作物爲主，耕作型態屬於刀耕火種（slash and burn，使用火去除掉森林以獲得空地作爲耕地進行農業生產的技術）的遊耕階段。雖然當時的人類可能已發展農業，但狩獵、採集仍是主要的經濟活動。

由於大部分大坌坑文化出土的陶器在口緣下方有繩紋，因此大坌坑文化也稱爲「粗繩紋陶文化」。由其紋飾所顯示的變化與造型，顯示當時人已經初具審美觀念和相當的工藝水準。目前學者大多認爲，大坌坑文化可能爲台灣最早可辨識的「南島語族」祖型文化。和這個文化相類似的遺址，也出現在閩江口以南到雷州半島附近之間的大陸東南沿海地區。

㈢新石器時代中期：訊塘埔人、牛罵頭人

新石器時代中期，約中國夏朝、商朝時期，距今約四千年前，開始出現的地域型文化。在新石器時代中期，大坌坑文化的人類逐漸分散在台灣各處，各自發展出具有地方特色的文化內容，並有朝內陸遷徙的傾向。因此，各地進入新石器時代中期的時間並不一致，約在距今四千五百年至三千五百年間。此階段出土的遺址規模較大，堆積層較厚，表示當時應已發展出長期定居且規模較大的聚落，這種生活型態反映出農業進一步的發展。

考古遺址發現有台北的訊塘埔文化（基隆至淡水之間北海岸及關渡以下淡水河岸）及台中牛罵頭文化（台中清水）、台南牛稠子文化（台南市仁德區成功里）。台灣史前文化可歸類爲新石器時代中期。

㈣新石器時代晚期：圓山人、芝山岩人、卑南人

新石器時代晚期，約當中國西周時代。距今約三千五百到兩千年前，台灣進入新石器時代晚期，發現有台北「圓山文化」、「芝山岩文化」、台東「卑南文化」（與現在原住民的卑南族無關）。

整體來說，在新石器時代晚期，農業已經成為平原地區主要的經濟型態。此一時期，由於人口增多，聚落的數量與規模漸增，發展出不同的社會階層，也出現貧富的差距。東部的卑南文化與北部的圓山文化均出現風格相近的人獸形玉玦，顯示區域之間可能有戰爭或貿易往來等關係。

此時期的人類也發展出新的陶器形制，如三足器；工藝技術也更為精進，能夠製作精美的彩陶、黑陶等。考古學家還發現麒麟文化的巨石崇拜、卑南文化的墓葬群及豐富多樣的玉器陪葬品。這些規整的儀禮及精妙裝飾品的製作，必須有高度發展的社會組織，學者推測當時的部落規模已逐漸擴大，可能有部落聯盟或共主的出現，不過，目前仍無出現「酋邦」的證據。

(五)鐵器時代

人類文明是歷經舊石器時代、新石器時代、青銅器時代、鐵器時代等階段。令人奇怪的是，台灣卻從新石器時代，受到中國鐵器文化的影響，跳過青銅器時代，直接出現鐵器時代，考古工作至今並未發現台灣有任何青銅器時代的遺址，在台東太麻里舊香蘭遺址發現兩千年前的砂岩鑄模，可用於澆鑄青銅耳飾和鈴鐺，因為缺乏青銅器出土，仍不足以證明青銅器時代的盛行。中國歷史上夏、商、周、秦等青銅器時代的文化，在台灣似乎是一片空白。

新北市八里區的十三行遺址發現曾使用鐵器的「十三行文化」，距今一千八百年，約當中國東漢時代，是台灣進入鐵器時代的開始。擁有鐵器的部落社會，改變原住民的農業耕作、狩獵技術、戰爭方法，進而引發部落之間的權力重組，但是十三行人並未像其他鐵器文化的地區產生酋邦或王國，仍維持村社部落的組織型態。

十三行遺址位於新北市八里區頂罟村海港邊，清代中國時期有十三家貿易商行位於港口，別稱「十三行村」，故得名「十三行遺址」。考古學者從十三行文化遺址挖掘出許多殘缺鐵器、大量鐵渣，以及煉鐵作坊，可知此遺址的居民已有煉鐵的技術與文化。此外，十三行遺址出土的文物包括唐宋古錢及大陸瓷器，也說明了大陸東南地區的漁民或商人已來當地，與居民進行商品交易。

十三行文化遍及淡水河以南，苗栗南部大安溪以北，東至宜蘭，到花蓮的三棧溪，分別是：中部台中大甲的番仔園文化、南部台南永康的蔦松文化、東部花蓮豐濱的靜浦文化、屏東車城社寮的龜山遺址、南投集集田寮的大邱園遺址、宜蘭南澳的漢本遺址等。鐵器時代的十三行人「有可能」是現代已消失的平埔族巴賽人（Basay）的祖先。同時期的蔦松文化遺址「有可能」是西拉雅人的祖先，台東靜浦文化遺址「有可能」是阿美族的祖先。但依據目前的考古證據，還不能完全確定台灣原住民與鐵器時代文化間的對應關係。

十三行遺址存在時間最早出現在一千八百年前，約當中國東漢時代。結束於五百年前，約當明代中國正德皇帝朱厚照（1491-1521）時代。十三行文化爲何結束，人去哪裏，仍是謎團。

貳、原住民的出現與文化

一、原住民的稱呼

鐵器時代十三行人於西元前一千五百年左右消失前後，完全沒有任何文字資料。現在的台灣原住民，因爲沒有文字，也無法累積史料。原住民的傳說或口述資料，也無法傳達可納入歷史論證的材料。現代熟知的原住民文字史料，大多靠十四世紀後的中國史料及十七世紀後荷蘭或西班牙的記錄。一三四九年元朝人汪大淵撰寫的《島夷誌略》可算是最早的文字史料，至於他是否眞的來過台灣，也不清楚。

台灣原住民族習慣上可分爲兩大族群：居住在平原的「平埔族」（Pepohoan）及居住山地的「高山族」（Formosan Aborigines）。雖名爲「高山族」卻不一定居住在山上，有部分居住在河谷或平原。在荷蘭人和中國人抵達台灣之前，高山族已生活在高山地區，並非被荷蘭人和中國人趕入高山。平埔族是因爲中國移民的擠壓而大舉遷徙，但也不是遷入高山地區。

現在的原住民從哪裏來？即使台灣各原住民族擁有各自的起源傳說，但近年來依據語言學、考古學和文化人類學等的研究推斷，台灣原住民族在遺傳學和語言學的分類上屬於南島民族和南島語系（Austronesian），和菲律賓、馬來西亞、印度尼西亞、大洋洲等的南島民族有密切的關聯。

自十七世紀開始，荷蘭人、西班牙人、中國漢人相繼來台，也將原住民的活動記錄在他們的文獻資料中，爲了區別與管理起見，開始爲原住民命名或分類。

十七世紀初，明朝陳第的《東番記》，將台灣原住民族稱爲「東番」，即是以未開化的「番」字命名。同一時期在台灣的荷蘭人，則是依據先前在現今印度尼西亞殖民的經驗，將台灣原住民族稱爲"Indias"或"Blacks"。

十七世紀末，清廷治理台灣後，將原住民區分爲「生番」、「化番」及「熟番」。生番是指分布於版圖界外，未納糧、應差的原住民；而熟番則為居住在一般行政區內，接受清廷的編籍教化，並且繳納人頭稅、服徭役的原住民；漢化程度介於兩者之間的「化番」，則向政府繳納鹿皮，或是以鹿皮折現代替，並未編籍應差。對於清廷而言，「化番」偏向於「生番」，但有時並無二致。

清朝的文獻中，根據原住民族的生活空間，而有「平埔番」和「高山番」的稱呼。至日據時代，殖民政府承繼清朝「生番」、「熟番」的分類，也同時使用「平埔番」一稱，繼而改稱「高砂族」、「平埔族」。

一八四五年（民國三十四年）國民政府光復台灣後，則開始使用「平地山胞」和「山地山胞」的稱呼。一直到一九九四年，因為原住民正名運動與世界潮流的影響，於是改「山胞」一詞為「原住民」。二〇一四年底，經民國政府正式認定的原住民族有十六支。

二、原住民的分布

各原住民族不是在同一個時期進入台灣，早則數千年，晚則數百年。最早移居來台的原住民族可能超過兩三千年，最晚移居來台的原住民族，如宜蘭蘇澳的猴猴族（Quau Quau），可能只有數百年。台灣原住民的原居地，有些來自中國大陸東南地方，有些來自中南半島，有些來自菲律賓群島。當然台灣原住民也有往外移民的現象，尤其移往菲律賓群島、印尼群島、大洋洲等地，都有跡可循。這些原住民移民的遷徙是雙向，甚至多向，而非單向的。至於那些原住民族是經由東山陸橋這類的陸路，很早就進入台灣，或者經由海路，例如跨越巴士海峽或台灣海峽，進入台灣，以及這些族群何時有跨海航行的能力，又何時失去，目前都沒有確定的答案。

台灣的原住民在一九四八年（民國三十七年）時被分成泰雅、賽夏、布農、鄒、魯凱、排灣、卑南、阿美、達悟等九族，二〇〇一年後，陸續有新的歸類，依次增加了：邵族（原歸鄒族）、噶瑪蘭族（原被歸阿美族）、太魯閣族（原被歸泰雅族）、撒奇萊雅族（原歸阿美族）、賽德克族（原歸泰雅族）、拉阿魯哇族（原被歸南鄒族）、卡那卡那富族（原被歸南鄒族）等。除達悟族居住在蘭嶼外，大多居住在近山或山區地帶。

泰雅族的分布地域較為廣闊，南投縣埔里鎮與花蓮市一線以北的大片山地皆為其分布地。賽夏族分布地為中港溪上游的南河與後龍溪上源的八卦力溪流域。布農族多居住在台灣中央山脈約海拔一千至一千五百公尺間的山地。鄒族分布地在玉山西南方，而以阿里山為主要分布地。魯凱族主要分布地為台灣南部中央山脈。排灣族主要分布地為台灣中央山脈之南段。卑南族主要分布在台東縱谷南部，一部分散居恆春半島。阿美族分布於花東縱谷平原和台東海岸山脈東側之海岸地帶。達悟族分布於台東的蘭嶼。太魯閣族大致分布於花蓮山麓地帶。撒奇萊雅族主要分布於花蓮奇萊平原。邵族分布於南投，相傳邵族的祖先係因追逐白鹿而遷至日月潭定居。賽德克族約介於北方的泰雅族及南方的布農族之間。

台灣原住民分屬不同的民族，語言文化不盡相同，甚至血統都可能不盡相同。但是從語系（language family）來看，原住民的語言都可歸列為南島語系（Austronesian Languages）的一部分，但並非單一民族。

「民族」和「語系」、「語族」、「語群」是不同的概念，「民族」是以語言、文化、血緣為定義的族群，「語系」則僅以語言的近似度歸類而已。不同民族可能使用近似的語言而被歸類為同一個語系，同一個語系則不一定屬於同一個民族，因為文化和血統可能差異很大。台灣各族原住民在語言文化，甚至血緣體貌的差異，可歸類為不同的民族，但這些有差異的語言，其發音、詞句、結構的近似度可視為同一個語系或語族。

十七世紀的荷蘭人和西班牙人已發現，台灣原住民大多沒有航海能力，沒有出現「漁民」行業，反而是擅於爬山狩獵的「獵人」，除了蘭嶼達悟族外，文化特質屬於陸地民族，不是海洋民族，與其他地區的南島語族的海洋文化差異很大。有些人認為吃海鮮，划排筏，捕撈魚蝦，近海或沿岸航海就算海洋民族，卻忽略這種文化與遠距航海，靠海維生的海洋民族相較，差異實在太大。

十七世紀荷蘭人和西班牙人只發現台灣北部的巴塞族人（Basay）有簡易的航海能力，南部的排灣族並無航海技術，也無船隻。巴塞族則被誤稱凱達格蘭族（Ketagalan），事實上台灣從無凱達格蘭族的稱呼。「凱達格蘭」是日本學者伊能嘉矩錯誤編撰的名詞。菲律賓人才有自稱「凱達格蘭根」（Katagalugan）人的民族。

三、原住民的早期文化

台灣原住民主要居住在台灣山區及東部一帶，由於原住民族的經濟活動以狩獵、採集為主，生活技能與生活資源與漢民族有顯著差異，早期儘管也需要與其他民族交流，但對其傳統文化影響較少。台灣原住民語言可分為三大「語群」，泰雅語群（Atayalic）：泰雅、太魯閣、賽德克。排灣語群（Paiwanic）：排灣、魯凱、布農、卑南、阿美、達悟。鄒語群（Tsouic）：鄒族、卡那卡那富、拉阿魯哇。這表示目前原住民的多樣化語言是由泰雅、排灣、鄒等三種語言演化出去的。

㈠親族組織

阿美族、撒奇萊雅族及卑南族，由男性主導公共事務，推選長者領導，並以公共會所為主要活動場所。這些社會的另一個特徵是嚴密的年齡階級組織。男子在十三、四歲時，必須進入集會所接受成年的訓練。以二至五歲為一個階級，同一階級的男孩一起學習、生活，並住在集會所。同齡男子的關係因此十分緊密，並維持到離開人世為止。但這些部族都由女性繼承家族產業，人們只從母方追溯祖先世系；並且由女兒繼承母親家系，屬於母系社會。

賽夏族、布農族與鄒族是重視家族的父系社會，由男性繼承財產及家系，氏族族長會議主導公共事務。氏族是部落政治、經濟、宗教活動的基礎。

排灣、魯凱族屬於雙系社會，男女皆可繼承家系和家業。魯凱族由長子或男嗣繼承；排灣族則由子女中最長者繼承。部落之公眾事務由部落會議處置。

㈡政治

排灣、魯凱族為貴族社會，農地、獵場、漁場等生產資源為貴族擁有。族人耕作農地、溪流捕魚、山林狩獵等都須向貴族繳稅，階級制度嚴明。

泰雅族以及同屬泛泰雅族的太魯閣族與賽德克族，則以「祭團」（Gaga）為部落核心，公共事務由酋長與部落長老會議決定。祭團是泰雅人日常生活、風俗習慣的戒律，觸犯禁忌可能受到神靈的懲罰。泰雅族以祭團維繫部落經濟和社會規範，以部落內近親親族為核心，組成祭祀團體，共同遵守祖先的禁忌。

達悟族組織有勞動力的男子為「漁團」。漁團成員共同造船、修船，也平等分享漁獲。部落中年齡最長者，召集幾位長老及族長組成長老會議，不定期召開會議，以解決部落事務或部落間的紛爭。

㈢經濟

原住民傳統大體上以狩獵為主要經濟活動，以傳統的弓箭捕獵鹿、山豬、羌等動物。他們亦從事粗放農業，採刀耕火種方式，輪耕旱稻、小米和薯類等作物，沒有固定的耕地。原住民女子擔任農業的主要勞動力，不過在開墾播種及收穫時，男性也會一同勞動。

㈣信仰

台灣原住民多屬泛靈信仰，天地山川均有靈，祖先亦有祖靈。各族也有不同的起源與族群發祥地傳說，並因此建構其宇宙觀。泰雅、卑南等族自認爲神所創造；排灣族則以大武山爲人類發源地；阿美族與達悟族則以海洋爲人類起源。各族祭祀禮儀內容豐富多元，但多與經濟活動、祖靈等有關。各族與外界接觸後，也開始西方宗教信仰。

祭儀是原住民宗教信仰的實踐。農耕儀禮中有播種、除草、收割、入倉、豐年祭等定時祭儀，以及求雨求晴、驅蟲、防風等不定時祭儀，祭儀的目的皆在祈求豐收與動植物之繁殖。歲時祭儀中間常攙雜捕魚和狩獵活動。

四、平埔族社會

平埔族與高山族有著明顯的不同文化和民族背景，但都操著南島語系的語言，卻未必能互通言語。平埔族出現在台灣的時間可追溯至三千年前，但其文化已陸續消失。平埔族都是母系社會，沒有明顯的社會階級制度，高山族則父系、母系、混合制皆有；有較平權的長老制，也有世系繼承的貴族頭目制度。這些特質說明台灣原住民的語言雖同屬南島語系，卻說著難以互通的語言，有著不同的文化和社會制度，本質上分屬不同的民族。

平埔族泛指居住在台灣平原地區的原住民，與漢人接觸較早也較久，逐漸融入漢人社會，語言、生活方式亦漸漢化，傳統文化留存較少。因此必須仰賴其他民族的文獻資料，概略地瞭解平埔族傳統的生活樣貌，只是這些記載未必客觀正確，範圍也有局限。

十七世紀初（明朝末期）陳第所寫的《東番記》應是最早描述「平埔族」的文獻資料。根據學者研究，《東番記》記錄的對象應爲台灣西南沿海的西拉雅（Siraya）族。陳第觀察到許多西拉雅族的社會生活，例如他們有許多村落，陳第依漢人習慣稱之爲「社」；他們沒有世襲的酋長，多半是推舉子女衆多者爲領袖；重要的事務在「公廨」商量解決。文中還詳細記錄了女性務農、男性打仗狩獵及女子繼承權等母系社會的特徵；還有「鑿齒」習俗，吃豬不吃雞等飲食習慣。雖然陳第部分描繪的文字存有漢人偏見，但也讓後人大致瞭解當時原住民的生活樣貌。

在風俗習慣方面，部分平埔族爲母系社會，婦女從事採集和原始農業、並操持日常家務，地位重要。婚姻關係多爲一夫一妻的招贅婚，由女性繼承家產。男女自由戀愛而結婚稱爲「牽手」，也可協議離婚稱爲「放手」，長輩並不主導。

在宗教信仰方面，傳統平埔族人相信萬物都有靈魂，屬於泛靈信仰，尤其崇敬祖先，舉行各種歲時祭儀，表達對祖靈與自然的崇拜。平埔族的「尪姨」負責處理祭典事宜，他們的工作包括主持祭典、驅逐邪魔、消災治病、占卜等，還要負責公廨的整潔和祭典，相當繁重。

平埔族與漢人的關係方面，十七世紀中葉以後，福建沿海一帶漢人大量移民台灣，最先在台灣西南部開發拓墾。因此西南部平埔族最早面臨土地流失，人口遞減，生活上日漸漢化，其風俗、語言逐漸喪失。

在荷蘭人結束殖民統治台灣，平埔族跡近滅亡大半，人口已不到四萬人，若非清代的中國政府也是滿族少數民族的政權，支持、承認且保護平埔族的「集體土地所有權」，平埔族人口早被後來的不論是閩南還是客家的「本省籍」的移民所消滅，而非同化。

平埔族與漢人接觸頻繁後，亦有相互影響之處，如漢人稱呼自己妻子爲「牽手」，就是平埔族人的語彙。另外一些舊地名如高雄古稱「打狗」、嘉義古稱「諸羅」等，都是以平埔族的社名爲之；而台北的「艋舺」、台中的「大甲」，則是依據平埔族語言發音而來。

近年在學者與平埔族人後裔的努力下，逐漸找回部分的習俗及語言。例如噶瑪蘭族已獲得民國政府正式承認，成爲台灣原住民十六族之一。

十五世紀開始的大航海時代可說是人類文明歐洲化的新時代，也是亞洲及美洲各原住民族被征服欺淩及被殖民的黑暗悲慘時代。對台灣原住民而言，尤其是平埔族，大航海時代可說是黑暗命運的降臨。

第二章

荷西占領時期

壹、大航海時代下的台灣

一、漢人與日本人的活動

台灣的地理位置和大陸、菲律賓、琉球群島等地距離不算遠，不論是從台灣本島向海外航行，或是由這些地區來到台灣，都不是太困難的事。中國古書上曾經出現三國時期孫權派萬人遠征「夷州」的說法。不過，目前大部分學者認爲這些文獻記載的地名並不是台灣，而是琉球。

宋朝以後，因爲漁場的關係，有閩南地區的漢人在澎湖耕殖定居。至元朝時，移民漸多，政府在澎湖設置巡檢司以便統治，納入版圖，隸屬福建泉州府。

西元一三八一年（明洪武十四年），朝廷頒布海禁令，採「墟澎政策」，廢除澎湖巡檢司，還將當地居民遷回泉、漳兩府。朝廷對外事務設置市舶司，管理朝貢貿易以及相關的活動，禁止沿海居民在海上謀生。但此舉使得部分居民因爲沒有其他出路，乃鋌而走險與日本倭寇合作，或勾結中國大陸、朝鮮等地的海盜，劫掠中國大陸東南沿海。一時之間，澎湖竟成爲海上走私貿易的絕佳據點。

在一六二一年之前，台灣沒有中國移民村落。福建漳州海商顏思齊（1586-1625）在一六二一年率福建移民，入墾至現今雲林北港溪至嘉義八掌溪間地區，建立十個屯墾村落，號稱「十寨」，台灣才開始有中國移民的村落。顏思齊因此成爲中國人移民開發台灣的第一人。一六二五年顏思齊死後，中國移民村落的管轄權由鄭芝龍（1604-1661）接手，一六三〇年鄭芝龍卻把這些管轄權賣給荷蘭人，並替荷蘭人招募中國人移民至台灣做墾民。這個時候的中國人仍少於原住民。

日本是歷史上最早想以政治和軍事力量進占台灣的國家。十六世紀中葉倭寇及走私貿易盛行時，日本海盜也曾將台灣當作巢穴，因此日本官方企圖進一步在台灣擴張影響力。十六世紀後期，豐臣秀吉（1536-1598）用武力迫使琉球國王稱臣納貢，下一步便是將矛頭指向台灣。

一五九三年（萬曆二十一年），豐臣秀吉派遣部下到台灣來諭令「高山國」納貢稱臣，其時台灣並無日本人想像的「高山國」，也沒有任何王國，島上原住民部落林立，村社聚落零星分布全島，再加上並未開發，交通聯繫不便，頂多只有區域的部落聯盟，尚處於原始的政治狀態，日本人當然找不到擁有足夠權力的酋長可以簽署履行納貢稱臣的政治契約。在沒有明確的諭令對象後，結果無功而返。

十七世紀初，江戶幕府時期，德川家康（1543-1616）派船來台灣沿海偵察港灣，登陸調查物產。數年後，德川家康又派人到台灣曉諭土番稱臣納貢，甚至企圖派兵征服台灣，但因遭遇風災又未能如願。

自豐臣秀吉以來，日本政府每年派「朱印船」到台灣向原住民收購鹿皮，或與明朝沿海船隻進行海上貿易，轉運中國大陸生絲。一直到德川幕府以國家安全為由，逐步實施鎖國政策後，才限制朱印船貿易，至一六三五年（明崇禎八年）完全廢止朱印船制度。鎖國政策確立後，日本禁止中國、荷蘭以外的船隻赴日，也不允許日本人出海、返國。此期間雖然有一些敢於冒險的日本人仍到台灣北部和原住民進行商品交易，但人數極少，因此可說日人在台的活動於此時已告一段落。

二、歐洲人注意到台灣

十六世紀歐洲人陸續開展新航路後，足跡遍及世界各地，從事各種冒險探勘與商業活動，殖民主義也漸漸興起。歐洲人海外探險的主要動機與目的，就是建立與亞洲各地的貿易管道。歐洲商人到亞洲取得珍貴香料及其他商品，賣到歐洲，能夠獲取高額利潤。龐大的商業利益吸引許多國家爭相加入海外市場的競逐，彼此競爭激烈，在這種國際情勢下，台灣被迫走進了世界史的舞台。

十六世紀時，葡萄牙人與西班牙人先後來到亞洲。一五五七年（明嘉靖三十六年），葡萄牙人在中國大陸南方的澳門建立根據地，亦經營中國大陸與日本的貿易。西班牙人則從美洲的殖民地墨西哥橫渡太平洋，一五七一年（明隆慶五年）占領菲律賓的馬尼拉，以馬尼拉作為轉口貿易的據點。

當葡萄牙船隊隨著福建商人的航線，從澳門北上日本，經過台灣海峽時，葡萄牙人看見台灣，乃以"Ilha Formosa"讚其壯麗。從此，歐洲人習稱台灣為「福爾摩沙」。此時的葡萄牙人主要經營和中國大陸與日本的貿易，未有占據台灣的行動。

至於西班牙人則從馬尼拉出發前往日本，通過西太平洋的海域時，可遠遠望見台灣東部聳立的山脈，因此在當時的文獻與海圖中，有關台灣的記錄也漸漸增加。

貳、荷蘭殖民時期

一、荷蘭聯合東印度公司負責經營

我們現在所稱的荷蘭，其國家的正名是「尼德蘭」（Nederland，意譯：低地之國）。「荷蘭」（Holland）是「尼德蘭」國一個最大的省。因荷蘭省的政經勢力最強大，荷蘭人也最早航抵東方，東方各國常以爲「荷蘭」是一個國家，習慣用「荷蘭」稱呼整個「尼德蘭」，或者兩個稱呼互相替代使用。

十七世紀開始，許多歐洲國家爲擴大、鞏固在遠東的貿易利益，或拓展殖民地，紛紛成立殖民公司積極拓展海外貿易和殖民地。殖民公司普遍分爲東印度公司和西印度公司。「東印度」泛指印度、中國、東南亞、日本、韓國等地區，「西印度」則指北美洲、中美洲及南美洲。一五九五年（明萬曆二十三年）至一六〇二年間，荷蘭陸續成立了十四家以東印度公司貿易爲重點的公司，爲了避免過度的商業競爭，這十四家公司於是在一六〇二年合併，成爲一家聯合公司，也就是荷蘭「聯合東印度公司」（VOC），由當時的荷蘭大議長擔任主要領導人，是一個可以自組傭兵、發行貨幣的股份有限公司，並獲得荷蘭政府授權，可以與其他國家簽訂正式條約，也可直接統治殖民地。

因而，荷蘭人殖民統治台灣，不是由尼德蘭七聯省共和國政府直接殖民統治；殖民統治台灣的荷蘭人，也不是荷蘭的政府官員，而是股票上市公司「聯合東印度公司」的經理人。這種以股票上市公司經由政府授權在海外殖民地進行殖民統治的特殊型態，是歐洲民間商業力量與政府結合，共同擴展勢力範圍的一種形式。爾後再加上傳教士的宣教，使得這個殖民運作體系更有力量。

西元一六一九年（明萬曆四十七年），荷蘭人已經據有印尼爪哇，以巴達維亞（今雅加達）爲中心展開亞洲貿易，更希望能直接在中國領土上占有一席之地。

爲達此目的，荷蘭人計畫直接攻打已經據有澳門的葡萄牙人，一旦成功就可以順利接收葡人原有的貿易網絡。但荷蘭人的進攻計畫卻以失敗告終，只好退而求其次，轉往離大陸較遠的澎湖。

由於澎湖自古已是中國大陸東南沿海漁民的漁場，明朝也將澎湖視爲重要的軍事屏障，於是派遣軍隊驅逐荷蘭人。幾經談判後，明廷暗中同意不干涉荷蘭人在更遙遠的台灣建立根據地。荷蘭人終於在一六二四年（明天啓四年）捷足先登，占領台灣南部。兩年之後，西班牙人不甘示弱，派兵占領北部，雙方分庭抗禮，展開長達十六年的對峙，施展各種謀略想要驅逐對方。最後，西班牙人基於各種因素無法長期經營，退出台灣，荷蘭人取而代之。

二、荷蘭的殖民作為

荷蘭人一六二四年（明天啓四年）初到大員港設立大員商館時，不過是原住民村社之間的港口小商站，最初十年荷蘭人投注全部的力量，穩固大員港作爲中國貿易的轉運中心，無力征服原住民。一六三五年（明崇禎六年）後才開始把台灣當成待征服的殖民地，並建立統治決策機制。荷蘭東印度公司在台灣的決策機構以「大員長官」（Governeur）和評議會組成，主席是評議長，也是長官的副手。評議員若干人由上席商務員、商務員、軍隊司令員組成。大員長官直轄各地政務員、稅務員、會計員、檢察官、法庭庭長等，大員長官的權力被中國移民視爲中國式的「藩王」。

㈠興建城堡與轉口貿易

一六二四年荷蘭人占領台灣後，雷耶生（C. S. Hoffman Reijersen）先在大員構築城堡，設立據點，在台南設立「大員商館」，用荷蘭國王的姓，取名爲「奧倫治」（Orange）城。

一六二七年以後擴建爲熱蘭遮城（Fort Zeelandia），即現今安平古堡，作爲軍事與貿易中心。Zeeland直譯爲西蘭，是當時尼德蘭國的第二大省份，荷蘭人以此命名，顯示對該地的重視。同時也興建大員港，吸引日本人和中國人前來貿易。同一年，荷蘭人也在南太平洋的島嶼，取名爲"New Zeeland"（荷語：Nieuw Zeeland），即現在的紐西蘭國家。一六二五年，荷蘭人向當地西拉雅族新港社原住民換得赤崁一帶土地，興建了「普羅民遮市」（Stad Provintia，今民權路），有商館、辦公場所及醫院等。

台灣地處東亞航運中心，荷蘭以熱蘭遮城作爲據點，在日本、東南亞和中國大陸之間進行轉口貿易，並且透過東印度公司的船隊，將貿易延伸到亞洲和歐洲的其他地方。

荷蘭船將中國大陸的生絲經台灣運往日本，換取日本白銀，再用白銀買中國生絲和瓷器。而巴達維亞的胡椒經台灣賣入中國大陸，轉換黃金及其他商品。中國大陸的黃金或是日本的白銀，都可以用來換取印度的棉布，荷蘭人必須用棉布才能在東南亞換到胡椒、丁香、荳蔻等香料。這些香料不論在歐洲、中國大陸或日本都非常受到歡迎。總之，用金銀換印度棉布，用棉布換香料，將香料運銷回歐洲。這就是荷蘭人在東方的交易鏈。而台灣，正是這個東亞交易鏈中相當關鍵的一環。

轉口貿易看起來很順利，不過荷蘭人曾與日本發生「濱田彌兵衛事件」。一六二五年起，東印度公司開始向來台灣的日本商人課徵一成的貨物輸出稅，但因為日本人較荷蘭人早來台從事貿易活動，且此時荷蘭貨物輸入日本享有免稅優惠，因此日本人拒絕向荷蘭人納稅，雙方因此發生糾紛。一六二八年（明崇禎元年）春，濱田彌兵衛率四七〇名同伴來台，與荷蘭東印度公司發生衝突，濱田綁架東印度公司長官奴易茲（Pieter Nuyts）及其子。經協商，以其子為質，隨同濱田返抵日本。日本方面在濱田返抵日本後，將奴易茲之子及荷蘭船員下獄，並封閉荷蘭人在平戶的商館。荷蘭雖數度向日本交涉恢復通商事宜，但都未成功。巴達維亞方面感到事態嚴重，在一六二九年將奴易茲撤職，並宣判其兩年有期徒刑。一六三二年，荷蘭將奴易茲引渡至日本監禁，荷蘭人在日本的貿易才獲得恢復。

濱田彌兵衛事件只是荷蘭人與日本人為了貿易而引發的衝突，對台灣的意義則是事件平息後，台灣在日本、中國、印尼之間，扮演轉口貿易中心的功能更加速發展。

(二)商業殖民

荷蘭占領期間，原住民還是台灣社會的多數人口，但來台謀生的中國漢人也逐漸增加。荷蘭當局運用不同的統治策略對待這兩個有著明顯差異的族群。漢人本身擁有文字和深厚的文化，加上漢人的故國就在對岸，荷蘭人有所顧忌，因此限制漢人擁有槍械，並且未向他們傳教。荷蘭人與中國移民的關係，並不太像統治者與被統治者的關係，主要是維持治安、提供就業機會，再向中國移民徵稅以維持收支平衡，並擴大荷蘭人的商業利益。

台灣氣候溫暖潮濕，土地肥沃，適合種植稻米與甘蔗等作物，並能進一步製糖。稻米使台灣的糧食充足，蔗糖則成爲主要出口品，銷往日本，也往西銷至遠方的波斯。荷蘭人爲增加勞動力，積極招募東南沿海漢人來台開墾，還引進了許多新物種到台灣，包括芒果、釋迦、甘藍菜、大豆、胡椒、菸草、豌豆、番茄等等，同時也引進了黃牛。當時荷蘭人所使用的土地面積單位「甲」（Kop）也一直沿用至今，只是所丈量的面積差別很大，台灣的「甲」較荷蘭的「甲」至少大五千多倍（荷蘭人的Kop只有0.55坪，但台灣的甲則約2934坪）。

荷蘭人積極鼓勵中國人移民台灣，協助荷蘭人擴大耕地，把台灣盡快轉型爲農漁牧出口基地。中國移民抵達台灣即編入「大小結首制度」，從事農耕開墾工作，使台灣從原住民的漁獵社會，轉型爲中國移民的農業社會，生產可供外銷日本、中國與歐洲的蔗糖、稻米、鹿皮三大外銷產業。一六三四年（明崇禎七年）到一六三八年短短四年之間，由台灣輸出到日本的鹿皮由十一萬張成長到十五萬張；到了一六五八年（明永曆十二年，清順治十五年），台灣砂糖的輸出量已經足夠供應日本與波斯（今伊朗）的需要。

一六三三年，大員長官普特曼斯（Hans Putmans）任內（1629-1636）要求台灣與中國大陸貿易全由荷蘭人壟斷，而在現在金門料羅灣與鄭芝龍部隊發生海戰，鄭芝龍勝，其政治份量和海商地位提高，晉升爲福州都督。中國商人、移民來往福建和台灣安全無虞，就是鄭芝龍提供的保護傘。鄭芝龍也因收取航運保護費成爲巨富。

大員長官伯格（Johan van der Burch）任內（1636-1640）是台灣經濟起飛的時期，自一六三九年開始對中國移民徵收人頭稅，並向各行各業廣泛收稅。在傳播基督教文化方面，伯格任內也蓬勃發展。

大員長官特羅德尼斯（Paulus Trandenius）任內（1640-1643），在一六四〇年與日本訂立《貿易互惠協定》，同時積極與鄭芝龍修好，獨占鄭芝龍出口的中國貨物，使台灣成爲蓬勃的轉口貿易中心。

大員長官麥爾（Maximiliaen le Maire）在其任內（1643-1644）於淡水修建堡壘，就是現在的紅毛城。麥爾「發現」蘭嶼，從此蘭嶼變成台灣的附屬島嶼。

大員長官歐沃德華特（Pieter A. Overtwater）於一六四六年到任（1646-1650），時值中國東南地區鬧饑荒，且清朝政權和南明政權的戰爭激烈，鄭芝龍被押往北京，鄭成功反清勢力大增，但饑荒和戰亂的難民也湧入台灣，這使得荷蘭公司的墾殖人力大增，向中國移民課徵的人頭稅收入大幅成長。表面上殖民事業蒸蒸日上，但中國移民擴增的人數，卻使荷蘭人感受到威脅。一六四九年荷蘭人開始對中國女性移民課徵人頭稅。因鄭成功封鎖台灣海峽，陷於停頓，熱蘭遮城對外水道也淤積嚴重，航運困難。由於當時的田地大部分歸荷蘭東印度公司所有，稱爲「王田」，並且對耕種的佃農課以重稅，造成漢人的不滿。

大員長官費爾保（Nicdaes Verburgh）任職期間（1650-1653），一六五二年（明永曆六年，清順治九年），由於甘蔗減產與人頭稅加重問題引爆了「郭懷一抗荷事件」。荷蘭人除派軍隊鎮壓外，並動員原住民與漢人形成對立。整起事件歷經半個月有餘，有四、五千名中國移民被殺，墾殖收入及對中國移民課徵的人頭稅都大幅減少。從此漢人對荷蘭人反感日增，興起了驅逐的念頭。

費爾保是個大貪官，上行下效，荷蘭在台灣的統治體系腐化成貪官集團。費爾保離開台灣時，攜走來源不明的財產三十五萬荷蘭盾，約當時八萬隻豬的價格。台灣原本可說是荷蘭東印度公司的搖錢樹。一六五三年也是荷蘭殖民統治由盛轉衰的關鍵年。

大員長官西撒爾（Cornelis Caesar）上任（1653-1656）時面對的是經濟衰退及災害頻傳的台灣。鄭成功下令全面封鎖中國大陸與台灣的貿易，使得經濟衰退。荷蘭當時在東亞的貨物轉運，台灣是重要的轉運站，或貿易中心。當這些轉口利潤被鄭成功壟斷，荷蘭人在台灣的根基就開始潰堤。西撒爾任內，全台性的傳染病造成人口大量死亡，大規模蝗蟲災害蔓延全島，農作物收成嚴重受損，甚至遭遇危害巨大的地震。一六五〇至一六五六年間的統計比較，平埔族原住民人口減少超過一半，其人口銳減的因素都發生在一六五三至一六五六年間。

一六五三年西撒爾有鑑於「郭懷一事件」的教訓，上任即興建更堅固的「普羅民遮城」（Fort Provintia，意譯省城之城），即現在的台南赤崁樓，一六五五年竣工，與「熱蘭遮城」互為東西犄角，拱衛「台江內海」，防禦海盜，並作為行政中心，管理漢人移民及農墾事務。西撒爾任內在淡水附近的森林發現樟樹，這是台灣後來成為世界樟腦生產中心的起始點。

最後一任大員長官揆一（Frederick Coyett）任職期間（1656-1662），淡水會議區原住民反抗荷蘭統治的事件頻傳，但其鎮壓手段甚為兇殘。揆一的恐怖政策更使中國移民渴望鄭成功攻占台灣。

㈢對原住民的控制與衝突

當時台灣的原住民人口要比漢人多，因此荷蘭人對原住民採取鎮壓、安撫、教化等「先硬後軟」的方式治理。並且爲了適應原住民的社會型態，與原住民締結契約，建立類似「領主」與「封臣」的關係，交換彼此效忠與保護的義務，來確認雙方的政治地位。這樣的做法主要是採行「地方會議」（Landdag）制，從各部落選出長老，並於會議中宣導荷蘭當局的行政措施爲主。地方會議分北路、南路、淡水和卑南四區，長老須向荷蘭人宣誓效忠，當局授予之藤杖即象徵其權威的來源。

不同於對待漢人，荷蘭人努力向原住民宣傳基督新教。德人神父甘地斯（George Candidius），又譯「干治士」，一六二七年六月來台傳教，是台灣史上第一位基督教傳教士（1627-31; 1633-37）。在傳教的同時推廣文教工作，以羅馬拼音書寫平埔族語的「新港文」爲其範例。透過傳教活動，荷蘭人逐漸進入山區，擴大其在台灣的活動範圍，也強化其經濟活動。「新港文」直到十九世紀仍出現在原住民與漢人的地契文件上，一般稱爲「番仔契」，可見荷蘭人對原住民統治時的文教工作頗具成效。甘地斯神父曾編輯羅馬拼音的「新港語」字典，用新港語編寫基督教祈禱文和教理問答，他亦著有《福爾摩沙紀事》。

尤紐斯牧師（Robertus Junius）是台灣史上第二位來台傳教（1629-1643）的基督教傳教士，十四年傳教期間，「一手火槍，一手棉布」推廣基督教，一面派荷蘭士兵到各村社強迫丟棄原住民敬拜的神像，驅逐尪姨（Inibs，女巫），一面贈送棉布及衣服給願意送子女到基督教學校的家庭以示獎勵。

在武力鎮壓方面，荷蘭東印度公司大員長官普特曼斯任職期間鐵腕鎮壓原住民，利用原住民制伏原住民。一六二九年派兵至麻荳社欲搜捕漢人海盜，要求當地原住民協助。因麻荳社人之不滿積壓許久，故趁此機會報復，將荷蘭人推入麻荳溪中溺斃。當時荷蘭人未立即鎮壓，一直到一六三五年，荷蘭軍隊與新港社（今台南市新市區）原住民聯合攻擊麻荳社，當地社民遭到屠殺焚村後投降，是為「麻荳社事件」。十二月十八日麻荳社向荷蘭人投降的條約生效，從此服從荷蘭人統治。

雖然台灣有原住民，但是彼此是以部落型態存在，與國際社會沒有互動，也沒有國家對外宣示該土地為其主權，因而，從當代的國際法來看，那時的台灣仍可以歸為「無主地」。荷蘭經營台灣的是由私人資本所組成的東印度公司，但是其行為則是經過荷蘭政府的認可。荷蘭人是一海洋民族，非常重視國際法，全球第一本國際法的著作，就是被稱為現代國際法之父的荷蘭人格老秀斯（Hugo Grotius）所寫。由於荷蘭人已有現代的法律知識，很重視以國際規約作為其合法取得與彼此行為規範的基礎。雖然「麻荳社」並不能代表所有的台灣原住民，但是《麻荳條約》卻是台灣第一份具有當代法律意涵與效力的文件。透過《麻荳條約》，表示麻荳社人願意接受荷蘭人的統治。

從《麻荳條約》開始，荷蘭人利用「麻荳戰爭」的威力，恐嚇其他原住民村社必須順服，如果不順服，則以武力殘酷征服，迫使歸順。普特曼斯與原住民簽訂的降約，都會特別規定不准原住民殺害中國移民，這也使得獎勵中國移民墾田和「大小結首」制度成效非凡。

大員長官伯格就任後，於一六三六年立即召集各地原住民村社長老到新港社，舉行向荷蘭人表達致敬的「歸順典禮」。對於不願歸順者，則以武力鎮壓。伯格任內是台灣經濟起飛的時期，自一六三九年開始對中國移民徵收人頭稅，並向各行各業廣泛收稅。在傳播基督教文化方面，伯格任內也蓬勃發展。

大員長官特羅德尼斯任職期間，在殖民統治原住民方面，將「歸順會議」改稱為「地方會議」，原住民頭目長老四十六人出席，作為政策討論及宣布的集會，以發揮更大的統治作用。一六四二年特羅德尼斯與虎尾壠社簽訂《虎尾壠條約》規定，從此台中以南盡歸荷蘭人統治。同年逐退占領台灣北部港口的西班牙人。這也是特羅德尼斯的最大成就。

大員長官卡朗（Francois Caron）就任（1644-1646）起，即加強對原住民的統治措施。劃分台灣為南部、北部、東部、淡水等四個行政區，分區舉行「地方會議」。對於未歸順的原住民部落，卡朗加強武力威懾。一六四四年初派兵從淡水出發，征伐噶瑪蘭族，至此台灣東北部全被荷蘭人征服。命令任何人要到原住民部落做買賣，必須先取得許可證，每一個村社只發給一張許可證，公開標售，由最高價者得標。

一六四四至一六四五年間，荷蘭兩次出兵攻打台灣中部的大肚番。大肚番主要範圍在今天的台中市，以及彰化縣和南投縣的一部分，結合了巴布拉族、貓霧捒族、巴則海族和一部分洪雅族。大肚番王抵抗荷蘭人失敗後，與荷蘭東印度公司訂約《大肚降約》表示服從，也派人參加「地方會議」。

在荷蘭人展現強大軍事力量的恫嚇下，歸順荷蘭的原住民部落才迅速增加，荷蘭人大致有效控制了台灣西南部地區。到了一六四五年左右，可以說已經降服了台灣主要的原住民部落。荷蘭東印度公司統治台灣三十八年間，陸續在全台設置十三個軍事據點，對不服從的原住民施加武力鎮壓，並採行焦土政策，大肆屠殺，焚燬村社，用恐怖政策統治原住民。其後荷蘭人為確立並擴大在台灣的統治權，多次興兵征服原住民，史有記載較大規模的軍事行動至少有十次。

荷蘭公司透過武力降服原住民後，把歸順的原住民定位為「國民」，把中國移民定位為「中國人」。任命原住民頭目或長老治理「國民」，遴派現今可稱之為「僑領」的「甲必沙」（Cabessa）或「甲必丹」（Capitan）治理「中國人」。從這些稱謂可以看出，荷蘭人是把原住民看成是自己的「屬民」，而視中國人為不屬於台灣的外國人。

卡朗准許牧師兼任行政官員，可向中國移民徵稅和收取訴訟罰金，並可抽成當作酬勞，擁有稅務官員的權力，但也因為如此，發生多起牧師行使司法權過當，捲入紛爭，這些都被大員長官認為是基督教傳播效果不彰的原因。

另外，漢人與原住民的接觸以「社商」（包稅商）為主，漢人「社商」可單獨享有某一個番社的商業交易權。他們常用布匹、食鹽、鐵器、菸草來交換原住民狩獵的獵物或農產品。荷蘭東印度公司則利用競標方式將某番社的商業交易權外包給出價最高者，並且分四季向漢人「社商」收稅，藉以增加財政收入，稱為「贌社」制度。

整體而言，荷蘭在台的殖民行為，與其他英法等國，由國家力量建立殖民政府、行使殖民統治有些許不同，而是以得到政府授權的公司，在台灣進行殖民統治，而荷蘭聯合東印度公司殖民台灣期間，目的只有一個，就是牟利。所牟之利主要是要支付豐厚股利給阿姆斯特丹的股東，又要滿足基督教傳教士的需求，大員長官只好用盡各種手段剝削台灣的原住民和中國移民，剝削手段包括徵稅、壟斷貿易買賣、占有土地、控制開墾利得等。這些手段獲取的利益，不是用於台灣，而是大部分當作「公司利潤」，送去雅加達總部，再轉送回阿姆斯特丹的總公司，最後變成聯合東印度公司這家股票上市公司的股息股利。這是荷蘭以貿易公司之名剝削殖民地人民的標準模式。

荷蘭是一個「以商立國」的國家，貿易是其核心，衆所周知的黑人奴隸買賣，即是由荷蘭西印度公司開始，在全盛時期，該公司經手的奴隸貿易量占世界奴隸貿易額的一半以上，也就是說，只要賺錢，什麼東西都可以「貿易」。另外一個例子，在利益當頭下，一切都可以暫時放下。荷蘭人在北美洲建城「新阿姆斯特丹」（即現在的紐約），開始開店做生意時，忙著賺錢，十七年以後才蓋教堂，這大概也是所有在北美開拓者難以想像的事。唯一可以的解釋，就是，荷蘭人來的目的就是要賺錢，本來就打算撈一票就走。

從這些不是在台灣發生的例子也可以瞭解，荷蘭殖民台灣期間，牟利是其唯一的目的，而手段也不在乎道德問題，而是一切以荷蘭的商業利益為最高原則。

參、西班牙占領台灣北部時期

一、荷、西對峙

荷蘭於一五六八年（明隆慶二年）宣布脫離西班牙獨立，英國政府以同屬基督新教派為理由，支持荷蘭的獨立。英荷合作在海外搶奪西班牙和葡萄牙的殖民地。一五八八年西班牙無敵艦隊敗給英國後，荷蘭的相對實力大增，西班牙和葡萄牙的國力開始衰退，西班牙被迫於一六四八年正式承認荷蘭共和國的獨立。在這之前，西班牙和荷蘭始終處於敵對的戰爭狀態，所以一六二六年（明天啓六年）進占台灣北部的西班牙人，和一六二四年進占台灣南部的荷蘭人，終須在台灣上以武力交鋒，一決勝負。

西班牙人在得知荷蘭人進占台灣南部時，即於一六二六年五月十一日派兵進占台灣北部，瓦德斯（Antonio Carreño de Valdés）率領艦隊抵達東北角取名「聖地牙哥」（Santiago，後來翻譯爲「三貂角」）。五月十二日再抵達現在的基隆港（當時取名爲「聖三位一體」（San Tisima Trinidad）港。五月十六日在港內的社寮島舉行占領典禮，命名該島叫「聖薩爾瓦多城」（San Salvador），即現在的「和平島」，同時招撫原住民協助建築城砦。一六二八年（明崇禎元年），西班牙人進占淡水（滬尾），建造「聖多明哥城」（San Domingo）。西班牙人同時在基隆和淡水間修築道路，企圖對北部原住民形成初步的殖民統治，卻無殖民統治的規劃。西班牙人占領基隆、淡水，充其量只是港口占領軍的角色，西班牙人希望占據港口，吸引日本人或中國人到港口進行「會船點貿易」，但沒有成功。不過，此時已形成荷、西南北對峙之局。

十七世紀時，西班牙商人經常沿著北台灣的海岸線，往來雞籠、淡水兩地之間。但是船隻航行時，常受到颶風的影響，又會受洋流的限制，無法隨時開航。因此，西班牙軍隊於一六三二年進入台北盆地探險，逐步開闢陸路交通。

西班牙人以雞籠、淡水為據點，征討大台北盆地及宜蘭地區，試圖控制許多原住民部落，包括八里坌、北投、里族（今松山）、大浪泵（今大龍峒）等台北盆地各社。西班牙對各社的統治並不十分有效，許多部落叛服無常，例如淡水的部落曾起而反抗，導致聖多明哥城遭到焚燬。

十七世紀西班牙人記載，居住在淡水的原住民大巴里人（Taparri，台北淡水）採集北投硫磺，賣給中國大陸海商，西班牙人即使占領基隆、淡水，卻也無法介入這些交易。可見西班牙人只有「占領港口」，毫無主權展示活動，無進行「殖民統治」或「殖民貿易」之實。現在有人稱台灣曾有「西班牙殖民地」，或「西班牙殖民時期」，與史實不符。

二、西班牙的退出

一六四二年（崇禎十五年）八月，荷蘭人趁著北台灣防務空虛的情況下，荷軍大舉進攻雞籠，西班牙軍已無力抵抗，遂投降，從此退出台灣。

總結來說，不同於荷蘭於商業利益考量爲主，西班牙人來到台灣，對傳教更爲重視。他們原想以台灣爲跳板，北向日本、西向中國大陸佈教，所以對宗教的重視，甚於商業之上。對各番社既無行政機構，也無行政人員的設置，幾乎全以宗教代替行政。

西班牙人占領北台灣的目的除了通商傳教外，主要是爲了突破荷蘭人的封鎖，可是局勢並不如意。西人不但未能打開對中國大陸和日本的貿易與傳教，反因維持在台駐軍而所費不貲。加以一六三〇年起，美洲的白銀產量逐年減少，馬尼拉也陷入經濟衰退，因爲經費困難，來的人漸漸少了。此外，菲律賓境內不斷發生穆斯林的反抗事件，西班牙只好調遣在台灣的駐軍前往鎮壓，使其後防空虛，難敵荷蘭人進犯，終於被迫撤出台灣。

西班牙教士來台時間十六年，隨著軍隊的拓展與探勘，足跡遍及淡水、大台北盆地、三貂角和宜蘭等地，有多本教科書說，估計約有原住民四千人以上改信天主教，但是並無資料可驗證此說法。一六三七年一月馬尼拉的菲律賓總督高奎臘（Sebastian Hurtado de Corcuera）曾說：「就土著皈依天主教信仰……在所說的這十一年裏，全都證實了純屬虛妄。」受洗方式被認爲是「全無章法」。西班牙人從未把台灣當成殖民地，既未從歐洲或菲律賓移民來台，也未接受傳教士艾斯奇維（Jacinto Esquivel）的建議，自中國招募移民入台開墾。西班牙人煞有其事在文獻上記載，建立三個行省：淡水省、噶瑪蘭省、哆囉滿省

（Turoboan，瑞芳、貢寮一帶），但都只是紙上談兵，從未建立行政架構，既無省民可抽稅，也無外來移民，因此把西班牙人說成「殖民者」，並視西班牙為台灣多元文化的一部分，實在與事實不符。

第三章

明鄭治理時期

壹、南明時期與鄭成功攻台

一、南明與鄭成功

一六四四年（明崇禎十七年，清順治元年），流寇李自成攻陷北京，思宗崇禎帝於煤山自縊殉國。清人得到明降將吳三桂等人之助，帶兵入關，擊敗李自成後建立清朝。

北方雖爲清人所有，但其統治權尚未能完全穩固，因黃河以南仍有許多明朝宗室及遺民不願臣服，紛紛號召起義支持明室，企圖恢復故國。先後有福王（弘光）、唐王（隆武）、魯王（紹武）、桂王（永曆）等，史稱「南明四王」（1644-1662）。其中在福州即位的唐王得到鄭芝龍（1604-1661）的擁護，唐王很欣賞其子鄭森，封御營中軍都督、儀同駙馬，又封爲「忠孝伯」，掛「招討大將軍印」，賜明皇室的「朱」姓，名字改爲「成功」，因此人稱鄭成功（1624-1662）爲「國姓爺」。

一六四五年清軍開始攻打江南。一六四六年唐王死，南明帝系由桂王朱由榔繼承，改元「永曆」。真正握有軍政大權的鄭芝龍，並無意全力抗清。清廷派出大學士洪承疇招降鄭芝龍，承諾授予閩粵總督官位。鄭芝龍不顧鄭成功等人反對，乃決意北上降清。鄭成功的母親田川氏殉節自盡，鄭成功因而更堅定其反清復明意志。鄭芝龍降清，鄭成功力阻無效後，遂往廣東南澳起兵，取廈門、金門爲據點，在浙江、福建、廣東沿海與清軍周旋。

一六四九年（明永曆三年，清順治六年），鄭成功改奉「永曆」年號爲正朔，受永曆帝冊封爲「延平王」，此後明鄭政權一直使用永曆年號。

鄭成功爲反清復明，率領父親舊部在中國大陸東南沿海，招兵買馬抗清十餘年，還曾大舉北伐，結果先勝後敗。與此同時，鄭成功必須靠商業利益來支應龐大的軍費，因此從鄭芝龍時代一直掌握在鄭氏手中的東亞貿易海權，就成爲鄭成功重要的經濟後盾；一六五四年，鄭成功對荷蘭人及在菲律賓的西班牙人發布海上貿易禁令，並徹底執行。

荷蘭人深受禁令之苦，駐台（大員）長官揆一（Frederick Coyett）乃於一六五七年派漢人通譯何斌至廈門，希望能以年輸餉銀、硫磺等利益交換鄭成功開放通商，何斌卻趁機建議鄭成功攻取台灣成爲自己的據點。

鄭成功慮及台灣係其父鄭芝龍曾經略之地，他的屬下又多其父舊部，對台灣並不陌生。

加以何斌口中台灣「田園萬頃，沃野千里，餉稅數十萬」，既可休養生聚，安頓將領家眷，又可連金廈而撫諸島，廣通外國，訓練士卒，是一進可攻退可守，反清復明的根據地，於是決定攻台驅荷。

二、鄭成功驅荷入台

一六六一年（明永曆十五年，清順治十八年）四月三十日，鄭成功親率兩萬五千將士，搭乘三百餘艘帆船自金門出發，經澎湖向台灣進軍。荷蘭當時在台灣南部建有熱蘭遮城（今台南市安平區），以及位於台江內陸赤崁地方（今台南市中西區）的普羅民遮城。荷蘭主要的軍事力量皆集中於熱蘭遮城，於是鄭軍從原本淤積嚴重的鹿耳門水道，藉著漲潮時分，彎彎曲曲的拐進「台江內海」，在今日台南永康的洲仔尾禾寮港登陸，五天即取得普羅民遮城，再以優勢兵力包圍熱蘭遮城，歷經九個月的圍城，荷蘭守軍終於出降。

一六六二年二月一日，揆一以「荷蘭政府的熱蘭遮城長官」的名義，鄭成功是以「大明招討大將軍國姓爺」的身分，雙方簽約。代表鄭成功開始行使台灣的統治權，是台灣成爲中國人之領土的第一功臣。該約確定從此台灣是明鄭所管轄的領土，也是中國的領土。

和約中規定：雙方盡釋前嫌，化除敵意；荷蘭應將東印度公司的財產，含熱蘭遮城堡及一切物資、金錢等，全部移交給鄭成功；荷蘭人的私人動產及自台灣至巴達維亞城途中所需的糧食、日用品、自衛用槍彈火藥等，經檢查、報備後可以裝船帶走。鄭氏軍民可以合理的價格供應荷蘭人因候船滯留陸地期間，所需的糧食和日常用品，但不得隨意闖入熱蘭遮城或荷蘭人居所。

此後，荷蘭人撤離台灣至印尼的巴達維亞，結束在台三十八年（1624-1662）的統治。鄭成功改赤崁為「東都明京」，台灣開始建立中國人政權。漢人文化、政經制度從此開始，逐步在台灣擴大影響，至清廷治台之後，遂成為主流。

貳、台灣的開發

一、土地開發與經濟發展

鄭成功攻台率領大批人馬來到台灣，未帶足夠軍糧，因此抵台不久，便命令文武官員與士兵拓墾「屯田」，以自立更生的方式解決糧食不足的問題，並明令不得入侵百姓物業，以安定人心。

明鄭時代開發的土地可依所有權分爲三種：第一種是「官田」，即從荷蘭人手中接過來的「王田」改稱爲「官田」；第二種爲「私田」，雖名爲私田，但並不是老百姓所有，而是由明鄭宗族、文武官員所招募的佃農耕作的私有田地，又稱「文武官田」；第三種爲「營盤田」，主要由軍隊所開拓。當時屯墾範圍大約在今日濁水溪與高屏溪之間，面積約三萬餘甲，而當年軍隊開墾後留下來的稱號也變成南部地區的某些地名，如新營、左營、前鎮等。

明鄭的屯墾，目的是在寓兵於農，並且可以駐軍各處，維持治安。另外，明鄭軍士除了開發土地，也在西南部建設大規模的陂（埤）、潭等水利灌溉系統，其中仍有二十多處遺留至清朝統治初期。

明鄭政府爲增闢財源，也積極發展台灣的養殖漁業和製鹽業。一六六五年，輔佐鄭經（1642-1681）的參軍陳永華（1634-1680），致力於經濟建設，在安平沿海一帶圍築魚塭，放養虱目魚，奠定台灣養殖漁業的基礎；又利用南台灣的天然資源，在臨台江內海的海岸開闢鹽田，引進海水，以日曬製鹽法，奠定台灣早期製鹽業的基礎。

二、行政區劃與文教推行

鄭成功攻下台灣不久後，英年早逝，但他在台建立的第一個中國人政權已粗具規模。台灣開始使用中國傳統的郡縣制度，設承天府於赤崁，以北設天興縣，以南設萬年縣，將台灣稱為東都、熱蘭遮城改稱安平鎮。鄭經嗣位後不久，金、廈為滿清與荷蘭聯軍攻陷，鄭經失去大陸據點後來台，並進行政制改革。天興、萬年兩縣改為州；增設南、北二路及澎湖安撫司；又劃分里、坊，整理戶籍，政治氣象為之一新。

鄭經以陳永華為總制，掌理政務，陳永華治理方法與目標為：「十年成長，十年教養，十年成聚，三十年與中國相甲乙。」生聚教訓，以期恢復故國河山。這時的明鄭，在陳永華的籌劃輔佐下，設吏、兵、戶、禮、刑、工六部，典章制度大體完備。

文化事業是立足台灣的重要基礎。在陳永華的建議下，鄭經在今台南市興建全台第一座孔廟，開啓台灣儒學之風，大力推行儒家傳統教育，進行「中國化」的紮根工作，在各地設基礎教育的學堂，鼓勵各方子弟入學。一六六四年設最高學府「太學」，設計出「學、考、用」三合一的新型科舉制度，改革傳統科舉一張試卷定終身的弊端。基礎學堂的儒生要先參加天興州、萬年州（縣級單位）的考試，錄取後再參加承天府的考試，再錄取後參加太學院的考試，通過後入太學就讀，畢業後派任文官，文官體制得以健全。

如此推廣文教，禮遇文人，在朝野共同努力之下，台灣成為人文薈萃之所，移墾社會漸有書香氣息，中華文化也逐漸成為台灣社會的文化主體。

除了孔廟外，陳永華更積極鼓勵建設具有中國傳統忠孝節義意涵的廟宇，如關帝廟、岳飛廟等，而不是中國閩南人傳統的通俗信仰，如媽祖廟、保生大帝廟等。隨著漢人政權與移民的到來，大陸原鄉的宗教信仰也傳入台灣，提供人們心靈慰藉。官廟、民廟並存的廟宇，奉祀明朝守護神玄天上帝。此外還有民廟奉祀觀音、大道公和東嶽大帝等。直至今天，這些信仰仍深深地影響台灣社會。至此，中華文化已在台灣奠定發展的基礎。

鄭經時期最著名的學者沈光文（1612-1688），進士出身，一六六二年攜眷隨鄭成功軍隊來台灣，從事平埔族和中國移民的教學工作維生，被譽為「海東文獻初祖」，曾撰有詩文《台灣賦》。一六八五年組織「東吟詩社」，是台灣史上第一個文學團體。

一六六五年四月五日施琅率軍進攻台灣，遇上颱風，攻台失敗。陳永華獻策，建議鄭經賄賂清朝將領，進行台灣和福建之間的走私貿易，並大量自福建私運婦女入台，彌補當時漢人男女人口失衡差距。經過鄭經、陳永華的勵精圖治，一六六七年台灣的生活水平已追上中國大陸。

明鄭時期，漢人已大量來台。荷蘭人結束台灣殖民統治時，荷蘭末代長官揆一稱當時台灣的中國移民近十萬人，一六八三年延平王國滅亡時，台灣的漢人移民人口，估計約有二十五萬人，遠遠超過平埔族和高山族，漢人成爲台灣的多數民族。

三、海外貿易與國際關係

一六四六年（明永曆元年，清順治三年）鄭芝龍降清並被挾持到北京，鄭成功繼承鄭芝龍的海商力量，陸續掌控福建對日本、東南亞的貿易。占領台灣前，一六四七至一六六二年航抵日本的中國商船大多是鄭成功的船隊，占日本八成左右的對外貿易額。一六五〇年停靠長崎的七十艘商船中，鄭成功就有五十九艘，可見雄厚的貿易實力支撐著鄭成功的軍事力量。

鄭成功延續鄭芝龍的貿易模式，經營國際大商社，累積貿易利潤，支撐抗清軍費。但隨著清軍實力擴大，鄭成功的貿易模式愈來愈困難實行，軍費軍糧日益窘促，鄭成功最後選擇攻占台灣，也是形勢的必然。

一六六一年，清政府爲了抵制鄭成功，防止沿海居民與台灣接觸，發布實施「畫界遷民」的遷界令以及「片板不許下水」的海禁政策。禁海令或弛或張到一六八〇年（明永曆三十四年，清康熙十九年）之間發布多次，對台灣而言當然造成許多不便，但是對大陸沿海居民造成的破壞與損失更大，明鄭原來就是國際貿易世家，掌握東亞海權，加上台灣四通八達，清朝反而無法完全封鎖台灣。遷界令與海禁讓明鄭得以操控壟斷海外貿易，充分利用原有的海上優勢。明鄭勢力還秘密發展商團組織，透過在大陸東南沿海地區建立的據點，暗中賄賂官吏、結合商人走私，形成龐大的商業網絡。

以明鄭的貿易來看，主要商品可分為以下四大類：一、台灣物產，即糖、鹿皮等；二、大陸產品，主要是生絲、絲綢及茶葉等；三、南洋物產，如胡椒、香料等；四、明鄭所需之軍用資源，如銅、銀等。第一類以輸出為主，主要貿易國是日本。第二及第三類以賤買貴賣、轉口貿易的方式進行。第四類是明鄭為抗清所需物資，由各地進口軍需用品，主要是銅，其次是火藥的原料硝石，輸入國分別為日本、暹羅、菲律賓。十七世紀中，明鄭的船隊在東亞可謂一枝獨秀，不只是當時日本最大的輸入商，也是大陸市場最大的輸出商，使台灣在此時期成為十分重要的貿易轉運站。

鄭經時代為拓展海外商機，一六七二年一月，鄭經的部將顏望忠、楊祥建議征服菲律賓群島，但遭馮錫範反對。十月正式和英國東印度公司簽訂《通商條約》，只課英國人百分之三的關稅，准其在台設立商館，並可享居住、交通、貿易自由等各項好處，並因此獲得火砲兵器的供應，更借助英國東印度公司訓練鄭軍砲兵；英國則輸入鐵器、火藥等軍用物資，並願意協助明鄭製造武器。一直到一六八三年鄭克塽降清，一六八六年英國才關閉台灣商館，不過，除了走私鴉片外，英國人的對台貿易幾乎是一事無成。在東北亞部分，明鄭積極與日本維持貿易關係，台灣輸出蔗糖、鹿皮等商品到日本，也轉口大陸的絲織品、藥材到日本，再由日本購回金屬原料、船料等軍需物資。

不過，台灣由荷蘭人所建立的轉運港功能，由於鄭清的對峙而無法運營。為滿足軍備和軍糧的需求，急迫需要擴大稻米用地，因而縮小蔗田面積，減少蔗糖出口，縱使出口蔗糖，也是用於換回軍火物資，這使得民間生計日益艱困，政府財力卻日漸不支；又因過度依賴租稅充作軍餉，因而沿襲荷蘭人的人頭稅、房屋稅，即使是破舊房舍、農舍，也都要課稅，如此導致「民不堪命，自毀其屋，十去有三」的情景。產業課稅有製麵牛磨稅、製糖蔗車稅、製鹽、烏魚旗稅，貿易稅有船稅、港稅與漁獲稅，對僧侶、道士及媒婆也徵稅，連豬牙、鐵、酒、炭、油都課稅。課稅愈多，經濟活動愈窒息，稅收反而愈少，終至財政崩潰，爆發惡性通貨膨脹。最後抗清意志低迷，奔走逃離台灣者日衆，明鄭政權的命運不可避免地走向敗亡。

四、和原住民的關係

鄭成功占領台灣時，軍隊紀律嚴明，經過原住民村社，秋毫不犯。但鄭軍圍攻熱蘭遮城，久攻不下，自身陷入缺糧危機。一六六一年（明永曆十五年，清順治十八年）五月二十日鄭成功不得不向原住民「借糧」，使雙方關係變得很緊張，但鄭成功仍嚴明軍紀，禁止「借糧」士兵趁機偷竊。五月二十六日鄭成功命令不須參與熱蘭遮城圍城戰的部隊，赴台灣各地耕種屯田，以求解決長期的糧食問題。

鄭成功鼓勵官員開墾，增加糧食供應，也設定「現耕田地」的土地所有權屬於「土民」和「百姓」。「土民」指原住民，「百姓」指漢人移民。鄭成功且派人教導尚未使用耕牛犁田的原住民，學會犁耕技術，提高生產力。

明鄭政權逐漸在台灣穩固下來，由漢人移民帶來的原鄉文化，持續影響台灣的發展。明鄭在實施屯田的同時，漢人移民人口陡增，爲擴大開墾，供養軍隊和移民，鄭經一改鄭成功對待原住民的態度，除放任漢人移民侵占原住民土地，也仗著軍隊優勢武力殺害原住民，驅趕他們進入丘陵地帶。

明鄭後期因爲參加三藩抗清，軍需孔急，對待百姓重稅剝削，甚至與原住民搶奪糧餉。

在原住民的抗爭活動中，以台中一帶的大肚番最爲激烈，但也遭到政府強力鎭壓。一六八二年竹塹、新港（今苗栗後龍）等原住民村社皆發生反抗行動，最後也是以軍事鎭壓迫使原住民投降。

一六八二年鄭克塽擬加強基隆戰備，防止清軍入侵。鄭克塽命令原住民做苦力，從台南搬運軍餉至基隆。此項傜役辛苦非凡，影響原住民捕獵、收穫季節的收成，甚爲嚴重。且傜役又分配不公，幾乎全落在鄰近運送路線的村社原住民身上。原住民與官員時起摩擦，憤而反抗，殺漢人翻譯，搶奪糧餉，苗栗後龍、新竹等地原住民紛起響應。鄭克塽派陳絳率兵攻擊，原住民遁入山區，繼續抗爭，漢人移民則立柵防守，鄭克塽政權可說四面楚歌。

參、明鄭的衰亡

一、明鄭末期

清朝的建立，明降將功不可沒，爲了安撫他們，分封吳三桂爲平西王、尚可喜爲平南王、耿仲明爲靖南王（後由其子耿繼茂繼承），鎮守南方，號稱「三藩」。一六七四年（明永曆二十八年，清康熙十三年）爆發「三藩之亂」，清廷與吳三桂等正式決裂，當時，耿繼茂的長子耿精忠聯絡台灣的鄭經出兵，鄭軍占領福建，一時之間勢如破竹，再占據了漳州、泉州、潮州、惠州等地。其後，耿精忠與鄭經兩人因地盤的利益產生衝突，關係破裂。後耿軍投降清廷，鄭軍和清軍直接交鋒，戰局便急轉直下。一六八〇年福建海戰失利，經過多年的征戰，鄭軍的財務已經嚴重透支，甚至令守在台灣的陳永華調許多土番及壯丁，前來廈門聽用，許多資源在這場戰爭中耗盡，鄭經不得已退回台灣，第二年抑鬱而終。

鄭經在去世不到三天，延平王政權的爭奪戰立即爆發，家族中分成兩派，一派以陳永華輔佐鄭克壓（1664-1681）爲主，另一派則是馮錫範（生卒年不詳）輔佐次子鄭克塽（1670-1717）爲主。鄭克壓遭馮錫範、劉國軒絞死，改立年僅十二歲的鄭克塽繼位爲延平王，台灣政局陷入混亂，史稱「東寧之亂」。鄭克壓是陳永華的女婿，鄭克塽是馮錫範的女婿，這場政變看似鄭克塽和馮錫範的勝利，但陳永華長期經營的實力，使同情鄭克塽的人對延平王政權失去信心。在政治上，馮爲翦除異己，大開殺戒，內部矛盾更加激化，人心惶惶；在經濟上，台灣已連續三年發生水旱災，糧食歉收，米價飛漲；加上參戰多年的消耗，台灣早已府庫空虛，財政拮据，增加的苛捐雜稅更加引發民怨。種種因素敲響了延平政權的喪鐘。

二、施琅攻台

瞭解內部矛盾後，清廷透過許多招降策略瓦解明鄭。早從鄭成功時期，清廷就數度招撫。鄭經時期也曾與清廷進行多次談判，並提出歸順條件，但均沒有結果。鄭克塽時期，軍心渙散，士氣低落，不斷有鄭軍官兵駕船直接向清政府投誠，清廷眼見時機成熟，轉撫為攻，一六八三年（明永曆三十七年、清康熙二十二年），清朝福建水師提督施琅（1621-1696）於澎湖海戰大破鄭軍艦隊，攻占澎湖，在內外壓力的逼迫下，劉國軒力主降清。鄭克塽在這一年八月二十六日（陰曆七月五日）接受清廷的和談條件，全體官兵薙髮結辮，向清廷上表投降，鄭克塽只當了兩年的延平王。九月三日（陰曆七月十三日），施琅率軍登陸台灣，清朝正式控制台灣。

南明寧靖王朱術桂於一六四八年被永曆皇帝朱由榔指派赴鄭成功處，代表明朝法統協助鄭成功凝聚反清力量。一六六三年朱術桂隨同鄭經從金廈撤退到台灣，一六八三年施琅攻占台灣，鄭克塽投降，朱術桂自殺。朱術桂的府邸後來成為「台南大天后宮」。朱術桂的五位妻妾懸樑自盡，後世蓋「五妃廟」紀念。

京。

鄭克塽投降後臣服清朝皇帝，棄延平王位，結束延平王國，改受封「漢軍公」，隸屬大清帝國漢八旗的正黃旗。中國藩王鄭氏三代統治台灣二十一年，鄭克塽兵敗投降被送往北京。

鄭克塽要求把鄭成功的遺骨移葬至福建故土，康熙帝欣然准允，以禮安葬，並親書輓聯一副：「四鎭多二心，兩島屯師，敢向東南爭半壁；諸王無寸土，一隅抗志，方知海外有孤忠。」於清王朝言之，鄭成功是仇寇勁敵，然康熙帝襟懷寬大，諒解鄭成功的各爲其主，在輓聯中盛讚他的「孤忠」與努力。

一七〇七年鄭克塽卒於北京，年僅三十七歲。鄭成功祖孫三代都謹守「招討大將軍延平王」的封號，「招討大將軍」是福州的南明隆武帝朱聿鍵賜封，「延平王」是廣東的南明永曆帝朱由榔賜封，所以「延平王國」始終謹守中國諸侯藩王地方政府的格局。

在台期間，鄭經政權自稱或被稱「東寧王國」、「東寧政府」或「東都政府」。雖自稱或被稱之爲「國」，但鄭經仍奉明爲正朔，使用「招討大將軍」的印信，以「永曆」爲年號，因此至多只是個「藩王國」，爲一獨立自治的地方政府，而非中央政府，不是個主權國家。

第二單元

清朝治理時期

ILHA FORMOSA, et
L'AQUEIO
da Portoghesi
R. Tafarlan
R. Dematao
R. Dorcalam
R. de Simcã
I. Theouan
R. Salgado
I. Dosul

第四章

全面大開墾時代開啟

壹、大量移民入台

一、台灣棄留爭議

中國的清政府用了二十年時間征服在台灣的明鄭延平王，其主要目的是消滅明朝的遺緒，以維護其政權的穩定。清政府是一個陸地的政權，對於海洋並不熟悉。擊敗明鄭後，是否要自行統治，成爲清廷思考的第一個問題。

西元一六八三年（康熙二十二年）八月十五日康熙皇帝將台灣的「棄留」問題，交議政王及大臣商議。當時朝中大臣對於台灣棄留問題有許多討論，因爲剛平定三藩，百廢待舉，多數官員爲避免造成財政負擔，提議放棄台灣，遷回在台漢人。率兵攻下台灣的施琅則從國家安全的角度切入，提出〈恭陳台灣棄留疏〉，指出台灣地理位置優越、物產豐富，若捨棄台灣，可能會被不法之徒或外國勢力所據，對東南沿海各省造成極大的禍害。施琅的〈恭陳台灣棄留疏〉可說是中國史上第一篇「海權論」的文章。

一六八四年康熙皇帝最終採納施琅建議，將台灣納入版圖。在行政上，福建省下設置台灣府，從此台灣成爲福建省管轄的一部分，福建省籍者在中國傳統戶籍制度下，比其他省籍者更容易移居台灣。

康熙此一「留台」決策，使台灣成爲中國移民墾殖的新天地，不僅紓解福建、廣東的人口壓力，也成爲中國大陸戰亂時，難民和災荒饑民的庇護所，開啓了台灣的大移民和大開墾時代。

二、治台是為了防台？

清政府統治台灣初期，採用許可制的移民入台政策。初期的「許可制」並非「限制」或「禁止」之意。但台灣有教科書及學者說，清政府統一台灣後，「治台是爲了防台」，並多以下列三點理由作爲清代治理鬆弛的理由：第一，頒布「渡台禁令」，限制漢人來台；第二，以輪調或不得攜眷來對駐台官吏、士兵進行防範；第三，不許建城垣，以避免城池成爲亂黨的根據地；另限制鐵器，以防居民造反。

持有「渡台禁令」者的學者及教科書的看法是：台灣正式被列入滿清版圖，卻反比過去更加嚴厲的禁止漢人來往台灣。究其原因，滿人對海上一向心存恐懼，所以將台灣當為「敵境」，移民當為「奸民」、「盜賊」、「流氓」、「敵國之民」，因而採取嚴厲的禁止政策。而所述「渡台禁令」的內容為：一、欲越渡台灣者，向原籍地申請，經分巡台廈兵備道稽查，由台灣海防同知批准，潛渡者嚴厲處罰。二、越渡台灣者，不准攜帶家眷；已渡台者不得家眷依親。三、廣東地區屢為海盜淵藪，積習未脫，禁止粵民渡台。

有人說，「渡台禁令」是康熙依施琅建議頒布的，但遍查康熙時期，並無「渡台禁令」的文件，也未見施琅有相關奏章。清代中國對移民進入台灣是採許可制，而非禁絕的「禁令」制。

以「渡台禁令」作為清廷防台之說，是錯誤的。清代採行的不是「限制移民」的政策，只是「許可移民」的條件，這些條件也是不同時間零星地形成，又零星地解除，但是面對公然走私偷渡，發達的民間船運，清廷這些「許可條件」的實施效果也實屬有限。若眞有所謂的「渡台禁令」，那麼台灣那時全島的漢人可能都是「非法移民」了。

清朝政府是有禁止部分官員攜眷，禁止偷渡，管理海貿，管理入台，但並無禁止移民台灣的政策。而觀察清朝漢人移民在台灣增加的速度，以及准許「墾首」招募小租戶、佃農的數量，顯見這些僅餘的「許可條件」根本沒有作用。從這些證據可以確認，清朝政府對漢人移民進入台灣是採許可制，而非禁絕制。

一六八四年康熙解除中國大陸沿海及台灣的海禁，又准設一府三縣，置「巡道」官，完全沒有理由禁止中國移民入台。一七一二年康熙皇帝曾批：「如有良民情願入台籍居住者，令台灣府、縣查明，出具印文，移付內地府、縣知照，該縣申報該道稽查，仍令報明該督、撫存案。」這更證明清政府禁止移民台灣的說法與歷史事實不符。

也有人以當時康熙在一六八三年頒布的《台灣編查流寓六部處分則例》（簡稱《處分則例》），就是爲了嚴格限制或禁止大陸居民前往台灣的證據。但是依《處分則例》的內容來看，卻像是清政府管理台灣「羅漢腳」的政策，而不是禁止移民台灣的法令。更何況這個《處分則例》是引用自日本學者伊能嘉矩的說法，遍查當時清政府的《清實錄》、《欽定大清會典事例》，卻都查無這部《處分則例》等法條。再則，一六八三年時康熙對「台灣棄留」都未定案，是不可能頒布這種《處分則例》的。

反而是管理「台灣流寓」的規定最早出現在一七三〇年雍正皇帝的批文，講的是「流寓」，而不是移民問題，也沒有「處分」的規定。這種管理規定，反而是可以移民入台的證據，而且要在台灣登入戶籍的條件也很寬鬆。

「流寓」指無戶籍的外地人口或居住在異地省縣的人口，近似「流動人口」。「隔省流寓」指搬遷到不同省份的戶口。清代初期，台灣隸屬福建省，福建人移居台灣，是省內移居，不算是「外省流寓」，所以福建省籍的人口移居台灣，不是問題，且相對容易。對福建省而言，廣東省人屬「外省流寓」，比較不易在台灣申請戶籍，登記土地，取得墾照。但若辦妥入台手續，就不再是「流寓」。管理「流寓」是一種管理居民身分的政策，與限制移民台灣的政策是兩回事。

至於偷渡來台的「羅漢腳」當然屬於「流寓」，但「羅漢腳」只要沒有作奸犯科，也不會被遣送回中國大陸。一八〇〇年嘉慶皇帝批准：「台灣流寓有妻室產業良民情願入台籍居住者」可以留在台灣。這是放寬「流寓」入籍台灣的規定，也跟限制移民無關。

事實上，「許可制度」難以堵住偷渡人潮，反而給予官吏貪污的機會。再則，因為大陸人口增長，土地分配份額縮小，遇有災難，饑民餓殍連野，台灣土地可以養活福建、廣東饑民，又逼得清政府必須放寬移民政策。清政府只好不斷變來變去，時鬆時緊地變更對台移民政策，最後全面放寬使台灣變成福建、廣東移民的新家園。

一七八八年林爽文事件後，乾隆皇帝徹底開放赴台移民，可無限制攜眷渡台，台灣本省人的祖先大多數是趁這波開放政策後攜眷移民台灣。到了治台後期，一八七四年（清同治十三年）牡丹社事件後，經福建巡撫沈葆楨建議，獲准廢止渡台所有限制性的法令，也不必再有「流寓」身分的爭論。

從人口的數量來看，明鄭滅亡的第二年，一六八四年，相關官兵眷屬遣送回中國大陸後，台灣的漢人移民不足七萬人，康熙時，台灣已有二十萬人口，到乾隆時更高達兩百萬，遠超過當時原住民的人口數，台灣逐漸變成以漢人為主體的社會了。所謂清朝有「渡台禁令」之說，顯然與人口增長事實不符。持清政府限制漢人移民台灣是受到日本學者的影響，有意貶損清政府治理台灣政績的說法而已。

有觀點說：「清政府收復台灣後，對防範官吏與兵隊背叛極為用心，規定往台灣赴任的官吏任期為三年，任期屆滿立即調回中國大陸，並禁止家屬同行。部隊也每三年調動一次，稱為『班兵制』，並禁止由台灣當地募兵。這是害怕長期駐台會本土化，與台灣居民串通造叛。」這個觀點也是錯誤的。這個輪調政策形成於施琅治理台灣時期，當時施琅為向康熙表態，部隊可以輪調，且不增加軍事駐防軍費，因為當時這些部隊都是施琅的部下。提出此一建議，是要向康熙表白，他不會據台為王。施琅要財不要權，爾後的制度就如此定下來。另文武官員剛開始是可以攜眷，但朱一貴事件後，官員忙著送家眷逃返大陸，反而疏於「剿匪」，造成軍事挫敗，清政府才禁止攜眷，後來也再開放。

還有教科書說，清政府「不許建城垣，以避免城池成為亂黨的根據地；另限制鐵器，以防居民造反」。清政府的邊疆並非只有台灣一隅，對邊疆地區的治安可說費盡心力，因爲盜匪叢生，均有防亂的措施。在台灣的治安措施也並非是特例，所謂「治台是爲了防台」之說，是一種先設定立場的自我想像，台灣的作亂能力還不如雲南地區。後面會提到的朱一貴、林爽文事件沒多久就被鎮壓了。戴潮春事件能夠持續四年，那也是因爲大陸內部有太平天國紛亂，清政府無心無力鎮壓之故。

三、只有唐山公，沒有唐山嬤？

有教科書說：台灣人「只有唐山公，沒有唐山嬤」。其理由是早年台灣和中國大陸來往交通不便，漢人只有男人，而沒有女人移民台灣，這些漢人男性移民只好娶平埔族女子爲妻，所以現在的台灣人不是漢人的「唐山嬤」，而是平埔族女性生育的，並以此推斷現在的台灣人不是純種漢族或中國人。於是假設大量的台灣民衆有平埔族基因，且平埔族屬於「南島語族」，因此台灣是「南島語族」。近來台灣就有政治領導人物，如蔡英文等，認爲台灣民族屬於「南島語族」，台灣人不是中國人。

一些人也用DNA的研究結果爲由，來編造閩南和客家的台灣人的父系來自中國移民，母系來自平埔族原住民，因而是「本土混血」，從而爲「有唐山公，無唐山嬤」建立理論基礎，並作爲以訛傳訛的依據。例如，有一半日本人血統，也在日本長大的馬偕醫院女醫師林媽利，二〇〇〇年說「百分之十三的本省籍台灣人有原住民基因」，二〇〇七年林媽利更正說「百分之八十五台灣漢人有原住民基因」，不斷發表台灣人的DNA和中國人的DNA不相同的論述，企圖用所謂DNA科學論證，建立台灣人不是中國人的論述。

這當然是個爲特殊意識形態而服務的謬論。早在荷蘭殖民台灣時期，已有對中國女性徵稅的記錄，顯示中國女性已不少。荷蘭時代兩岸的航運相當發達，跨越「黑水溝」（位於澎湖群島和台南安平港之間的海域）已不是問題，沒有傳說中「埋冤」那麼嚴重。荷蘭人的港口海關記錄顯示，當時中國大陸和台灣的船舶客運已很發達，每十位乘客至少就有一位是女性，中國女性移民來台已不是新鮮事。

一六五〇年（明永曆四年，清順治七年）到一六五六年之間，台灣天災人禍不斷，西拉雅人、噶瑪蘭人、巴賽人等三個人口最多的平埔族，都遭到幾乎滅村滅族的厄運，這才是平埔族人口大量減少的主因，而不是有些學者所說的「被漢化」。平埔族在荷蘭占領時期人口已減半，只剩三萬多人，接近滅族，更不可能都去與漢人成婚。平埔族人口減少跟漢化成中國人或與中國移民通婚無關。

也有人說，來台灣的「羅漢腳」，因爲找不到對象，因而與當地平埔族結婚。每一個時期的移民都有「羅漢腳」的問題，但這也與平埔族人口減少無關。來台的移民常以家族、鄉黨為群體來台開墾，不能納入這些群體的移民，常成為「羅漢腳」。「羅漢腳」中有在原鄉的貧民，有因逃難來台的難民，有因台灣天災流離失所的災民，有因地主佃農關係矛盾的失業遊民，但都不是移民社會的主力，「羅漢腳」更不會是平埔族女性選配的對象。

鄭成功在台灣建立政權後，更直接命令軍隊家屬必須率先遷居台灣，避免軍隊投降清政府，這些家屬大部分是女性。有了延平王的武力保護，漢人更以全家族的方式移民來台，逃避中國大陸的戰亂和饑荒。鄭經更自中國大陸偷渡婦女來台，獎勵軍士兵，甚或做生意出售偷渡婦女賺取差價，漢人在台灣的男女比例逐漸趨近平衡。面對這些事實，漢人移民在台灣與平埔族女性通婚的案例固然會有，但比例極低。

從以上可以瞭解，荷蘭與明鄭時期，中國女性也早已陸續來台定居。在台漢人人口的增加，主要靠大陸不斷的移民，跟平埔族通婚無關。「沒有唐山嬤」的說法只是某些史書作者想當然爾的誤傳。

一六八五年，也就是將台灣納入清版圖的次年，清政府的資料顯示：中國移民共有約五萬多（52,902）人，其中男性近三萬（28,480）人，女性兩萬多（24,422）人，並無嚴重的性別失衡。在清治時期已到台灣傳教的馬偕（George Leslie Mackay, 1844-1901）牧師也說：「台灣人分爲原住民和漢人，雙方完全不通婚，因此島上沒有混血人種，雖然也有歐美人士，但人數太少，微不足道。」馬偕在台傳教二十九年得此評論，可見「原漢通婚」的情形，即使存在也少到令馬偕看不到。日本殖民台灣時的人口統計很完整。記錄也顯示，閩南家庭有男子娶平埔族女子的比例不到千分之五，客家家庭有男子娶平埔族女子的比例不到百分之一，比近年的台灣男子娶外籍或大陸女子的比例還要低。「有唐山公，無唐山嬤」的訛傳，可以休矣。

另外，在清代的移民眷屬政策方面，一開始也是變來變去，時而開放，時而禁止。清政府原以爲控制來台移民的眷屬，就可以規範移民的行爲，然實屬不近情理；以爲限制台南與廈門的對航港口，就可以抑制移民入台，更是不易執行。但即便是「眷屬禁止期」也禁不了攜眷偷渡，台灣的海岸特性和偷渡船隻的技術進步、官員的貪污、大墾戶的人力需求，都構成台灣龐大偷渡人口的輸送鏈。爲何攜眷政策忽緊忽鬆？因爲一方面，會攜眷入台的移民者會有長期定居台灣的打算，且有家眷的移民對移民社會穩定有益；但是移民多了，又會擴張墾地，擠壓平埔族和原住民的生活空間，引發不同型態的族群衝突。清政府常陷入這種取捨的兩難。

一七〇四年（康熙四十三年）清政府乾脆介入開墾事宜，命令移民與平埔族私定的租地開墾契約都必須經官方核准，確保平埔族的地權。另由於，「番婦」在平埔族原住民社會，因「母系社會」及「女耕男獵文化」而擁有土地繼承權，「娶番婦，奪番產」常是漢人移民的算計，清政府因而祭出「禁婚政策」，禁止移民「娶番婦」，以防止平埔族的土地傳承受到影響。

貳、土地開墾與水利建設

一、土地開墾

康熙開放漢人大批移民台灣，堪稱開創台灣的「大移民時代」與「大開墾時代」，台灣的漢人移民人口突然暴增。土地的開發由台南向南北兩個方向發展，再由西向東推進。史上記載的康熙時期，漢人攜帶資金、技術、人力大舉移民台灣，爭取墾照，開闢田地，興建水利，銷售農產，防範海盜，阻止獵首，轟轟烈烈的開拓新天地，宛如史詩般的情節，比起美洲開拓史不遑多讓。

當時台灣瘴癘、霍亂、瘧疾盛行；洪水、土石流危害不斷，原住民與漢人衝突不斷，移民並不容易。康熙政府有鑑於疏解福建人口壓力的必要，採行措施積極鼓勵人民組織民間「墾殖團」，大舉移民台灣墾殖。

漢人須先至地方縣級衙門，向官方提出申請，官府發給墾單或墾照；這些請領墾照，有權開墾者，稱爲「墾戶」。待開墾完成，墾戶向官府呈報並繳納「正供」後，成爲土地所有權人，稱爲「業戶」。

這些墾殖團的首領名爲「墾首」，既是移民團的出資者，提供開發過程所需資本及完成後的繳稅保證金，常須自行組織民兵武力，也是墾殖後的大地主，稱爲「大租戶」。「墾首」並不親自開墾，但負責建造水利渠道及灌溉系統，再將田地分租給墾殖團的「股東」，即「小租戶」，由「小租戶」開墾荒地。「小租戶」繳交固定的實物租金給「墾首」，「小租戶」取得「永佃權」，就有了「小租權」，「小租戶」購買農具、種子、耕牛，再招徠「佃農」耕作這些田地，稱爲「耕作人」。這種「墾首」、「小租戶」、「佃農」的三級協力方式，使得漢人開墾台灣更具積極與靈活性，共同創造了台灣的大開墾時代。

因爲大租權的買賣轉讓不需經過小租戶同意，小租權的買賣轉讓也不需大租戶許可，這種墾首的「大租權」和小租戶的「小租權」後來在同一塊土地上，產生重疊的雙重所有權制度，發生「一田兩主」或「一田多主」的法律問題。

清政府在原住民土地權利的保護工作，著力甚多。這套制度後來亦適用於漢人向平埔族村社租地開墾。清政府爲避免漢人移民持續侵墾原住民土地，允許漢人佃墾，但保留原住民的土地所有權。此時，開荒的漢人需向原住民業戶納租（番大租），不需向清政府申請墾照，即可承租原住民的土地拓墾。藉由這個制度，清政府可以保護平埔族的利益，也順利處理平埔族和漢人的爭端。

康熙統治台灣三十九年間（1683-1722），台灣的生活水平大幅提升。當時《台灣府志》有如下的記載：「人無貴賤，必華美其衣冠，色取極艷者，靴襪恥以布，履用錦，稍敝即棄之，下而肩輿隸卒，褲皆紗帛。」到了雍正年間，台中、彰化地區的平原幾乎全被開墾成田地，其他地區也由新墾號積極開墾。漢人移民的開拓力量可見一斑。

一七九六年（嘉慶元年）吳沙（1731-1798）招徠漳、泉、粵籍移民，採用「結首制」開墾宜蘭。不同於「墾首制」，幾十個佃戶組成「小結」，數十個小結組成「大結」，各結均選出領袖，稱爲「結首」。「結首制」是集體合作社模式，大結首與小結首是夥伴關係，依貢獻分配土地，都有「所有權」，地權分散，宜蘭因此少見大地主，並可形成有系統的開墾組織，提高墾地的效率。今天宜蘭有些地名仍以「結」爲名，就是由結首制而來的。

吳沙偕衆開墾後七十年，直到一八七四年同治皇帝時期，吳沙的福建漳浦後輩陳輝煌（1838-1894）率衆開墾蘭陽溪南面地區，整個蘭陽平原已盡成良田，也全歸漢人移民的天下，噶瑪蘭族反成宜蘭的少數民族。

康熙時代漢人赴台開墾，一八九五年清朝政府結束統治台灣時，開墾完成的田地已達四十五萬甲（每甲等於0.9699公頃，或約2934坪）以上，比一六八三年鄭克塽末期的三萬七千甲，多出十一倍。從田地面積增加的幅度可以確證，清代時期，漢人大批移民台灣的幅度，是台灣史上最盛大的移民時代，台灣各地幾乎遍地是漢人。

與可耕農地面積同步成長的中國移民人口也相對成長，一六六二年荷蘭人結束殖民統治時，台灣的中國漢人移民人口有兩萬五千戶，約十萬人。一六八三年鄭克塽結束統治時，中國移民人口有四萬多戶，約二十萬人。一七九五年乾隆年間則成長至約一百三十萬人，到一八九三年光緒年間，已達五十多萬（507,505）戶，約兩百五十萬餘（2,545,731）人，比鄭克塽時的二十萬人多十二倍。但原住民人口裏，平埔族仍只有四萬多人，比荷蘭殖民統治開始時的六萬人口還少，比統治結束時的三萬餘人多。高山族原住民只有十一萬人，與荷蘭殖民時期相較，增加不多。此時台灣雖受少數民族清朝滿族皇帝統治，但已成漢人大舉移民之島，這一點受康熙政府鼓勵移民台灣的政策影響很大，台灣在清代中國時期的確是漢人

「大移民時代」。所謂清朝禁絕移民台灣或消極治台的說法，從移民人口數字，耕地面積，和投入的官兵人數，這些批評清政府的說法並不正確。

二、水利建設

農業的開墾往往需要灌溉設施的配合，水利開發是一項利潤高、風險高，且不易維持的事業。由於中國的水利開發歷史悠久，漢人來台後，也就把水圳的開發技術引進台灣。建水圳需要技術，更需要資金，因此除了高雄地區的曹公圳外，大部分是由有錢有力的民間人士主導，例如彰化平原的八堡圳、台北的瑠公圳等。水圳的開闢使農人不再只能看天吃飯，農作收穫也更穩定。

清治台灣期間最大的水利工程有三項：康熙時期施世榜（1671-1743）在中部開鑿的「八堡圳」、乾隆時期郭錫瑠（1706-1765）在北部開鑿的「瑠公圳」、道光時期曹謹（1787-1849）於其鳳山縣知縣時任內，在南部開鑿的「曹公圳」。

「八堡圳」於一七一九年（康熙五十八年）完工，堪稱是台灣史上第一條水利工程。剛開鑿圳道時相當艱難，有位未留名字的「林先生」設計壩籠，以籐竹編成圓錐形籐籠，內塞溪石，列置河道。雨季時壩籠可保護圳道，旱季時可引水入圳，相當成功。「林先生」不示眞名，又拒受報酬，施世榜特在二水建「林先生廟」以茲紀念。「八堡圳」歷經十年竣工，該圳開發完成後，吸引大批的移民進入彰化平原開墾，鹿港遂成爲移民的重鎮。

「瑠公圳」，歷時二十二年，於一七六〇年（乾隆二十五年）完工，從青潭修渠道幹線通過新店地區，並築木梘導水跨景美溪，經過今景美、公館、大安區、信義區、松山等地，用於灌溉今台北市東側地區的農田。今日幾乎已經全部予以塡平或荒廢，只在台北市區、新北市新店區內仍殘留幾小段水道。

「曹公圳」於一八四一年（道光二十一年）完工，有新舊兩圳的灌溉，耕作績效陡增，甘蔗種植面積擴大，後來隨著高雄開港，蔗糖外銷更暢旺，曹公圳可說是清治時期相當出色的水利工程。鳳山鄉民集資興建「曹公祠」以茲紀念。

除了以上三大水利建設以外，清朝在雍正年間也有不少重要的水利工程。一七二三年（雍正元年）楊志甲引貓羅溪水，建造「福馬圳」及「深圳」，灌溉彰化地區一千餘甲農田。同年「張振萬號」的張達京（1690-1773）也在台中豐原的葫蘆墩圳（又稱貓霧拺圳），建造水利設施，灌溉一千餘甲農田，台中及彰化地區於是成爲台灣的米倉。台北的景美溪古名「霧裡薛溪」，一七二四年引水自景美溪，建造「霧裡薛圳」（又名「內湖陂」），灌溉台北市西南部農田，是台北盆地最早的水圳，一七三六年乾隆時期才全部完工，灌溉約六百甲田地。而乾隆時期林秀俊（1699-1771）的「大安陂圳」也對現在新北市地區的農田發展有重大貢獻。

這些先民們的集體努力，讓台灣的土地上鋪滿了嚴密的水利網，增加了農田的生產。台灣近來有人歌頌日人八田與一設計的嘉南大圳，甚而稱其為「台灣水利之父」，眞是令人嘆息悲哀。如果拿先民開鑿的所有圳來與日人建構的嘉南大圳相較，前者採用最原始的方法，用生命與汗水去為漢人的農田建築灌溉渠道，生產的稻米供給台灣人民自己生活所需；後者使用較為先進的工法，為殖民地農民建築完整的灌溉渠道，增加的稻米收成供給糧食緊缺的殖民「主」國，兩者的意義有天淵之別。

參、農業與商業發展

一、稻米、蔗糖、樟腦三大產業

稻米、蔗糖、樟腦是清代台灣的三大經濟作物。清初漢人拓墾台灣時，主要從事農業，多種植稻米與甘蔗兩項作物。米、糖是台灣最重要的外銷物產，主要銷往中國內地。當時台灣手工業並不發達，日常生活所需的用品，多由內地供應，形成台灣提供農產品，中國大陸提供手工業產品的「區域分工」經濟型態。

從荷蘭殖民時代起，稻米就是台灣的主要經濟作物，除了自給自足外，尚可出口至中國、日本。這個國際貿易鏈，常使得台灣的米價亦隨中國、日本的米價漲跌起伏。尤其每逢中國、日本作物歉收，或爆發戰亂，台灣的米價亦因此暴漲。到了明鄭時期，鄭家軍的軍需米量和軍屯成效，也主宰著台灣米價的走向。清政府時期，台灣在法律上及實際上都是福建經濟圈的一部分，台灣米價無法與福建米價脫鉤。福建人大量移入台灣從事墾殖工作，稻米產量節節升高，出口稻米也成了台灣重要出口產業。在清政府時代，尤其雍正、乾隆、嘉慶年間，每年都從台灣徵收稻米供軍隊使用，市場供給量減少，台灣的稻米價格始終維持高檔價位。

蔗糖是荷蘭人大力推動的產業，也是延平王的主要貿易商品。荷蘭人招募中國移民來台開墾蔗田，是台灣糖業出口的起步。這些蔗糖從荷蘭殖民時期至清政府時期，都是以中國大陸、日本、東南亞，甚至歐美爲出口對象，可說相當國際化。一八五六年（咸豐六年）台灣的蔗糖出口約兩千一百萬磅，然後與年驟增，到了清政府統治台灣最後一年，一八九五年出口維持在九千四百萬磅左右。

荷蘭殖民統治時期，大員（台灣）長官西撒爾（Cornelis Caesar）在一六五三至五六年間，於台北淡水附近森林，發現樟樹林。但在一六四〇年就有鄭芝龍將台灣的樟樹和樟腦賣到日本的記載，只是不確定鄭芝龍的樟樹和樟腦是台灣的貨品，或自中國大陸轉運的貨物。直到清治時期，樟腦才成爲台灣的重要出口產業。一七二五年雍正時期，清政府將台灣的樟腦產業國有化。一七四三年乾隆時期，清朝政府准許樟樹砍伐業者組織私人武力「腦丁」，進入中央山脈的原住民保留區「番界」，擴大砍伐樟樹，使樟腦產量快速增長。

台灣的樟腦出口量一八五六年只有一千三百萬磅，到了一八九五年清朝治台結束時，台灣樟腦出口量達六千九百萬磅，高居世界第一，且占世界總產量的七成。台中大地主霧峰林家就曾因經營樟腦業累積財富，並擁有強大的私人武力。

二、兩岸貿易與行郊的形成

鄭經末期及鄭克塽時期，台灣處於經濟衰退和通貨膨脹的窘境。鄭克塽降清後，原本具有生產力的明鄭屯墾軍隊被遣送回中國大陸，勞動力及人口突然減少，農業生產跟著萎縮。一六八四年（康熙二十三年）清朝政府解除台灣海峽的海禁，允許大陸沿海商船、漁船到台灣貿易捕魚，啓動漢人大舉入台的浪潮。但當時台灣仍處於「戰後」復甦的蒼涼階段。

康熙取消台海海禁，中國商品可直接運往日本、東南亞，不再需要以台灣爲轉運中心。台灣當時人口密度不足，沒有特色產品可輸出，海外貿易功能急遽衰退。但台灣的未墾荒地不少，吸引中國大陸沿海省份無土農民大舉移居台灣，創造台灣海峽兩岸貿易和航海運輸的新功能。從此，台灣成爲漢人移民之島，發揮疏解中國大陸人口壓力的效果。

同時期，日本的白銀產量逐漸耗盡，無法出口白銀換生絲，轉而鎖國，台灣與日本的貿易因此衰竭。歐洲所需的中國生絲、茶葉，又不產於台灣，不再需要與台灣來往。南洋生產的米、糖，與台灣品質類似，且更具價格競爭力，台灣的米、糖只能出口去中國大陸，再換回中國大陸的手工業品和日用貨品。台灣海峽兩岸自然而然形成區域分工的貿易關係，商船航行於台灣港口與中國大陸各港口，從東北到廣東，對渡航線非常頻繁。

㈠「正港」與「一府二鹿三艋舺」

清治初期爲有效管理海運，規定台南府城的鹿耳門，是與大陸廈門交通唯一合法的正式口岸（正口、正港），貿易船隻皆必須由此進出。

十八世紀中葉以後，隨著台灣各地拓墾發展，由鹿耳門一口進出已不敷需求，由南到北沿岸港口常成爲走私的管道。於是清廷於一七八四年（乾隆四十九年）至一八二六年（道光六年）之間，陸續開放鹿港、八里坌、海豐港、烏石港四個正口，與泉州蚶江和福州五虎門對渡。嘉慶年間，由於正口貿易的發展，使得府城、鹿港和艋舺成爲台灣南部、中部與北部最大城市，統稱「一府二鹿三艋舺」。道光、咸豐年間，清廷又下令開放六處港口爲對渡口岸，皆可自由通航，逐漸侵奪了正口的貿易量。

(二)行郊的興起

兩岸自然形成的貿易關係，促成台灣貿易「行郊」的產生。郊可分爲兩類：一類由貿易地相同的商人所組成，如安平的南郊、北郊與港郊；另一類則是由從事特定商品買賣的商人所組成，如糖郊、布郊、油郊、藥郊等。「行郊」類似貿易商的同業公會，同類的貿易商聚集成「行郊」，彼此互助，提供融資，互通商業訊息，且能有效率的安排船期和貨艙。

大體上行郊的主要輸出品以米、糖等農產品爲大宗，輸入品則是日常用品。最早台南有「三郊」：北郊、南郊、港郊。「北郊」出口蔗糖，進口浙江、江蘇的絲綢、中藥。「南郊」出口糖及漁產品，進口福建的菸草、雜貨、磚瓦。「港郊」出口農產加工品，進口福建農產原料。這種貿易商模式隨著局勢發展，複製到雲林北港、彰化鹿港、淡水、台北艋舺，成爲台灣的商業特色，也促成港口新市鎮的興起。郊商的擁有者往往成爲地方領導人物，對於地方的宗教事務、公益慈善、仲裁糾紛、捐資設學等社會公益活動多有貢獻。

一直到一八五八年《天津條約》後台灣開港，英、美、德財團來台開設洋行，促進台灣國際貿易型態的現代化，台灣傳統的「行郊」組織才被洋行取代。

㈢城鄉貿易

人口增加帶動港市與市鎮、農村之間貿易的發展。農村生產的米糖等農產品供應市鎮需求，同時轉運至港市，由郊商出口至中國大陸。而內地進口的商品，郊行除了直接賣給消費者，也可經由批發商及各地零售商，販賣給消費者。而鄉村民家銷售生產品或採購消費品，可由定期舉行的市集來滿足。台灣當時各大小街區皆有市場，聽由人民自由買賣各類農產品與手工業等日常用品，也有專為買賣牛隻而設的牛墟。

肆、行政體系的建立

一、設官治理

一六八三年十月五日延平王國投降大清帝國，一六八四年（康熙二十三年）五月二十七日康熙皇帝下令台灣及澎湖於作為福建省轄下的「台灣府」，另把廈門、澎湖、台灣劃為同一個軍事警備區，稱「兵備道」，全稱是「福建分巡台灣廈門兵備道」，是由原來的「福建巡海道」改制而成，常設辦公處所位於廈門。「道」不是行政區域，而是「省」的派出單位。「福建分巡」是福建省派出機關的意思。

「兵備道」的主管稱「道員」，「台灣廈門兵備道員」半年在廈門辦公，半年在台南辦公。「兵備道」轄有戰船四艘，兵員三六〇名。康熙任命瀋陽人周昌為台灣廈門兵備道首任道員。「道員」位階高於「知府」，低於「巡撫」。「兵備道」除負責軍事警備外，也兼管科舉考試、內政經濟，是軍政合一「正四品」的文官職務，在福建省巡撫之下，是治理台灣最高職階的官員。

一七二七年（雍正五年）廈門、台灣分立，設立「福建分巡台灣道」於台南，但刪減「兵備」職權。一七六七年（乾隆三十二年）又賦予「兵備權」，升格為「福建分巡台灣兵備道」，即清軍的台灣警備司令。一七九一年（乾隆五十六年）「福建分巡台灣兵備道」再被賦予「司法監察權」，升格為「按察使銜分巡台灣兵備道」，「按察使」是司法監察官，等於按察使兼兵備道。

一八八五年（光緒十一年）台灣脫離福建省，單獨建省，「台灣府」升格為「福建台灣省」，簡稱「台灣省」。「按察使銜分巡台灣兵備道」成為「福建台灣省」巡撫的部下，民事行政權又被新設的「福建台灣布政使」所取代，兵備道的職權名存實亡。

台灣道之外，另設軍事部隊的司令部稱「鎮台」，設「總兵」負責防衛台灣，下轄五個軍防區：台南府城、安平港、南路、北路、澎湖。台灣總兵所轄兵員人數是清代中國各地總兵最多的，作為邊疆地區的移民社會，外有海盜問題，內有移民的分類械鬥，再加上與原住民的衝突，福建省府都必須投入巨額財政資金，維持台灣的龐大駐軍，以穩定台灣的社會及政治秩序。這也可否定許多學者認為清政府「消極治理」台灣的說法。

清代中國地方文官的位階，依序是：總督、巡撫、道員、知府、同知、通判、知縣。所以治理台灣的官員位階依序如下：閩浙總督、福建巡撫、台灣道員、台灣知府、淡水同知、台東直隸知州、澎湖廳通判、鳳山知縣。「同知」即「同知府」，是個副職。

台灣鎮總兵所轄兵員，高達一萬名兵力，是全中國各鎮統率兵員最多的總兵，受福建陸路提督或水路提督指揮，也受閩浙總督和福建巡撫的節制。第一位台灣總兵（1684-1687）是楊文魁。

駐台最高軍事長官「台灣鎮總兵」可以直接上書言事，位高權重，形成早期的以武抑文現象。後來，清廷也發現了問題，爲監督台灣文武官員，在雍正、乾隆年間，設置「巡台御史」。此外，另設置管轄捕盜、海防、理番等事務的「同知」。

二、行政區劃的變遷

一六八四年（康熙二十三年）清政府在福建省下設「台灣府」，任命瀋陽人蔣毓英爲首任知府（1684-1689，先民對其感念建祠以祀）。「府治」在台南，「知府」是常駐台灣的最高地方行政官。「台灣府」下轄「台灣縣」、「諸羅縣」、「鳳山縣」，即「一府三縣」。縣的轄下設立「堡」，如「大加蚋堡」、「基隆堡」。隨著漢人入台墾殖的人口數不斷增加，朱一貴事件平定後，清廷於一七二三年（雍正元年）將「台灣縣」分出「彰化縣」，成爲「一府四縣」。「鳳山縣」指高雄、屏東地區，縣衙設在左營，現在的「鳳山」

當時稱「下埤頭」。蔣毓英開始編纂的《台灣府志》（1685-1764）是史上第一份台灣的官方史料。

因澎湖爲全台門戶，地位重要，於一七二七年改設澎湖廳，成爲「一府四縣一廳」。一七三一年從「台灣縣」分出「淡水廳」，即「一府四縣二廳」。一七八七年（乾隆五十二年）林爽文事件後，將「諸羅縣」改名「嘉義縣」。嘉慶年間，海盜屢次侵擾蛤仔難（今宜蘭），一八一二年（嘉慶十七年）清廷從「台灣縣」再分出增設「噶瑪蘭廳」，成爲「一府四縣三廳」。

一八七四年（同治十三年）牡丹社事件後，清廷於一八七五年（光緒元年）將福建省轄下的「台灣府」切割成兩個府，增設台北府，即爲「台北府」和「台灣府」，增設恆春縣、埔里社廳、卑南廳等府、縣、廳，行政區劃擴大爲「二府八縣四廳」。內容爲：「台北府」下轄宜蘭縣、淡水縣、新竹縣、基隆廳。「台灣府」下轄台灣縣、嘉義縣、鳳山縣、彰化縣、恆春縣、澎湖廳、卑南廳、埔里社廳。行政格局成爲「二府八縣四廳」。

一八八五年，台灣建省，改設「三府十一縣三廳一直隸州」。有「台北府」、「台灣府」、「台南府」。「台北府」仍下轄宜蘭縣、淡水縣、新竹縣、基隆廳。「台灣府」下轄台灣縣、彰化縣、苗栗縣、雲林縣、埔里社廳。「台南府」下轄嘉義縣、鳳山縣、恆春縣、安平縣、澎湖廳。「直隸州」則是「台東直隸州」。

從「台灣府」的沿革可以發現，「台灣府」管轄範圍從全台灣，最後縮爲中部地區，府治也從台南轉至台中，「台灣省」、「台灣府」、「台灣縣」則同時存在。地方行政單位不斷增加，反映漢人大舉入台，台灣人口日趨稠密，荒野普遍變爲田園，亟需更多地方行政單位發揮治理功能的事實。

從府縣廳的數目不斷增加，表示行政人力必須隨人口增加而增加。清政府治理台灣所需投入的資源也愈來愈多，台灣在中國的地位逐漸從「移民邊疆」升級爲「國土要地」。

第五章

社會群體關係

壹、漢人與原民的關係

清初台灣開發大致以台灣縣（今台南一帶）為中心，其餘地區多只有點狀的開墾，之後分向北部與南部拓墾，並續向內山發展，大體呈現「由南而北，先西後東」的現象。漢人移民的開墾不免損害原住民的權益，比如熟番雖已向清廷繳稅，但其土地仍常被漢人移民侵奪。此外，由於移民不時違禁越過番界開墾，即使清廷多次重定番界，區隔漢人與原住民，希望避免治安問題或動亂，但成效有限。

一、清政府重視與原住民的關係

台灣的山地原住民並不是被漢人移民趕上高山地區，而是荷蘭人來台之前就已在山地生活。西部的平埔族有被驅趕進入丘陵地區，但也沒有被驅趕至內山地區，大部分平埔族反而在西部平原扮演重要角色。平埔族捕鹿所剝製的鹿皮，出口至日本，一直都是荷蘭時期的重大經濟項目與獲利來源。

鄭成功取得台灣後，派兵屯田，當時漢人和原住民屢爆衝突，鄭成功政權劃出界線，界定漢人和原住民的土地使用範圍，雙方不得跨越。清政府爲防止漢人聚集山區作亂，或偷越原住民領地，延續明鄭時期的劃界，禁止漢人深入山地。當時豎石立碑標明番界，或者利用挖溝堆土加以標記，其挖溝堆土者由於看似牛隻橫臥，故又稱「土牛」。另外，在地圖上使用紅線標示番界，合稱「土牛紅線」。

清政府的統治者本身就是中國的少數民族，處理平埔族的權益，和處理中國東北、西南的邊疆民族的做法類似。只要平埔族不涉及「叛亂」，清政府在平衡漢人移民和平埔族的權益時，會偏向保護平埔族的利益，也會借重平埔族的武力，鎮壓暴動的漢人移民。清政府爲因應不斷增加的漢人墾民，採取多種保護平埔族利益的措施，從「禁墾番地」、「禁娶番婦」，到同意「代輸社餉」，最後建立「番大租」制度，設立「番屯」，進而允許「割地換水」，無不處處用心。

一七二二年（康熙六十一年）清政府積極劃定原住民耕地，明令保留，不得買賣。「理番同知」的工作是負責取締違法欺凌原住民的漢人移民，檢視漢人與原住民的土地交易合約，阻止漢人購買原住民土地，確保原住民土地沒有減少，懲罰擅入高山族保留區「番界」

的官民，提拔原住民出任「土官」或「通事」，設立「番學」教育原住民兒童，防範高山族「出草」。

一七二四和一七二五年雍正皇帝兩度下令，准許平埔族村社將獵鹿場出租給漢人移民開墾。乾隆時期，清政府撥放給平埔族的「番屯」土地，用來獎勵平埔族協助鎮壓林爽文有功，並期待平埔族可以協助清政府的軍事力量，防禦山地原住民出草獵首。「番屯」土地可以由子孫繼承，也可以放墾給漢人移民，收取「番大租」。隨著野鹿的捕獲量加大，到清治台灣時，原本野鹿奔騰的原野獵鹿場，已是荒野一片。只要平埔族宣稱這些獵鹿場是傳統領地，清政府都支持該土地是平埔族可以向漢人移民收取「番大租」的土地。

清政府瞭解習於狩獵的平埔族，受限於「女耕男獵」的文化，不善於耕作，用「番大租」模式可以確保平埔族的忠誠。維護平埔族的土地權益，也維護清政府治理台灣的平衡穩定。「番大租」通常是村社集體共有，非個人私有。從這些地籍資料顯示，平埔族並未因漢人移民擴墾而遭驅趕至高山上，反而留在原址收取「番大租」。

到了乾隆後期，平埔族迅速「涵化」（acculturation）成爲中國式的地主，平埔族的食物、衣著、語言、家庭模式逐漸習得漢人的文化，通稱爲「漢化」。但是「番大租」制度不利日本財團獵取土地，當日本殖民台灣時，下令廢除「番大租」制度，原住民的土地權利遭剝奪，土地也遭日本人吞沒。

總結而言，大清帝國皇帝出身中國少數民族，對少數民族暴動的處罰，比荷蘭人、中國漢人政權的延平王寬厚很多。在保護原住民土地權益上著墨甚多，包括設立「番大租」制度，禁止漢人移民娶原住民婦女為妻妾，還把河川渡口的經營權特許給平埔族，只准平埔族村社經營渡口的擺渡生意。後來，漢人移民為了爭奪這些渡口的擺渡權，常藉機放高利貸給原住民，再以渡口擺渡權做抵押，久而久之，渡口擺渡權陸續落入漢人移民的「流氓角頭」手上。對平埔族而言，漢人而非清政府才是可惡的外來剝削者。

二、漢人與原住民的衝突

漢人移民奪占平埔族的土地，常見的手法有：第一，利用平埔族較無利率觀念，放高利貸給平埔族，利率常高達三成，最後無力償還借貸，任由漢人移民強占土地。第二，利用平埔族不擅水田稻耕，於租佃時故意拉高水利灌溉的成本，稱「墾底」，壓低租金或租佃率，取得永佃權，奪占土地。第三，平埔族各村社領地的界線不清楚時，向甲村社租佃土地，卻故意侵入隔鄰乙村社的土地，形成強占土地。第四，利用平埔族婦女的土地繼承權，娶平埔族女子為妻妾，爭奪土地繼承權。清政府雖禁止中國移民娶平埔族婦女，但遇有懷孕生子，由子女出面繼承土地，清政府亦莫可奈何。第五，利用平埔族迷信心理，漢人移民故意在土地上盜葬，逼平埔族典讓土地。第六，以優勢武裝墾佃，驅逐弱勢平埔族，甚至設計鬥毆，謀殺平埔族。在清治台灣時期，比較重要的漢原衝突有以下各事件：

(一)骨宗事件

「骨宗」是南投水沙連社卲族原住民首領的名字。因清政府嚴禁出草殺人，及課徵賦稅過重的問題，骨宗於康熙晚年的一七二一年趁朱一貴事件方興未艾時，暴動反清，率領阿里山與水沙連各原住民村社殺害通事，史稱「骨宗事件」。骨宗被清軍剿滅後，水沙連社原住民勢力就此衰弱。清軍設立「水沙連堡」，以武力禁絕卲族出草殺人、割取頭顱的習俗。漢人移民在清軍武力保護下，蜂湧入居南投。歸降的水沙連二十四社的原住民，在清政府運作下，反成為漢人移民的保鑣，即「隘勇線」的「隘丁」，抵禦其他高山族原住民，取締高山族出草獵首，成為漢人移民開墾南投的屏障。

(二)大甲西社事件

大甲西社事件是清代時期平埔族群武力反抗事件中規模最大的一次。此一事件的背景是因原住民徭役負擔太重而生不滿所致。

相較於一七一〇年（康熙四十九年）以前，清政府未在彰化以北派駐官兵，不需課徵原住民「傜役」負擔。在此以後，彰化以北到苗栗通霄之間，官兵往來開始頻繁，官府動輒要求原住民協助渡河、搬運物品、遞送公文、提供牛車運送官兵巡邏。十八世紀初期，台灣的縱貫道路只有台南到彰化，北部地區勢須興建道路，走海岸線向北延伸。開闢往台灣北部的沿海道路，要渡過大肚溪、大甲溪、相尾溪（今大安溪）。沿海各原住民村社的「傜役」因而暴增，大甲西社（今台中大甲）等原住民，都要負擔很重的傜役。離開縱貫道路線的近山村社如「岸裡大社」（今台中神岡）卻不必提供這些傜役，近海村社日久自然心生怨懟，孳生反清的心態，甚至有反對漢人移民村落的情結。各原住民村社反清與擁清的界線剛好可以「傜役」負擔的輕重，做一清楚的區隔。

一七三一年（雍正九年）十二月二十四日，台灣鎮官兵至大甲西社（台中大甲番仔寮）突遭大甲西社人，因不滿清政府分派「傜役」太重，聚衆攻擊，後來演變為台中一帶幾乎所有「番社」圍攻彰化縣城的暴動，共有兩千多名原住民參與，範圍橫跨大安溪到大肚溪，縱貫道路自彰化到通霄的陸路交通全部斷絕，史稱「大甲西社事件」。一七三二年七月六日清政府調集六千多名官兵，由福建陸路提督王郡率領登陸鹿港，岸裡大社也支持清政府。九月十八日動亂平息。事後王郡寬待參與起事的原住民，除了戰役傷亡的原住民及斬殺帶頭的首腦外，幾乎不清算、不處決、不滅族。

大甲西社事件平息後，清政府在彰化縣城東門外的山頂上，建造一座八角亭，亭頂繪有八卦圖，稱「鎭番亭」，從此這座山被稱爲「八卦山」。但是清政府戰後並未檢討徭役過重的問題，台灣府官兵從台南府城向南至屏東瑯嶠，都是雇用漢人移民當挑夫扛運。向北至彰化的官兵卻徵調原住民當無薪的苦力。這個問題一直到一七五二年（乾隆十七年）才解決，一方面是因爲漢人的村落在彰化以北漸漸增多，雇用挑夫、轎夫、渡口擺渡船夫益加容易，移防巡邏逐漸不是問題。另一方面，漢人商人增多，民間交通需求增加，民間運輸勞力供應產業的規模也擴大，清政府官兵不再依賴原住民的徭役，引發大甲西社事件的原因才消失。

清政府治台初期並無明確的原住民治理政策，由於大甲西社事件改採「順撫逆剿」，並爲降低漢人移民與原住民的衝突，禁止漢人越界進入原住民部落，禁娶原住民女子爲妻，禁止收買原住民土地，形成「原住民保留區」或「原住民隔離區」的政策架構。乾隆皇帝時於一七六八年在彰化設「北路理番同知」的專職官員執行政策。該官府於一七八八年遷往鹿港。

㈢郭百年事件

在康雍乾時期，漢人仰仗清兵軍力，組織武裝流氓集團，霸凌殺害原住民的案例層出不窮。郭百年事件是漢人欺凌迫害原住民的各種事件中，最惡劣的案例之一。一八一四年（嘉慶十九年）「墾首」郭百年爲首以僞造文書的手法，從彰化知縣騙取墾照，召集武裝佃農進入南投，在現在的日月潭、水里鄉附近濫墾；又冒充官員，率武裝佃農進入布農族的埔里社濫墾。郭百年趁埔里社原住民壯丁上山打獵的時機，屠殺全社老幼婦孺近千人，慘絕人寰，並不准原住民回鄉，這些殘存的布農族原住民被迫遷徙外地，依附泰雅族的「眉社」，史稱「郭百年事件」。

一八一六年台灣鎮總兵滿族人武隆阿北巡視彰化，獲悉事件內情，拘捕郭百年等人處決，驅逐上萬名漢人，發還土地給原住民，並禁止漢人移民跨越「番界」。

埔里社布農族受創嚴重，從此一蹶不振。埔里社人又怕鄰近的泰雅族趁虛而入，也怕漢人移民再次入侵，只好引進台中彰化地區平埔族原住民，入居南投，重組埔里社會，組織史稱「打里摺」（Taritsi，是平埔族見面打招呼的用語，意指「好朋友」或「關心你」）的自衛團體，抵禦漢人移民的侵犯。當時埔里社號召進入埔里盆地的平埔族原住民有三十多個社，區域包括苗栗、台中、南投、彰化、雲林、嘉義，時間從一八二三至一八五三年，長達三十年。這是歷史上規模最大的原住民遷徙行動，埔里也就成爲中部平埔族人在西部最後的據點。

平埔族原住民移居埔里，受害的原有居民布農族反遭平埔族霸凌，平埔族從漢人學到欺騙和劫掠手法，用在布農族身上，導致布農族只好再往深山遷移。

三、平埔族的遷徙

在清治期間，平埔族人採用集體遷徙的方式，來擴大自己的生存空間。其中比較大規模的遷徙共有四次。

第一次是一八〇四年（清嘉慶九年），有中部平埔族潘賢文率領相關部落平埔族人共千餘人，越過中央山脈抵達宜蘭，與漢人爭奪蘭陽平原的土地。

第二次就是以上所提到的，郭百年武力侵墾事件平定後，當地的原住民因感於人少自危，而於一八二三年（清道光三年）援引仍留於西部的平埔族人集資往埔里開墾。此次的遷徙規模頗爲龐大，共計有三十餘社平埔族人先後集體移往埔里，埔里也成爲中部平埔族人在西部最後的據點。

第三次是一八二九年（道光九年）高雄、屏東地區的西拉雅族人，越山流亡台東，在花東縱谷建大庄（今花蓮東里）等部落。

第四次，道光年間，由於漢人大規模侵墾蘭陽平原，使得以加禮宛社（今宜蘭五結）爲首的噶瑪蘭族原住民被迫往南遷移，到現今的花蓮市、新城一帶建立新部落，目前當地仍留有加禮宛的地名。不久，又繼續往南遷徙，達現今花蓮縣的光復、豐濱，以及台東縣的長濱、成功一帶。到了二十世紀初的族群空間分布，已經更爲零散化與多元化了。

貳、械鬥與民變

由大陸來台的漢人移民，主要來自泉州、漳州的閩南人及閩西、粵東的客家人。大體上泉州人多居住於沿海地區，漳州人居住在靠內陸的平原，客家人則因較晚來台，平地已無空間，僅能住在鄰近山地的丘陵地帶，也多半保留原鄉生活方式。台灣移民分布情形多與他們來台時間先後有關，先到者可以優先選擇居住地區。也有學者則認爲來台移民多選擇與其原鄉相近的生活環境，以利謀生。移民也往往因大規模族群械鬥，被迫放棄居地，遷徙他方。

一、械鬥

由於來台人數激增、移墾社會的結構不穩定及會黨勢力強大等因素，台灣經常發生以同鄉團體為主的分類械鬥，甚至釀成民變。械鬥以私鬥為主，民變以抗官為要。

康熙、雍正時期，移民常因同鄉宗族互相援引，結夥入台開墾，形成同籍聚居的村莊。由於不同祖籍地緣的村莊，語言腔調容易區別，遇有爭地搶水，每每發生不同村莊按祖籍地緣分類結盟，互相攻伐械鬥，累積宿怨。甚至在都市市集，亦各依祖籍神祇，建立不同廟宇，組織地緣派系，爭奪地盤、碼頭或生意，呼朋引伴，械鬥攻擊。

荷蘭人和延平王時期，漢人移民尚稱人丁單薄，且皆官方安排的渡海移民，資源由官方分配，不易結夥互鬥。清代中國時期，大多是自發性的民間移民，資源靠自己張羅，土地靠自己爭取，結夥械鬥掌控地盤，成為生存競爭的選項。清治時期的分類械鬥，造成台灣庶民文化特有的崇拜流氓、稱強黑道的氣息，至今尚存。

台灣各類漢人之間不斷發生械鬥，最嚴重的是「漳泉械鬥」，再來是「閩客械鬥」。但相較於廣東省的「土客械鬥」，台灣的「閩客械鬥」並不特別嚴重。械鬥原因主要是水源、土地、生意地盤糾紛，甚至小小的個人家族恩怨，動則爆發數十人，甚至成百上千人的集體械鬥。

自一七二二年（康熙六十一年）開始有「械鬥」記錄，較大型的「鳳山縣」閩客械鬥，一七五一年（乾隆十六年）漳泉械鬥發生在「台灣縣」，接著彰化、嘉義、台北、宜蘭、台中陸續發生械鬥，到一八八三年（光緒九年）後才停息，前後長達一六〇年。

各地區的械鬥也各有不同特質，有人說南部地區因施琅拒斥客籍移民，直到一六九六年施琅去世，客籍人士才大舉移民入台。但一六八四年已有粵籍客家移民在高屏溪南側組成客籍村莊，可否定前述說法。台灣南部地區因此較多閩客械鬥，較少漳泉械鬥。中部地區則以漳泉械鬥爲主，少有閩客械鬥。北部地區在新竹以南，泉客械鬥較多。新竹以北至桃園地區則以漳客械鬥較頻繁。台北盆地所發生的幾乎全是漳泉械鬥，甚至是泉州籍內部械鬥，如一八五三年（咸豐三年）的「頂下郊拚」。

泉州的泉安（晉江）、惠安、南安人，合稱「三邑」，組織「頂郊」商團，專與泉州、福州貿易。泉州同安、廈門人組織「下郊」商團，專與廈門、漳州交易。「頂郊」與「下郊」爆發激烈械鬥。械鬥雙方都是泉州人，爲了艋舺碼頭的利益分配，以及霞海城隍廟與龍山寺諸神合祀問題，爆發爭鬥。三邑人先發攻擊同安人，焚燬同安人的聚落（老松國小），同安人敗退，逃往大稻埕重建商機和霞海城隍廟。《天津條約》開港後，三邑人排斥洋行，同安人歡迎洋行，結果洋行造就大稻埕和迪化街近九十年的輝煌歲月。三邑人的艋舺則相對衰退落後。

「械鬥」可說是移民社會的普遍現象，也是當時中國各邊疆地區的共同現象，台灣並不特殊。只是清治時期，新移民人口不斷增加，社會控制機制無法有效建立，使台灣的大小械鬥現象，長期持續不斷。一八五八年（咸豐八年）中國與英、法、美簽訂《天津條約》，一八六二年台灣開港，淡水、基隆、台南、高雄成爲國際貿易港口，產業興盛，經濟起飛，失業率大降，羅漢腳消失，分類械鬥也隨之銷聲匿跡。

二、民變

據統計，在清朝治理台灣的二一二年間（1683-1895），發生多次民變，曾被誇張形容爲「三年一小反，五年一大亂」。民變爆發的原因甚多，主要爲行政區遼闊，官府鞭長莫及，會黨問題，也常造成民變。大規模械鬥也往往因官府處理不當，演變成民變。

清治期間，有三次規模較大的民變，分別是朱一貴事件、林爽文事件以及戴潮春事件。現在台灣，有些人往往基於特定的政治目的，而給予這些民變賦予高度的政治意義，視其爲「反清復明」的民族運動，或反對「外來政權」壓迫的政治抗爭，或爲「官逼民反」的義行。惟究其過程來看，似乎並非如此。

㈠朱一貴事件

朱一貴事件是清治台灣後第一次大規模民變，朱一貴（1690 -1722）生於福建漳州，一七一三年（康熙五十二年）移民入台，在衙門擔任差役。後以養鴨為業，為人豪爽好客，有「小孟嘗」、「鴨母王」之稱。

當時台灣知府因施政苛刻，引發民怨，一七二一年五月，朱一貴等人於羅漢門（今高雄市內門區）舉事，朱一貴謊稱是朱元璋後裔，被擁戴為「中興義王」，國號「大明」，年號「永和」，在今台南大天后宮登基，史稱「鴨母王」。曾攻陷台灣府城及縣衙，聲勢頗大。來自廣東的客家移民杜君英（1667-1721）也率眾附和，聲勢大起。後來朱杜分裂，發生內訌。在朱杜相爭之際，高屏溪南岸的客家移民支持杜君英。朱一貴隨後卻把矛頭指向杜君英出身的屏東客籍村莊，派兵攻打客家人。朱一貴事件原本是滿漢之爭的反清鬥爭，很快轉變成閩客分裂械鬥。屏東客籍村莊聚集內埔媽祖廟商議，整合各村莊，成立六個防衛區，史稱「六堆」。由李直三、侯觀德領導客家民兵一萬兩千人，大敗朱一貴的閩南籍部隊。六月清兵即平定朱一貴，整個事件前後僅一個多月就落幕。清政府稱客家民兵為「義民」。客家義民爺信仰源自朱一貴事件，陣亡的客家民兵被供奉在屏東六堆忠義祠，位於屏東縣竹田鄉西勢村。

六堆因參與平定朱一貴事件與本事件有功，除封賞外，也爲朝廷默許可擁有正式軍隊的規格，並成爲清治時期獨特的民間地方武力團體。此次民變促使清廷重新檢討在台灣的治理機制，派遣巡台御史，並調整行政區劃，增設彰化縣和淡水廳兩個行政區，以增強治理，並加強開發山區，增設縣治。

在一七三二年原住民因徭役問題過重而引發的「大甲西社事件」進行時，由於當時台灣營兵多被抽調至中部，曾經是朱一貴的餘衆吳福生打著「大明得勝」的號召，聚衆數十人攻占高雄岡山，並進攻高雄鳳山縣城，遭遇福建陸路提督王郡帶兵突擊，再加上千餘名「六堆」客家民兵支持清政府軍，吳福生兵敗被殺，史稱「吳福生事件」。乾隆元年，平定吳福生事件有功的林氏兄弟林桂山與林豐山，向鳳山縣令申請開發美濃一帶。兄弟率一百多名莊民定居於美濃溪以北，以「瀰濃莊」爲名，並興建土地公廟，奉爲開基伯公。

(二)林爽文事件

林爽文（1756-1788）原籍福建漳州，一七七三年（乾隆三十八年）隨父來台，定居彰化大里杙庄（今台中市大里區），後成爲彰化天地會首領，因清廷查緝天地會，乃於一七八六年起事，自稱「盟主大元帥」，漳州人莊大田亦起兵響應。

林爽文是福建漳州人，其漳州人的部隊在起事中卻借機攻擊泉州人的村莊，引發漳泉分裂，泉州人憤而轉向支持官府。台灣的大多數居民又是泉州人，林爽文事件從官民之爭，突變爲閩客之爭。清政府此時再三派兵增援，總共約近四萬人。以客制閩、以泉制漳，相當成功，用時一年四個月平定。

在過程中，林爽文率衆進攻泉州人爲主的竹塹城（新竹），六張犁莊的客家民兵在林先坤（1714-1806）率領下，配合清政府軍隊，組織客泉聯軍，抗擊林爽文，救援竹塹城。此役民兵戰死兩百多人，多數是客家人，也有少數泉州人和原住民。林先坤將陣亡民兵合葬在新竹縣新埔枋寮的「義民總塚」，乾隆皇帝親筆頒旨「褒忠」，林先坤並在塚旁建廟供人崇祀，即「褒忠義民廟」，陣亡義民由此神格化，被尊稱「義民爺」。事件中，諸羅縣官民合力死守，一七八七年乾隆皇帝爲「嘉其忠義」，將諸羅改名爲嘉義。

林爽文事件對台灣的經濟及社會衝擊過巨，台中彰化稻米產地的農田，因戰亂荒廢，生產短缺，米價暴漲，價格高達雍正時期的四倍。流離失所的農民被迫成爲遊民、難民、羅漢腳，這又成了社會變亂的根由。林爽文事件後四年，又發生一七九二年因爲搶糧暴動的「陳周全事件」。可見台灣的經濟社會狀況在乾隆晚年時的混亂程度。台北板橋林平侯經營米、鹽生意，囤積大量稻米，因林爽文事件米價暴漲，瞬間累積龐大財富，再投資購買桃園大溪土地五千多甲，成為全台最大地主，也成為台灣清代五大家族的首富。這五大家族分別為：台北板橋林家、台中霧峰林家、高雄苓雅陳家、彰化鹿港辜家，與基隆瑞芳顏家。

此役中，原住民並不支持林爽文，台中岸裡大社與清政府合作，捉拿林爽文，就是證明。林爽文事件結束後，清政府體會「熟番」原住民制衡漢人移民的妙用。一七九〇年（乾隆五十五年）重劃「番界」，實施「番屯」，借用「熟番」原住民維持治安，「以番制番」，制止「生番」原住民出草殺人。「以番制漢」，防制漢族移民暴動。

㈢戴潮春事件

一八六二年（同治元年），因清廷查緝八卦會，戴潮春（?-1864）於彰化縣（今台中市北屯區）起事。戴潮春效法太平天國自封「東王」，以「大元帥」自居，建立政權，各地主會眾紛紛響應。戴潮春分封支持他的地主為「南王」、「北王」、「西王」。清代台灣的稻米產業已相當發達，大陸沿海都仰賴台灣出口稻米。戴潮春事件爆發，福建、台灣米價暴漲，大陸沿海陷入惡性通貨膨脹。支持戴潮春的地主很多是生產稻米致富的暴發戶。

八卦會首腦多為漳州籍，起事後卻攻打泉州人聚居的鹿港，致使漳泉移民嚴重分裂，泉州籍八卦會衆紛紛離棄八卦會，戴潮春的部衆就此淪為相對少數的漳州人的暴動。當時清政府疲於應付太平天國等事件，只能調用台灣的清軍及霧峰林家民兵，台灣防務空虛，初期僅仰賴霧峰林家抵禦戴潮春。一八六三年底，清廷大致弭平太平天國之亂，福建陸路提督、霧峰林家的林文察（1828-1864）奉命率領台籍兵勇，會同竹塹仕紳林占梅（1821-1868）辦理的團練，合力圍剿，歷時三年，終於平定亂事。戴潮春事件是台灣歷時最長的民變，也是清廷首次借助台勇平定的民變。太平天國之亂，使得清廷無法全力因應，也是戴潮春事件能拖延三年的主因。

此役客家民兵因協助清朝政府軍，陣亡一百多人，合葬在「義民總塚」旁邊的「義民祔塚」，更普及義民爺的信仰。目前經由分靈或分香在台灣各地設立的客家義民廟計有四十間左右，且發展出每年中元節後第五天為「義民節」的節慶活動。台灣的閩南人也有義民廟和義民爺，如雲林北港的義民廟，與客家義民廟無關，但未形成閩南人普遍的信仰。

戴潮春事件與朱一貴、林爽文事件並列清治台灣期間三大事件，但朱、林是勞動階級造反起事，戴潮春則是地主階級模仿太平天國起兵造反，最後也都淪為漳州人的暴動，與泉州移民、客籍移民、原住民形成激烈對立，暴動除了反映社會整合裂痕，事件本身除了爭奪政權，終致奪權失敗外，實在不具備有人吹捧的「革命」、「反清復明」、「獨立」、「起義」、「本土」、「民族英雄」、「台灣主體」等政治意義。

參、社會流動與文化發展

一、社會流動

㈠官學與科舉

清廷將台灣劃入版圖後，也漸次設立府、縣儒學。在文教政策上，對內地與台灣都一直是一視同仁，甚至還有一些比內地更優惠的保障措施。

清朝台灣的科舉，一如內地，學童進入府縣儒學就讀而爲生員，俗稱秀才。秀才可參加每三年於省城福州舉行的鄉試，通過者爲舉人。早期爲鼓勵台人應考，特別設有「台」字號或「至」字號的專屬名額。舉人已具備做官資格，亦可前往京師參加會試，錄取者稱為貢士，最後經殿試以定等第。乾隆以後的會試，除保障福建省應有名額外，也為台灣增加一個保障名額。一八二三年（道光三年）竹塹的鄭用錫（1788-1858）成為第一位台灣籍的「開台進士」。

(二)啓蒙教育與書院

早期移民有來自社會底層，地方政府為提倡教化，特在鄉里設立社學，啓迪蒙童。社學提供教育機會給地處偏僻的學童，但因經費與人力不穩定，逐漸沒落，被地方官或仕紳捐資興辦的義學取代，同樣以教育清寒學童為目的。

此外，書院也在台灣文化的發展上扮演重要的角色。書院初由地方官倡建，地方仕紳也積極參與，也有義學因成效卓著，改為書院。十九世紀上半葉，台灣經濟逐漸發達，知識分子增加，文風漸長，書院成為地方文教中心，其中較為著名者有台南府城的崇文書院、鹿港的文開書院以及艋舺的學海書院。此外，私人辦理的書房、書塾、學堂也是重要的教育場所，地方人士經常合資聘請教師，開館授徒；教師也可以在家開館授課，也是種「私塾」。書房教育培養學生讀書、認識文化的能力，也讓學生精熟科舉考試的形式，可以應試，與大陸各地的情況都相同。

㈢社會階層與社會流動

清朝時期來台者衆，攜巨資舉家來台者有之，赤手空拳來台打天下者也有之，台灣社會階層流動相當迅速，部分人士也透過購買或開墾土地，快速致富成爲地主。移墾社會重視經濟，從事土地拓墾或經商的人士，成爲台灣早期社會的領導階層。移墾時期的台灣呈現顯著的社會流動，人口遷移頻繁，爭逐向上者衆，呈現重視功利的特質。

台灣的社會流動大約有考試、軍功與捐納三個重要途徑。新竹的鄭用錫參加科舉考試，成爲進士，得以任官，成爲當地重要仕紳。霧峰林家則在戴潮春事件中支持政府，平亂有功，得清廷賞賜，以軍功獲得重要專賣特權，成爲地方社會的領導。板橋林家則在經商有成之後，透過捐納，取得功名，成爲北部地區最有影響力的仕紳。十九世紀中葉以後，仕紳階層逐漸爲社會領袖。

二、文化發展

㈠精緻文化

在文學藝術方面：早期台灣詩文、書畫等傳統文化的發展，主要以內地宦遊來台人士為主，他們的作品除描繪政治現狀外，也開啓台灣風土人物景觀的描寫，如來台採硫的郁永河（生卒年不詳）作品《裨海紀遊》和首任巡台御史黃叔璥（1680-1758）的《台海使槎錄》等皆是。

至於繪畫，早期也以來自內地的文人為主，如謝琯樵（?-1864），畫作以水墨蘭竹居多。後來本土仕紳詩文畫作也漸多，詩文名家如鄭用錫、陳維英（1811-1869）、丘逢甲（1864-1912）等都是，繪畫作品則多為水墨花鳥，林朝英（1739-1816）書法以行草聞名，人稱竹葉書；繪畫則融入書法筆意，主題多為墨竹、花卉。

在園林建築方面：本土富豪、郊商及仕紳階層在地方長期經營後，為了追求居住品質及社交需求，開始聘請來自大陸的名家，興築園林宅邸，其宅邸風格完全承襲自中華文化中的園林建築，以結合自然山水及人工造景庭閣為主。這些庭園建築不但建材講究，裝飾華麗，亭台樓閣皆有古風，例如：開臺進士鄭用錫在新竹所建的鄭家北郭園、林占梅家的潛園、板橋的林本源園邸（林本源不是人名，而是板橋林家的「商號」）和霧峰林家的萊園等。

㈡庶民生活

在物質生活方面：當時來台拓墾者多具有濃厚的經濟求利取向，汲汲於耕墾或營商逐利，容易流於誇示財富。其衣著多沿襲原鄉服飾傳統，但衣飾奢華、豪飲美饌、婚姻論財、喪葬侈靡，有「輸人不輸陣」、「愛面子」的現象。

在建築方面：一般屋舍主要建材是竹子，之後逐漸有土角厝、磚房的出現。當時住屋的位置，深受水源影響，村莊的屋舍往往以村井爲中心，聚居村落的形式和原鄉並沒有什麼差別。至於寺廟建築，則呈現華南原鄉的風格。

在禮俗節慶方面：來台移民的作息，主要依循傳統農業社會的習俗，諸如年中行事、作物種植時節、禁忌、吉凶等，民衆依循曆書行事，發展出一套適應農村需求的歲時節慶。台灣作爲移墾社會，習於炫耀財富。各廟宇每逢神明誕辰，爲表示對神明的尊崇都會謝神演戲，廟會慶典活動熱鬧非凡。而各種大型祭拜活動和婚喪喜慶往往大開筵席「流水席」，形成台灣特有的飲食文化。

三、宗教與信仰

㈠原鄉信仰與祭祀圈

一六八三年（康熙二十二年）施琅（1621-1696）自福建湄洲媽祖廟奉請神像隨軍來台，改建媽祖廟為「鹿港天后宮」。同年施琅在南明寧靖王朱術桂的府邸接受鄭克塽投降，事後改為媽祖廟，稱「台南大天后宮」。一六九四年（康熙三十三年）佛教臨濟宗樹璧和尚自福建湄洲媽祖廟帶一尊媽祖神像至雲林北港奉祀，一七〇〇年建廟即是「北港朝天宮」，這也是台灣唯一以佛教儀式祭拜媽祖的媽祖廟。一七三〇年（雍正八年）福建莆田湄洲人林永興移民台中大甲，帶媽祖神像來台奉祀，一七三二年建廟，一七八七年（乾隆五十二年）改名「大甲鎮瀾宮」。

移民渡海來台，會透過信仰祈求平安和保障。由於早期多為同鄉移民，共同奉祀原鄉神明遂成為結合象徵，地域性神明如漳州人的開漳聖王、同安人的保生大帝、安溪人的清水祖師、泉州三縣人（惠安、南安、晉江）的廣澤尊王，粵籍潮州的三山國王等。這些原鄉神明逐步發展成為在地村落的保護神，在傳統農村中發揮族群象徵與整合力量。

台灣民間信仰在鄉里之間組織化後，逐漸形成不同的「祭祀圈」。祭祀圈是指爲了共同祭拜某神明的居民，自願性形成的地域單位，除有祈神納福的宗教意義外，也具備組織人群、凝聚共識的功能。

(二)在地的信仰

台灣移墾社會的不同族群逐漸接受不同的神祇，例如航海之神媽祖、去除瘟疫疾病的王爺、鄉土守護神土地公、結拜重義的關公等，皆成爲台灣普遍的民間信仰。由於移墾來台的過程艱辛，死難者多，因此祭祀孤魂野鬼的「有應公」信仰比比皆是，中元普渡與搶孤也成爲台灣社會重要祭儀之一。

除了原生信仰的祭祀圈，長期發展的移民社會也逐漸出現當地獨有的信仰習慣。例如在林爽文及戴潮春事件中協助官府平亂而犧牲的客籍義民軍，後來被清廷封爲義民。爲了祭祀這些犧牲義民而建造的各地「義民廟」，成爲客家人的重要信仰，形成客家文化的特色。此外，也有受平埔族「阿立祖」信仰影響，祭拜「地基主」以保住宅、房舍、機關行號平安等習俗。

第六章

開港以後台灣的變遷

壹、開港後的國際貿易發展

一、列強覬覦台灣與台灣的開放

台灣不僅物產豐富，也位於東亞貿易航線上，荷蘭時期以台灣爲東亞地區的轉運中心。明鄭時期，台灣與日本及東南亞的貿易亦頻繁。十九世紀上半葉，西方列強趁著中國的虛弱，迫使中國開放貿易，台灣也就在這樣的背景下，參與了國際經貿體系，也進入國際強權政治的競奪舞台。

台灣對英國而言，有硫磺、樟腦、樟樹、檜木、煤礦可開墾，地理位置又適合英國東印度公司走私鴉片。一八二四年（道光四年）英國洋行即已將鴉片運到台灣，換取樟腦，於是台灣開始流行吸食鴉片，也刺激樟腦產業大舉擴張。趁鴉片戰爭（1839-1842）的機會進占台灣是英國戰略的一部分，英艦數次進攻台灣，均遭清守軍擊退。但是英軍在大陸沿海的主戰場卻是獲勝，一八四二年終使清政府被迫與英國簽訂《南京條約》。一八四三年雙方簽訂《虎門條約》，又稱《中英五口通商章程》，作爲《南京條約》的附約，使英國單方面享有領事裁判權和最惠國待遇。鴉片戰爭後，英國覬覦基隆的煤產及運補船隻的功能，企圖來台採礦購煤，但是沒有成功。

《南京條約》的五口通商對中國影響很大，但眞正對台灣起重大影響的是十六年後，一八五八年（咸豐八年）《天津條約》的台灣開港。

道光皇帝晚年時期，中國人與外國人的衝突日增。英法兩國以人員遭中國人殺害爲由，一八五七年九月組織聯軍進犯中國，史稱「第二次鴉片戰爭」（又稱英法聯軍之役），一八五八年六月下旬清政府被迫與英國、法國分別簽訂《天津條約》。

英法聯軍攻打中國，美俄並未參戰，但清政府也給予美俄和英法相同待遇。《天津條約》明列台灣的淡水港可作爲法國來華的通商口岸，英、俄、美也享相同權益。雞籠、淡水、安平、打狗等列爲《天津條約》的四大通商港口。歐美各國如英、美、法、德等國隨後均在台灣開設領事館，洋行、教會、商人、傳教士等也陸續入駐台灣。《天津條約》擴大了台灣的國際貿易局面。

不僅是英國，美國也曾覬覦台灣，一八五四年馬修．培理（Matthew Calbraith Perry）

的「台灣島占領案」即為一例。培理就是那位代表美國政府，要求日本放棄鎖國，開放貿易的海軍將領。一八五四年二月十三日，培理第二次率艦隊抵達東京灣，於三月三十一日強迫日本德川幕府簽訂《日美和親條約》，即《神奈川條約》，歸途並與琉球締結《琉美修好條約》，史稱「黑船事件」。

培理率艦隊進出日本時，為尋找煤炭補給站，曾派船在台灣基隆港停泊約十日，派李約翰（Jones Lee）登陸勘查基隆煤礦，測量基隆港的海灣。培理返國後，向美國政府提議占領台灣，力陳台灣可以作為美國遠東貿易的中繼站、捕鯨基地及供應船隻飲用水和煤炭的補給站；台灣的地緣位置有如古巴對美國的重要，美國應該占領。但美國聯邦政府當時正面臨南北戰爭（1861-1865）的風暴前夕，對培理的提議並無興趣，這件「台灣島占領案」最後無疾而終。

一八六一年發生「大南澳英德強墾事件」。英國人何恩（James Horn）、德國人梅利屈（James Milisch）自行墾殖台灣東北部，在今宜蘭蘇澳及南澳交界附近的大南澳，建立堡壘，砍伐樟木，煮製樟腦，雇用平埔族民兵，設置小型的殖民地。清政府要求英德兩國撤回大南澳這些墾民，並於一八七〇年清廷派兵夷平何恩的墾地。

在《天津條約》之前一百多年裏，清治的台灣僅扮演台灣海峽「對渡口岸」的角色，多數的貿易都局限在東亞沿海地帶，較為封閉。因為這一次重啓港口通商，使台灣的國際貿易有了新的面貌，社會與經濟也隨之出現了劇烈變化，台北市更一躍成為國際通商城市。

二、貿易型態的改變

《天津條約》開港後，外商紛紛來台設立貿易商行，稱為「洋行」，怡和洋行（Jardine Matheson）、德記洋行（Tait）、寶順洋行（Dent）、東興洋行（Juliue Mannich）是當時著名洋行。英法等國任意擴大「淡水」的範圍，認定淡水河沿岸都是《天津條約》所訂的淡水範圍，領事館、洋行及洋人住宅得設於淡水沿岸的艋舺、大稻埕。英國商人自香港來台灣，比其他國家的商人方便，很快就和台灣的仕紳土豪結合，壟斷茶葉、樟腦在台灣的採購及對外的貿易；再加上硫磺、木材、煤炭的生意，使台北成為台灣的經濟重心，超越以稻米、蔗糖為重心的台南。

英國商人仗著強勢國力，對台輸入鴉片、紡織品，再賺一手。鴉片占台灣進口總值的一半，英國人等於用鴉片換取茶葉、砂糖、樟腦。因此，英國成為這波開放港口的最大贏家，不僅在台開設最大規模的洋行，賣最多貨品，還設領事館，又控制了台南安平港及台北淡水港、基隆港的海關稅務。

與英國人合作貿易生意的中國人，超越「農地墾首」和「租佃地主」的財富，一躍而為台灣的新貴階級。像「大稻埕」的李春生（1838-1924）就是與英國人合作的茶商，成為台北當時的巨富和商業領袖。高雄（打狗）苓仔寮的陳福謙（1834-1882）、為高雄陳家奠定基礎的陳中和（1853-1930）則經營糖業起家，這些成功的商人，都成為台灣近代化事業發展的新興領導階層。「洋行」促進台灣國際貿易型態的現代化，取代傳統的「行郊」組織。

台灣對外貿易也在兩岸貿易之外，開闢國際貿易的新空間，並引進燃燒煤炭的蒸汽動力船，取代操作帆筏的風動力運輸船。「洋行」共有三十一家，集中在台北「大稻埕」最多。一八六八至一八九五年台灣對外貿易總額平均每年成長近百分之八，這些「洋行」功不可沒。

但是同期台灣主要進口的商品，鴉片就占近六成（57%），其他是紡織品和雜貨。出口則是茶葉占五成多（53.49%）、蔗糖占近四成（36.22%）、樟腦占3.93%、煤炭占1.58%。台灣出口茶葉的所得，幾乎全拿去買鴉片吸食，而不是投資發展工商業，這使得台灣的發展並沒有因為出口的增加而增長，反而有停滯的現象。

貳、農商帶來的社會變遷

一、茶葉

台灣地形、土壤、氣候適合茶葉生長，台灣茶葉始自福建人柯朝於一八一〇年（嘉慶十五年）自福建引進武夷山紅茶，到台北文山地區種植茶葉。一八五五年（咸豐五年）南投鹿谷秀才林鳳池（1819-1866）赴福建應試中舉，一八五八年帶回三十六株武夷山軟枝青心烏龍種茶苗，有十二株交給鹿谷凍頂山茶農林三顯種植，生產出舉世聞名的「凍頂烏龍茶」（Oolong Tea）。一八六六年（同治五年）英國商人杜德（John Dodd）從福建安溪引進另一種「烏龍茶」，在桃園、新竹、苗栗栽種，再送往福州精製，運到澳門銷售，大受海外市場歡迎，茶葉才成爲台灣的主要國際貿易貨品。一八六八年杜德在台北艋舺設精製茶葉廠，茶葉沿著淡水河，從淡水港直接運往美國紐約，打開北美市場。一八六九年台灣茶首次不經過廈門，二十一萬三千一百斤烏龍茶由淡水直銷美國紐約，台灣茶（Formosa Tea）名氣傳遍世界，福建茶商及外商陸續到台北開設洋行。一八八一年（光緒七年）福建人吳福元引進

「包種茶」，在台北、桃園、新竹廣泛種植，集中在台北大稻埕精製，也從淡水出口，淡水於是成爲舉世聞名的茶葉出口港，也取代台南安平、高雄打狗成爲全台最大貿易港。其中，一八七二年後，艋舺興起排外風潮，「洋行」和茶廠移至「大稻埕」，「艋舺」的貿易地位遂漸爲大稻埕所取代。

一八六八年後，茶葉是台灣經濟的支柱，但一八九五年日本殖民統治後，日本人不喜歡台灣茶葉，茶葉產銷量開始遲滯。一九二〇年後印度、印尼等地的紅茶興起，台灣茶葉的外銷市場被侵奪，日本殖民政府又不重視，台灣茶葉因種植在淡水河上游，不利水土保持，泥沙沖到下游，淤積淡水港，日本殖民政府又刻意忽視，淡水港航運和外銷茶葉就在日本殖民時期同步衰落。

二、蔗糖與樟腦

蔗糖產業在荷蘭殖民台灣時期，即已奠定根基。產區分布在台南、高雄一帶，使台南安平港、高雄打狗港成爲蔗糖出口港。一八七〇年以前，九成以上的產量出口至中國大陸，一八七〇年以後因開港因素發酵，出口至中國大陸跌至六成，出口至日本、澳洲、香港、美國、加拿大等地，相對增加。

在樟腦方面，一七二五年（雍正三年）閩浙總督覺羅滿保在台灣砍伐樟樹，打造軍船，同時實施樟腦專營專賣，籌集造船經費。後來允許民間承包，作爲「台灣兵備道」的財政來源。一八三八年（道光十八年）英國商人已在基隆港走私鴉片，換取走私樟腦。一八五五年（咸豐五年）美國人羅賓納（W. M. Robinet）取得專賣權，包攬樟腦出口。一八六六年（同治五年）英國領事館向台灣兵備道吳大廷（1824-1877）要求廢止樟腦專賣未遂，一八六八年爆發「樟腦戰爭事件」。樟腦原本只是製藥、防蟲、煙火、香水、油漆的原料，一八九〇年（光緒十六年）發明合成塑膠「賽璐珞」（Celluloid），樟腦更是重要原料，使台灣的樟腦出口大增，樟腦出口幾乎全從淡水港運送。但是一八八二至一八八九年間，砍伐樟樹的漢人在山區不斷與原住民爆發衝突，樟腦產量減少；加上一八七七年後日本突破樟腦製造技術，威脅台灣的樟腦外銷，直到一八九三年後日本樟樹砍伐殆盡，台灣樟腦才重新壟斷世界市場。另一方面，從一八六〇至一八八六年，僅二十六年的時間，看守樟樹林的隘丁死亡約一千五百人。一八七〇年樟腦製造工人即受害達兩百八十人，可見樟腦業的利益爭奪很激烈。有山地原住民與漢族的衝突，有漢族與洋人的衝突，更多是漢族與漢族之間的衝突。

茶業、蔗糖與樟腦是清治時期台灣主要的經濟作物和外銷產品，一八六八年後這三種商品出口總值占九成以上（94%），茶葉又占最大宗，最大輸出地依次是美國、英國、東南亞。茶葉和樟腦的生產與出口原本就以台灣北部為基地，刺激北部的發展，政治經濟中心也因此由台南轉移台北。茶葉和樟腦的生產需要更廣闊的丘陵山地，驅使漢人侵占原住民傳統狩獵場所，清朝政府因而實施「開山撫番」政策，逼迫原住民遷徙離開樟樹和茶葉產地。而原本台灣出口至中國大陸的稻米市場，被東南亞低價稻米攻陷，台灣稻米出口快速萎縮。一八七九年後台灣不但沒有出口稻米，還仰賴進口。由於《天津條約》造成台灣開港，台灣啓動茶業、蔗糖、樟腦的生產與出口，勞動力需求孔急，所謂「羅漢腳」現象迅速消失，各個族群之間合夥投資、生意買賣關係緊密結合，不分族群合作賺外匯，「分類械鬥」也快速消失。

茶葉、蔗糖、樟腦的商業發展，也影響了當時台灣的社會結構與變遷。首先是就業機會的增加。台灣北部丘陵原本就有漳州人在此種植茶葉，因利潤頗豐，吸引許多商人開發茶園。樟樹多在中北部山區，為開採樟樹製成樟腦，漢人更積極往內山墾殖。由於糖的增產，促使下淡水溪（今高屏溪）流域進一步開發。由於貿易繁榮，出口旺盛，就業機會增多，財富增加，人民不斷交流、融合，也緩和了械鬥。

其次是新興市鎮與港市的興起。這些在台灣中北部的商品集散地及近山市街，因繁榮的茶業和樟腦業帶動新興市鎮的興起，如大稻埕（今台北市大同區）、三角湧（今新北市三峽區）、大嵙崁（今桃園大溪）、鹹菜甕（今新竹關西）、南庄（今苗栗南庄）、東勢角（今台中東勢）、集集（今南投集集）等。另一方面，淡水、打狗等通商口岸在開港後發展快速，超越傳統港市。反之，傳統河港因未開放通商或港口淤塞，地位已大不如前。

再來是北部經濟地位提升。台灣北部所出產的茶葉及樟腦，因高產值所帶來的巨大利潤，增加許多就業機會。然而，南部所出口的蔗糖仍具重要性，一八七八年（光緒四年）茶葉和樟腦出口首度超越蔗糖，逐漸成為台灣出口貿易的主力，經濟重心遂漸漸北移至台北地區。

第四是買辦興起與豪紳家族的發展。來自國外的商人因為語言、風俗不同，經常在本地雇請「買辦」作為商業買賣的中間人。因此買辦經常能在熟悉國際與國內市場之後，自行經營買賣貨物而致富。如前述大稻埕茶業的李春生與打狗糖業的陳福謙。有些地主家族投入新產業如樟腦，再加上與官府合作，迅速累積名望與財富，如霧峰林家與板橋林家。

第五是客家人經濟地位提升。較晚移民到台灣的漳州人和廣東客家人，原先只能在桃園、新竹、苗栗丘陵山區墾殖，物產有限，經濟地位不如沿海平原之閩籍移民。開港通商後，茶葉與樟腦多產於中北部丘陵與山區，產業大興，財富大量累積，與較早來台墾殖而掌握蔗糖、稻米的泉州人可以平分秋色，閩客、漳泉之間的財富差距，日漸縮小。

將台灣開港前後的商業型態比較如下，以方便讀者閱讀：

項目	開港前	開港後
經濟型態	納入中國經濟體系	納入世界經濟體系
政經中心	南部	北部
輸出產品	米、糖	茶、糖、樟腦
輸入產品	民生用品	鴉片、紡織品
重要港口	一府、二鹿、三艋舺	安平、打狗、淡水、雞籠
商人	郊商	買辦、洋行
社會領袖	地主、土豪、郊商	仕紳、買辦
文化發展	中國文化移入	西方文化引進

參、西方文化的進入

一、基督教的再傳入

西方列強遠渡重洋東來，除了經濟利益、政治考量之外，傳教也是其重要目的。自清末開港通商後，西方傳教士透過醫療傳教的方式，除將宗教教義再度傳入外，也將近代西方的醫療、教育等新的文化觀念帶進台灣。

在來台傳教的各教派中，以打狗（今高雄市）為據點的天主教道明會最早（一八五九年，咸豐九年）。郭德剛（Fernando Sainz, 1832-1895）在打狗興建教堂，展開傳教工作，又在府城成立第一所孤兒院，他還前往屏東原住民部落傳教，建萬金教堂，是台灣現存最早的天主教堂。而規模及影響力最大的則是基督教長老教會，英國長老教會派遣馬雅各（James Laidlaw Maxwell, 1836-1921）等人在南部傳教。巴克禮（Thomas Barclay, 1849-1935）於一八八五年（光緒十一年）創辦《台灣府城教會報》（《台灣教會公報》的前身），為台灣最早的報紙。為了便於傳教，英國長老教會以羅馬拼音，拼寫閩南語，教導民眾讀經。加拿大長老教會則以北部為傳教範圍，影響最大的是馬偕（George Leslie Mackay, 1844-1901）。

二、西方教育與醫療的傳入

傳教士多藉由醫療及教育進行傳教事業。在醫療方面，馬雅各在安平設立全台首座西式醫館（今台南新樓醫院前身）。馬偕則於淡水成立偕醫館，引進拔牙技術及治療瘧疾的特效藥金雞納霜。

至於教育方面，馬偕在淡水創立理學堂大書院（Oxford College，牛津學堂），是全台第一所西式學堂，之後還設立全台最早的女子學校女學堂；長老教會則在台南創立神學院，並成立中學、女中（今長榮中學、長榮女中）；一八九一年（光緒十七年）甘為霖（Rev. William Campbell, 1841-1921）也在台南創立盲人學校「訓瞽堂」，使用點字書。

這些由西方商人、傳教士帶進來的文化，雖然豐富了台灣的文化內容，但並沒有改變台灣以中華文化為主體的文化結構。

第七章

開港之後的涉外爭議與現代化建設

壹、涉外事件及其意義

台灣開港後，西方商人來台貿易，外商爲牟取厚利往往違反條約規定，從事走私貿易，甚至深入後山「番地」。在法律觀念差異、彼此瞭解不夠和利益衝突下，部分外籍人士與官方及當地居民發生糾紛。此外，外國傳教士經常深入漢人市鎮與原住民部落傳教，因宗教信仰與文化差異，時有衝突發生，也可能演變爲教案。

一、羅妹號事件

一八六七年（同治六年）三月，美國船隻羅妹號（Rover，又稱羅發號）在台灣屏東一帶發生船難，船長偕其妻子、水手等人駕艇登岸，不幸爲當地原住民殺害。美方向清廷抗議，派駐廈門領事李仙得（Charles W. Le Gendre）來台交涉。當時的「福建分巡台灣兵備道」道員吳大廷（1824-1877）說：「查台地生番，穴處猱居，不隸版圖，爲王化所不及。」吳大廷這段話，被李仙得故意解讀爲台灣非全屬中國，中國在台灣的主權僅限於西部沿岸。當時的「番界」無政府機構，清廷稱原住民「乃化外之民」，表示沒有可以交涉的對象。

從國際法來看，吳大廷這番話當然不妥，等於是否認了清廷對台灣東部原住民擁有主權，及由主權所生的管轄權。這是當時清廷官員普遍對現代國際法的不瞭解，對於「版圖」一語的界定不清所致。

國家主權所涵蓋的領土都是國家的版圖，台灣當然是中國的版圖，但是清廷對「版圖」所代表的意義認知有限。「版圖」原本就具有「主權」意涵，版圖所及的地區，就表示擁有主權並可以行使治權的地區。但是清廷在看待「版圖」的意義時，又往往將其僅以屬於「治權」的「行政版圖」處理，即指清廷行政所能行使管轄的區域。

從荷蘭時代開始，官方均在漢原之間設立界線，定位爲「番界」。原住民不准隨意離開「番界」，中國移民也不准隨意進入「番界」。「番界」也不歸入「行政版圖」，因而不設行政機關。但隨著漢人墾殖範圍擴大，「番界」逐漸縮小。原本不設政府機關的「番界」已變成漢人的墾殖區，必須變更爲「普通行政區」。但當「番界」變更爲「普通行政區」，就必須編列預算，設立行政機關，派軍警維護治安，常被稱爲「收入版圖」。其實是「收入行政版圖」。吳大廷當時即是主張：「生番」非屬清廷「行政版圖」管轄。

清官員撇清立場，美國政府因而派軍艦前往台灣進攻原住民，但又遭原住民擊敗。美軍敗戰後向清政府抗議。從國際法而言，這又間接證實美國承認中國清廷擁有台灣「番界」內的領土主權，否則為何向清廷抗議。

美方領事李仙得認為靠清軍武力懲罰原住民，不能解決問題，於是隨同清政府通事官員入山，與「琅嶠下十八社聯盟」頭目卓杞篤（Tauketok）當面交涉，後簽訂《船難救助條約》，往後原住民須援救美方遇險船隻，並向官府報告。

有人評論說，在羅妹號事件的後期，美國人李仙得可以直接與原住民談判，以致形成台灣並非全屬大清帝國領土的國際法事實，甚至進而推論台灣不屬中國版圖。這些說法並不正確。

此一事件另一個影響是，李仙得此行蒐集不少原住民及台灣的資料，並出售給日本政府，後來擔任日本外務省顧問，協助日軍出兵台灣。

羅妹號事件中，美國的軍事反應，為後來日本在牡丹社事件中採行軍事行動做了範例。羅妹號罹難者確定是美國人，美國的反應還勉強說得過去，而牡丹社事件的罹難者是琉球人，不是日本人，日本以牡丹社事件為由興師問罪，明顯是借題發揮，但大清帝國的官員當時卻不瞭解，一個極大的陰謀已經形成，而此也將徹底改變台灣日後的命運。

二、樟腦戰爭事件

一八六〇年（咸豐十年）後台灣樟腦在製造賽璐珞、炸藥、藥品的功用大增，清朝政府於一八六三年（同治二年）將樟腦收歸公營，嚴格管制樟腦業。英國人想獨占台灣的樟腦出口，對收歸公營政策很不滿。一八六六年英國領事要求清政府撤銷公營，允許樟腦自由買賣，賠償英國商人被收歸公營的損失。「福建分巡台灣兵備道」吳大廷拒絕，英國公使轉向清政府「總理衙門」抗議也無結論，導致中英雙方關係日趨緊張，英國商人和清政府官兵時有衝突。

一八六八年英商怡記洋行職員走私價值六千英鎊的樟腦，在台中梧棲港被海關沒收，爆發衝突。適巧高雄鳳山又發生基督教神職人員慘遭殺害的「鳳山教案」，打狗與艋舺地區的英人與當地百姓發生衝突。英國船艦於十月砲打高雄，再轉攻台南安平港，占領熱蘭遮城，再攻進市區。

英國人藉口報復「鳳山教案」，興兵討伐，揚言要占領台灣。台灣商賈深知英國人用意在於樟腦利益，「鳳山教案」只是藉口，出面斡旋停火。雙方訂立協議，重點包括：清政府取消樟腦公營，訂定《外商採運規則》，外國人可以自由買賣樟腦，賠償英商一萬七千餘英鎊。

中英簽訂協議時，「鳳山教案」反而一筆帶過，賠償項目都繞著樟腦利益轉，因此被貶稱《樟腦協議》，英國人這場侵台戰爭也被貶稱「樟腦戰爭」（Camphor War）。從此外商大量自淡水和基隆輸出茶葉、樟腦，自台南和高雄輸出蔗糖，但卻同時大量輸入假稱「洋藥」的鴉片，毒化台灣人。

三、牡丹社事件

牡丹社事件是日本第一次侵略中國領土主權的事件。在談牡丹社事件以前，日本為侵略台灣，已經派樺山資紀來台灣考察兩次，探訪民情，測量港口水深，蒐集軍事情報。

第一次是一八七三年（同治十二年）八月二十三日起考察四十三天，行程包括淡水、雞籠、宜蘭、蘇澳，與進入南澳噶瑪蘭族拜會原住民。第二次是一八七四年三月底和水野遵兩人由日本直接抵達台南安平，拜會英國領事館，再至嘉義、雲林莿桐，到彰化瞭解參與暴動的村莊及清軍的因應戰力，再至台中西大墩（西屯）會見暴動首腦。暴動首腦擬與樺山資紀結盟，聯合對抗清政府，然後抵達大甲庄，分訪後壠、竹塹、中壢。四月二十二日抵達淡水。五月七日才離開淡水，與西鄉從道率領的征台軍隊會合，共同參與日軍征伐屏東「牡丹社事件」的軍事行動。

牡丹社事件起因於西元一八七一年，琉球漁船因遭遇颱風漂至台灣南部八瑤灣（今屏東縣滿州鄉九棚灣），逃難登岸之琉球船民因誤闖原住民部落，致多數遭到排灣族高士佛社原住民殺害，僅少數人於次年返回琉球。兩年後，一八七三年三月明治政府派外務大臣柳原前光等赴北京拜會滿清軍機大臣董旬、吏部尙書毛昶熙（1817-1882），交涉牡丹社事件。

毛昶熙說：「生番皆化外，猶如貴國之蝦夷，不服王化，萬國之野蠻人大部如此。……生番係我化外之民，未便窮治。」柳原前光態度強硬說：「生番殺人，貴國拾而不治，故我國將出師問罪。」毛昶熙無知的說：「生番既屬我國化外，問罪不問罪，由貴國裁奪。」雙方言詞對撞，談判破裂。

想要卸責的毛昶熙犯了與「羅妹號事件」中吳大廷同樣的錯誤。他們對國際法認識不足，不瞭解「生番事務」也是主權範圍的一環，「生番皆化外」一語容易被操弄爲中國已放棄「番界」的領土主權的證詞，「我國化外」一詞因而成了日本可以武力干涉的憑據。

日本即以清廷無法有被統治番界爲藉口出兵。其實明治政府早已決定出兵台灣，一八七四年二月在內閣會議中就已經提出「台灣番地處分要略」，四月五日設立「台灣番地事務局」，由大限重信任長官，西鄉從道任都督，在鹿兒島募兵三千餘（3,658）人。四月二十七日先遣部隊從長崎出發，五月八日從屏東恆春半島西海岸的瑯嶠灣（車城灣）登陸。五月二十二日佐久間左馬太率兵進攻牡丹社和高士佛社的隘口「石門」，排灣族原住民憑「石門」天險扼守，遭日軍砲火擊敗，牡丹社頭目阿祿古（Aloku）父子戰死，史稱「石門戰役」。六月一日起日軍陸續攻占有結盟關係的牡丹社、高士佛社（位於牡丹社南方）、女仍社（位於牡丹社北方），並大舉屠殺報復，燒燬村莊穀倉。七月一日原住民向日軍投降，史稱「牡丹社事件」。參與「牡丹社事件」的樺山資紀、兒玉源太郎、水野遵、佐久間左馬太後來也都成爲日本殖民統治台灣的骨幹。

清政府爲防範西鄉從道擴大侵略，派船政大臣沈葆楨（1820-1879）趕到台灣部署。日軍原欲久占瑯嶠，並修築道路及房舍，但因台灣南部氣候溼熱，瘧疾等傳染病危害甚烈，日軍水土不服，生病與死亡者不少，加上財政並不充裕，無法久戰，時值日俄爭執庫頁島問題，英國又從台南派軍艦到瑯嶠，抗議日軍久駐，日本政府恐未來戰事不利，又顧慮列強的態度，同意和談。

日本原本要索賠軍費三百萬兩銀。在英國公使威妥瑪（Thomas F. Wade）協調下，清政府同意賠銀五十萬兩撫卹，十月三十一日中日簽訂《台事北京專約》規定：「日本國此次所辦，原爲保民義舉起見，清國不指爲不是。」這等於中國承認琉球居民是日本臣民。又規定：「至於該處生番，清國自宜設法妥爲約束，不能再受兇害。」這也等同日本承認台灣原住民是中國臣民，牡丹社事件終告落幕。

牡丹社事件中，宮古島的琉球人遭到台灣原住民殺害，清政府應有權可自行處理，不干日本的事，但是當時清廷因爲太弱，只想息事寧人的做法，也是對於國際法知識不足的反應，形同斷送清廷對琉球的宗主權。不過，讓日本承認台灣原住民也是中國的居民，也是一個成果，確保了清廷對台灣的主權。

貳、開港之後的現代化建設

一、沈葆楨與丁日昌的經營

一八七四年（同治十三年）清廷指派時任福州船政大臣沈葆楨為欽差大使，赴台戍守（1874-75）與「牡丹社事件」的善後事宜。牡丹社事件以後，沈葆楨決定「開山撫番」和「開省」同時進行。在「開省」方面，重劃行政版圖，台灣從福建省分割，單獨設立「台灣省」；另在牡丹社所屬地區增設恆春縣，卑南廳和埔里社廳，以加強對後山及山地的治理，行政區劃擴增為二府八縣四廳。

在「開山撫番」方面，由於漢人在台灣的墾殖事業，進展很大。西部平原已開墾完成，東部縱谷的漢人移民日增。一八七五年（光緒元年）清政府依沈葆楨的建議，廢除封山禁墾政策，推動「開山撫番」政策，公布《招墾章程二十條》，獎勵移民墾殖台灣，廢止實施近兩百年的封山禁墾政策，並在大科崁（今桃園大溪）設立「撫墾局」，獎勵漢人開拓台灣東部。

沈葆楨這些新政策就是《開台獎勵條例》，包括：廢除封山禁令，准許漢人和原住民都能自由出入「番界」；「撫番」政策包括選土目、查番戶、通語言、教耕稼、修道路、給茶鹽、設番學、變風俗等工作，推動「化番爲民」。

「開山撫番」之「開山」，包括用兵打通山路，北、南、中各一條，北路是現在「蘇花公路」的前身，南路是「南迴公路」的前身，而中路最爲艱鉅，從南投穿過中央山脈到花蓮玉里，即著名的「八通關古道」，現行的新中橫公路大多沿這條古道修築。道路沿途派兵駐紮，並招募獎勵移民墾殖台東卑南、屏東瑯嶠、南投埔里。開路時，沈葆楨智慧地化阻排難，一方面嘉獎有功官兵，安撫提振士氣；另方面招徠原住民參與開墾，並給與工資。這些做法果然奏效，三條合計逾七百里（約三五〇公里）的道路，僅一年多就完全開通，此效率堪稱驚人，就算二十一世紀現代化的今天，也未必可成。

不過，這項「開山撫番」政策，使得漢人與原住民互動增加，後來也引發了不少衝突，包括一八七五年「獅頭社事件」、一八七六年「太魯閣事件」、一八七七年花蓮「大港口事件」、「加禮宛事件」。另外，一八八四年「北勢番事件」、一八八六年「南勢番事件」、「大嵙崁事件」、「五指山番事件」、一八八七年「大豹社事件」、「中路開山事件」、一八八八年「大莊事件」（呂家望事件）、「大南澳事件」、一八九一年「大嵙崁番事件」、一八九五年「觀音山事件」，這些都是沈葆楨開山政策下引發的原住民抗爭事件，其過程大同小異，但衝突規模都不大。

在推展洋務新政方面，在基隆以新式機器開採煤礦，並購買新式輪船，行駛台灣、福建之間。另外，也強化台灣防務，興建新式砲台，如安平的億載金城、旗後（今高雄）的威震天南等。另清政府應美日兩國的要求，指派沈葆楨在鵝鑾鼻建造燈塔。「億載金城」和「鵝鑾鼻燈塔」可說是沈葆楨在牡丹社事件後，留給台灣的重要建築。

另外，為獎勵忠君氣節之觀念，沈葆楨奏請清廷追祀鄭成功，是明室遺臣，並在台南建延平郡王祠，彰顯鄭氏的風範，諡號忠烈，並在正門石匾提「明延平郡王祠」。

福建巡撫丁日昌（1823-1882）於一八七六年來台，他在台期間最受重視者即是對台灣吏治的整頓。丁氏並推動「撫番」工作，在大陸沿海招募移民，到台灣東部墾殖，他特別重視原住民人才培育，錄取第一位原住民陳寶華為秀才，開原住民獲取功名先例。在現代化建設方面，架設府城到旗後、府城到安平的電報線。丁日昌也規劃了多項改革建設，認為加強建設台灣，可以把「台灣府」升格為「台灣省」。但由於他來台時間僅有半年，一八七七年因病休養，台灣建設計畫被擱置，直到一八八五年劉銘傳接任巡撫後才積極推動現代化建設。丁日昌與沈葆楨、劉銘傳並列為清代中國治理台灣著有功績的三位省級大臣。

二、中法戰爭與台灣建省

清廷與法國因為越南問題，於一八八三年（光緒九年）發生戰爭。次年戰火波及台灣，清廷派劉銘傳（1836-1896）為福建巡撫，來台督辦軍務。法國將領孤拔（Anatole Courbet）率軍攻占基隆，並攻淡水，劉銘傳下令撤退，法軍占領基隆，但清軍和林朝棟（1851-1904）軍死守獅球嶺，防堵法軍進攻台北。最終法軍全線敗退，清軍大捷，成功保住台北，台灣危機也解除。

法軍淡水戰役大敗後，改進攻澎湖，為逼迫清廷屈服，封鎖台灣海峽，致使台灣進口物資中斷，民生物價暴漲，出口產品銷路中斷，價格大跌。一八八五年法軍占領澎湖，修建軍港，準備長期駐軍，但法軍又傳瘟疫流行，死亡甚眾，孤拔亦亡。法軍在越南諒山也遭到清軍馮子才痛擊，法軍失利，希望和談。在此中法軍事僵持期間，日本趁隙在朝鮮不斷生事，李鴻章有鑑於此，也擬結束中法戰爭，中法簽訂《中法天津條約》。如法國所願，中國放棄越南的宗主權。中國則保住台灣，對中國而言，劉銘傳保台功勳，不輸鄭成功，否則台灣、澎湖早已是法國殖民地。

清政府也從一八八四年的這場中法戰爭中認知到台灣的戰略重要性，次年，一八八五年清政府宣布台灣建省，派中法戰爭守衛基隆、淡水有功的劉銘傳出任首任台灣省巡撫。

一八八七年台灣才正式宣告建省。建省初期，財政無法自立，由廈門海關每年補助三萬銀兩，福建省每年補助三十六萬銀兩。因爲台灣省的財政收入僅有一百萬銀兩，單單軍警費用就需要一百五十萬銀兩。「台灣巡撫」的職稱定爲「福建台灣巡撫」，台灣的省名定爲「福建台灣省」，不過通常仍簡稱爲「台灣省」及「台灣巡撫」。台灣雖自福建省劃出，但「設省分治」後，福建省與台灣省的行政機制仍緊密聯繫，而行政文書仍稱台灣爲「福建台灣省」，直至一八九五年中日簽訂《馬關條約》，中國將台灣及澎湖割讓日本，「福建台灣省」前後存在十年，總共派任三位台灣巡撫：劉銘傳、邵友濂、唐景崧。

台灣的首府從荷蘭殖民統治到中法戰爭，都是台南。中法戰爭後，台灣巡撫即留駐台北。台北變成實質首府，巡撫衙門設置在今台北延平南路中山堂，管理全省錢糧、兵馬、稅賦的機關也全設在台北。直到一八九四年台灣巡撫邵友濂奏請停止建築台中省城，將首府由台中遷移台北，台北才名實相副成爲台灣省首府。

三、劉銘傳的新政

劉銘傳在任期內制訂防禦、練兵、理番、交通、清賦為治台五大政策，分別為：

㈠在防禦、練兵方面

在防禦方面：重新裝備澎湖、基隆、淡水、安平、高雄等的十座砲台，購進西洋新式大砲。在練兵方面：聘德國人協助練兵，台灣駐軍全採用洋槍。在台北大稻埕設台北機器局生產軍火，設「火藥總局」，建「軍械所」，設「水雷營」於基隆、淡水等港布雷，設「全台營務處」，改革保甲制度。

㈡在交通、教育、理番方面

在交通方面：劉銘傳尤其重視交通建設，包含集資一百萬兩銀，鋪設基隆至新竹的縱貫鐵路。第一部火車頭是德國製造的「騰雲一號」，原本行駛於上海與吳淞之間，遭居民反對，改運至台灣使用，這架火車頭目前陳列在台北市二二八和平紀念公園裏。一八八七年

（光緒十三）年六月動工建造全中國第一條官辦客運鐵路；開通東西橫貫山脈的道路，如台北至宜蘭間的道路；修築台北至宜蘭與淡水的公路；架設南北電報線，含鋪設台灣至福州的海底電纜；在台北府城設立郵政總局，開啓新式郵政事業。海運上則添購輪船，拓展航線。另外也開採基隆的煤礦和設立磚廠，支援各項建築工事。

在教育方面，在台北大稻埕的六館街設立「西學堂」，教授英語、法文、地理、歷史、數學理科、測量繪圖等新學問。在台北大稻埕建昌街設立「電報學堂」，訓練電報人才。建新式「考棚」改革科舉考場的弊病。

在理番方面：劉銘傳於大嵙崁（今桃園大溪）設立「全台輔墾總局」執行「理番」政策，由板橋林家的林維源（1840-1905）出任幫辦撫墾大臣；另對各「番界」亦紛設撫墾局，以利漢人移民開發。劉銘傳採取剿撫兼施的策略，對於「番界」內已歸順的原住民部落，興辦教育，於台北設「番學堂」教導原住民讀書識字。

㈢在清賦方面

劉銘傳在財政上透過「清賦」，全面調查實際耕地面積和土地狀況，改革土地稅賦制度，實施「清丈土地」和「清理賦課」。為增加稅賦收入，取得建設資金，推動土地全面丈量，目的就是要讓「隱田」現身，對「隱田」課稅，並確定土地的各項物權和債權關係。自荷蘭治台以來，統治政權課徵田賦的對象都是「墾首」、「大結首」、「大租戶」，劉銘傳改以「小租戶」為課稅對象，同時讓「小租戶」減少繳給「大租戶」的田租四成，史稱「減四留六」。「大租戶」免繳田賦，但只能收取原有租金的六成。

劉銘傳查出未登記逃漏稅負的隱藏農田四百多萬畝，每年可增加田賦四十九萬兩銀。但卻加重仕紳土豪的負擔，引起反彈，再加上稅吏歷來與仕紳土豪勾結，反過來利用政策改革，傷害百姓利益。例如苛刻土地等則評定，扭曲稅率核定，不實測量土地，製造所有權紛爭。

劉銘傳的政策同時衝擊到「大租戶」和「小租戶」的利益，引起反抗，土豪施九緞藉機起事，台灣社會擾攘不安。一八八八年爆發「施九緞事件」，是台灣建省以來規模最大的民變事件。起因為巡撫劉銘傳派淡水縣知縣李嘉棠前往彰化丈量土地時的官民糾紛。當時仕紳施九緞自稱「公道大王」，率領民眾包圍縣城示威，最後演變為暴動，全縣陷入失序狀態。之後在棟軍主帥林朝棟指揮下，清軍順利平定事件，但該事件導致李嘉棠等大小官員被查辦，劉銘傳丈量工作也宣告失敗，不久離職，後由邵友濂（1840-1901）接任巡撫，台灣建省後的新政宣告結束。棟軍統帥林朝棟因最先起兵解圍，獲賞黃馬褂，成為清代唯一以道員身分獲得此榮譽者。

一八九一年（光緒十七年），邵友濂接任巡撫。邵友濂抵台後，面臨台灣因大幅推行新政，以致財務拮据的情形，遂宣布採取緊縮政策，停止或縮編多數新政，立即下令停建鐵路，撤廢西學堂、番學堂。劉銘傳比中國大陸更早推動現代化改革，邵友濂施政保守，以節省經費及與民休息為由，使劉銘傳的改革事業和台灣的現代化工程只好劃下休止符。

邵友濂任內，便以省城未建設完成、北部經濟較繁榮為由，正式將省會設於台北，確立台北作為台灣政經中心的地位。邵友濂在任時設「台灣通志局」，著手修撰《台灣通志》，著重文化建設。為開拓台灣財源，邵友濂曾在富含金礦的東北角瑞芳一地設「金沙抽釐局」。一八九四年八月，甲午戰爭爆發後，邵友濂離職，由唐景崧（1841-1903）繼任。

參、馬關條約

一、被迫割讓台澎

一八九四年六月朝鮮因東學黨（類似中國白蓮教）內亂，請求宗主國中國清政府派兵平亂，日本也趁機派兵介入，最後爆發「甲午戰爭」。戰爭從一八九四年七月二十五日打到一八九五年四月十七日止。

台灣巡撫邵友濂早把劉銘傳的淮軍裁撤大半，清政府只好命福建水師提督楊岐珍（1836-1903）及廣東南澳總兵劉永福（1837-1917）移防台灣。戰爭進行當中，日本首相伊藤博文早已判定，戰局只有勝利與平手，不論如何都要強占遼東半島和台灣及澎湖群島。一八九五年三月二十三日，日軍登陸澎湖。駐澎湖清軍裝備陳舊，士氣低迷，清軍首領陳步梯得知日軍登陸，即丟下軍隊逃回福建。日軍未遭抵抗，次日輕易占領澎湖，台灣和福建的軍事聯繫立即遭切斷，台灣已被孤立。所以不管後來李鴻章要否簽訂《馬關條約》，要否割讓台灣，日本早已決定，讓生米煮成熟飯，無論如何，都不會吐出來台灣這個囊中物。對日本而言，只是需要一個法律的文件而已。

一八九五年四月十七日，中國清政府與日本明治政府在日本山口縣下關市馬關港，簽署《馬關條約》，清廷被迫割讓台灣全島及所有附屬各島嶼及澎湖群島，並賠償日本兩萬萬銀兩，日本並可駐軍山東威海衛，中國每年還要賠付軍費五十萬銀兩。當時每一兩銀等於八分之一兩黃金，約等於新台幣三七五〇元。銀兩萬萬兩等於新台幣七千五百億元。

日本政府當時財政收入每年只有八千萬日元，約值當年三千萬美元。中國戰爭賠款含利息卻達二億三千萬兩銀，擄獲中國艦艇等戰利品也值一億多日元。甲午戰爭使日本成爲暴發戶，當時的日本外務大臣說：「在這筆賠款以前，根本沒有料到會有好幾億元，全部年收入只有八千萬日元。所以，一想到現在有三億五千萬元滾滾而來，無論政府或民間都頓覺無比富裕。」這部分錢，絕大部分用來擴充軍備和與軍備相關的工業生產，以及改革貨幣體制，實行金本位制，打下了資本主義經濟發展的基礎。日本第一座大煉鋼廠「八幡製鐵所」就是用中國甲午賠款建造的。

甲午戰爭後，日本從中國取得鉅額賠款，從台灣取得蔗糖、稻米、檜木、樟腦、鴉片的收入，日本債信因而提升，可取得大筆外國貸款。這三個原因使日本在一八九五至一九〇五年間，突然資金豐沛，經濟非常熱絡，民間銀行存款從一億三千九百萬元增至七億七千五百萬元。《東洋經濟新報》說：「如此大的增進錄，不但在日本，即在世界金融上恐亦是空前的。這一時期日本國民產業活動之盛，財富增值之大，亦為前所未有。」日後再加上一九〇四年日俄戰爭、一九一四年第一次世界大戰，日本都以戰勝國地位取得龐大利益。對日本而言，用軍隊武力掠奪資源，創造經濟實力，軍隊才是眞正的搖錢樹，終於走向法西斯軍國主義。

《馬關條約》對中國影響甚大。一八九四年十一月，正是平壤戰敗和黃海海戰失敗後，孫中山（1866-1925）在夏威夷發起成立興中會，提出了推翻清朝的主張，第一次發出了復興中華的號召。康有為（1858- 1927）領導的戊戌維新也從反對簽訂《馬關條約》開始。嚴復（1854- 1921）在天津的報紙上第一次提出了「救亡」的口號，此後，「救亡」成為所有愛國者在國家危難面前的中心主張。革命和維新兩股力量成為甲午以後推動中國變革的主要力量，可以說這是中國民主主義革命的眞正開端。甲午戰爭是大清帝國傾覆的直接原因，十七年後覆亡。

二、留島不留人

《馬關條約》規定兩年內「留島不留人」，台灣及澎湖群島的中國人願意離開者，可變賣所有財產離開。但兩年後未離開者，自動成為「日本臣民」。日本思想家福澤諭吉（1835-1901）的話表述：「單在其土地，島民之有無不置於眼中。」日本人的立場就是：只要土地，不要人。「留島不留人」的條款確定當時的台灣人無權決定台灣的前途，但台灣人可以用腳決定，要做中國人或日本臣民。

一八九六年日本台灣總督頒布《台灣及澎湖列島住民退去條規》，或稱《台灣島民離去規定》，管理離台居民，不論世居或旅居的台灣島居民一律登記，曾武裝反日者需先投降等等。這是新的主權者，管理新的殖民地的起手式。當時選擇中國籍、返回中國的台灣居民只占0.23%左右，全台三百萬居民僅有六四五六人，但不包括未申報登記者。返回者大多是有志參與科舉為官，或在中國有家產或事業生意者。同樣的，其他留居成為日本臣民者，因為家產、家族、事業、工作機會都在經濟已有相當發展規模的台灣，無法離去。

中國移民留居者就成日本官方文件上的「土人」、「島人」或「本島人」，即日本民間歧視用語的「清國奴」或「支那奴」，這使台灣人民在身分認同上產生掙扎。在往後整個日本殖民時期，分成三股流派：第一股是「祖國派」，堅持中國人身分認同，呼應中國民族主義，倡導中國傳統文化；第二股是「皇民派」，努力學習成為日本人，卻又被日本人視為地位低於琉球人的三等臣民，自覺光榮，也自知猥瑣；第三股是「平民派」，生活隨遇而安，堅持父祖的宗教信仰，文化語言，過小民生活，不介入政治事務，沒有強烈政治意識，但認同宗族、籍貫、派系、地域，但也談不上「台灣人意識」，當時大多數台灣居民是「平民派」。

清治台灣二一二年，相較於之前的荷蘭與之後的日本殖民時期，台灣人是相對幸運的。大量漢人移民到台灣開墾，不論是漢人還是原住民，清廷從未將他們看成是外人，更沒有虧待或歧視台灣人民。清政府在末期，自己故步自封，沒有趕上世界工業化的腳步，國勢日衰，台灣的命運也連帶受到影響。歷史沒有假設，不過從歷史的軌跡來看，清代末期，劉銘傳在台灣已經開始現代化的進程，如果沒有被甲午戰爭所打斷，應會繼續。台灣被迫割讓，是全體中國人的不幸，也是落後所付出的代價。

更不幸的是，台灣後來的殖民主，不是已有殖民經驗的殖民國，而是一個甫學會現代化工業的暴發戶，急欲擴張領土與利益的貪婪者。這個剛剛學會帝國主義的日本，沒有任何顧忌，盡情地對台灣剝削，吸食所有的資源。台灣的確也再次進入現代化的進程，但這不是爲了台灣人民，而是爲日本帝國所服務。日本最終是把台灣人送上戰場，以台灣人的鮮血與大轟炸來爲其在台灣的殖民大業畫下句點。下一單元就是日本殖民台灣五十年的點點滴滴。

第三單元

日本殖民時期

日本明治睦仁（1852-1912）一八六七年一月三十日繼承皇位，十一月九日軍閥德川幕府「大政奉還」，明治取回政權，一八六八年一月三日宣布《王政復古大號令》，建立君主專制政權，四月六日發布《五條御誓文》推動明治維新。一八六九年七月二十五日下令「版籍奉還」，要求各地諸侯改制爲「藩知事」，把領地版圖和臣民戶籍交還中央政府直接統治。一八七一年下令「廢藩置縣」，鞏固君主專制，結束長達六百多年的武士封建制度。

明治維新後的日本，開始向外侵略擴張。一八七四年出兵台灣南部屏東，製造「牡丹社事件」。一八七九年下令「琉球處分」併吞琉球，改名沖繩。一八九四年發動中日甲午戰爭，一八九五年四月十七日簽訂《馬關條約》，取得韓國宗主權及台灣、澎湖的領土主權。一八九六年五月二十九日發動乙未征台戰爭，鎮壓台灣人的抗日行動，對台灣展開長達五十年的殖民統治。

第八章

軍事掃蕩階段

壹、台灣民主國的敗亡

台灣人得知清政府割讓台灣後，發起激烈抗日行動，當時澎湖已被日本軍隊占領。以丘逢甲（1864-1912）爲首的抗日派主張台灣獨立建國，一八九五年（清光緒二十一年，日本明治二十八年）四月十八日，丘逢甲以「全台紳民」的名義通電北京說：「全台非澎湖之比，何至不能一戰？臣等桑梓之地，義與存亡，願撫臣（唐景崧）誓死守禦。設戰而不勝，請俟臣等死後，再言割地。」丘逢甲這番不惜戰死的言詞對照兩個月後棄軍潛逃的丘逢甲，歷史畫面相當諷刺。

一八九五年五月二十三日，最後一任台灣巡撫唐景崧發表《台灣民主國獨立宣言》，稱「荷鄭大清經營締造兩百餘年，今須自立爲國，感念列聖舊恩，仍應恭奉正朔」。二十五日在台北宣布成立「台灣民主國」，就任「總統」，年號「永清」。清最後一任台灣巡撫唐景崧（1841-1903）出任總統，丘逢甲爲副總統兼團練使，統領義勇軍，劉永福（1837-1917）爲大將軍，李秉瑞（1856-1917）爲軍務大臣，板橋林家林維源（1840-1905）爲「國會議長」。但「台灣民主國」空有名義和旗號，向世界各國請求支持或承認，全遭拒絕。「國家」還來不及實際運作就崩潰，可說名實全無。

日本首任台灣總督（1895-1896）樺山資紀負責接收。明治天皇之弟北白川宮能久親王率近衛師團從台北東北角的澳底（今新北市貢寮區）登陸。日軍經頂雙溪、瑞芳，在六月初攻陷基隆後，「台灣民主國」的抵抗迅速瓦解。

「台灣民主國」與其說是獨立的新國家，不如說是臨時組建的抗日聯合陣線。這個「國家」在台北宣布建立當日，「國會議長」林維源拒絕就任，且立刻逃亡福建廈門，「國會議員」也無人就職。宣布獨立不到十天，「總統」唐景崧棄職潛逃後，「副總統」丘逢甲也潛回大陸。一個月後，「大將軍」劉永福在台南宣布繼任「總統」，就任不到四個月也棄軍逃亡。抵抗日軍征台的戰役中，幾乎沒有一場像「台灣民主國」如此的不堪，這似乎預告了台灣未來的抗日行動不可能來自於領導菁英階層，而是倚靠一群擁有民族氣節的社會中堅。

貳、乙未戰爭及遺緒

一八九四年是甲午年，一八九五年是乙未年。日本軍隊在甲午年發起中日戰爭，在乙未年則發起征台戰爭，以武力接收《馬關條約》割讓的台灣。征台戰爭的時間從一八九五年五月二十九日至十一月十八日，總共約半年時間。

一、日軍進占台北城

日軍從澳底登陸，經頂雙溪、瑞芳到基隆時，中間有些零星抵抗。六月五日台北市內的商賈聚集艋舺龍山寺及李春生宅邸商議，推舉辜顯榮（1866-1937）及英商、德商、美記者等拿洋傘舉白旗赴汐止見日軍，請求日軍快點進城恢復秩序。七日凌晨三時，日軍由辜顯榮擔任嚮導，打開台北城門，進占台北市。十一日日軍進攻桃園南崁，遇到零星抵抗。十四日樺山資紀進入台北，十七日舉行「治台始政式」，揭開日本殖民統治台灣的歷史序幕。

二、桃竹苗的伏擊戰

日軍近衛師團在六月二十二日占領新竹，二十四至二十六日客家抗日民兵在平鎮、湖口、龍潭不斷伏擊日軍，隨後於苗栗竹南的南十八尖山激戰。七月十二日閩南抗日民兵在台北三峽、三角湧隆恩埔（桃園大溪）伏擊日軍，日軍認為三峽到大溪之間所有村莊都是抗日基地，便展開屠殺，下令焚燒村莊，於是四萬人口的村莊市街，從七月二十二日連燒三天，從大溪燒到三峽，全成漆黑焦土，燒燬房屋約一千五百多棟，村民死傷二六〇人，史稱「大溪三峽大屠殺」。七月下旬日軍在桃園中壢地區，不論民兵或百姓，無差別的展開焚村殺戮，造成上萬居民逃亡流離失所。八月十四日日軍占領苗栗及銅鑼，在苗栗、頭份展開「苗栗大屠殺」。

在這場桃竹苗的戰役中，客家菁英損失慘重。新竹北埔人姜紹祖（1874-1895）爲「棟軍」（即清朝時期由林朝棟統領的清軍地方軍團）主要將領，在新竹枕頭山（新竹中山公園）被俘，吞鴉片自盡，年僅十九歲。苗栗銅鑼人吳湯興（1860-1895）在敗走後，繼續帶兵南下抗日，後在八卦山陣亡。苗栗頭份人徐驤（1860-1895）散盡家財號召鄉民組成「田賦軍」，與吳湯興合作，八卦山戰役兵敗，轉戰雲林斗六時陣亡。陣亡時，劉永福感慨說道：「內地諸公誤我，我誤台人。」

三、中彰雲嘉的會戰

七月五日，日軍渡過大甲溪，與抗日民兵在頭家厝莊（台中潭子）展開會戰，民兵戰敗，幹部全部犧牲，東堡莊和頭家厝莊遭日軍焚燬，史稱「頭家厝莊戰役」。八月二十七日日軍占領台中，同日開始砲擊八卦山。二十八日雙方爆發激烈會戰，抗日民兵死亡超過六百人，史稱「八卦山戰役」。爲乙未戰爭中最大的正面會戰。

八卦山的浴血奮戰，雖抵擋不住日軍的南下，但日軍在八卦山亦受嚴重打擊，日軍少將近衛師團步兵第二旅團長山根信成之死，是乙未戰爭中死亡的最高軍事指揮官。一九六五年（民國五十四年），八卦山坑子內山發現抗日烈士遺骸共計六七九具。一九八三年一月，八卦山抗日烈士紀念碑公園竣工，抗日烈士遺骸移奉至此，永受後世憑弔。二〇〇八年二月，八卦山抗日烈士紀念碑公園經過重新規劃整修後，更名爲「乙未保台和平紀念公園」。

一八九五年八月二十九日日軍占領鹿港，聚集一萬名近衛師團，準備進攻雲林斗六及嘉義大林，中北部抗日民兵幾乎已犧牲殆盡。八月三十日日軍攻進雲林。九月二日抵達嘉義大林。大林抗日民兵知非日軍對手，決定放棄抵抗，日軍竟要求獻出約兩百名婦女，遭拒絕。日軍強姦婦女六十多人，民兵決定反擊，但仍兵敗。九月六日日軍進占斗六。十月七日，日軍襲擊雲林的斗南、土庫、大林，抗日民兵的雲林防線，全面失守，約五千五百名抗日民兵幾乎犧牲殆盡，史稱「雲林攻防戰」。嘉義抗日民兵只剩約八百人，日軍在十月八日發動攻擊，十月十日占領嘉義，抗日民兵幾乎全數戰死，史稱「嘉義城戰役」。

四、台南大決戰

十月十五日日軍攻入台南新營鐵線橋莊，捕殺莊民五百多人，焚燒整個村莊，史稱「鐵線橋戰役」。十月十一日乃木希典率兵登陸屏東枋寮，進攻茄苳腳（屏東佳冬）。十一日同時攻占鳳山，次日占領東港。抗日民兵領袖林崑岡（1832-1895）組織台南城外十八個村莊的民兵，號稱「十八堡義軍」，兵力五千多人，與日軍在八掌溪沿岸，激戰八日，展開多場會戰和突擊戰。日軍統帥北白川宮能久親王於十月十七日在蕭壟戰死，但日軍謊稱病死，這是乙未戰爭抗日民兵的最大戰果。林崑岡戰敗，不願被俘，舉刀自刎，其三個兒子亦亡，英烈可佩。「十八堡義軍」覆滅，千餘人陣亡，史稱「十八堡戰役」，與「八卦山戰役」並列日本乙未征台戰爭或稱台灣抗日戰爭的兩大戰役。

日軍在十八堡戰役後，大肆搜捕，近千村民躲入八掌溪邊的溝壑，因嬰兒啼哭遭發現。日軍竟截住溝壑兩端，亂槍齊放，對著溝內猛烈射擊。溝壑宛如人間地獄，避難村民、嬰兒、婦女無一倖免，史稱「十八堡大屠殺」。

十月十五日日本海軍陸戰隊占領高雄港砲台，攻陷岡山，進逼台南。坐鎮台南城的劉永福不僅原先未發兵支援或提供彈藥給林崑岡，更在得知林崑岡戰敗後，拋棄台南城內約三千名黑旗軍和約八千名抗日民兵，假扮抱嬰老婦出城，搭英國輪船逃亡廈門。

十月二十日（農曆九月三日）台南仕紳循辜顯榮模式迎接日本軍隊進城，十一月初日軍途經蕭壠（佳里），因北白川宮能久於該地戰死，日軍瘋狂報復，發洩屠殺蕭壠居民兩千多人，有慘絕人寰的記載：「事後，莊民前來收屍，整整裝十八輛牛車之多，由於死亡人數太多，連棺木都一棺難求。」史稱「蕭壠大屠殺」。十一月十八日樺山資紀向京都報告「全島悉予平定」，乙未戰爭算是正式結束。日本官方雖然認定戰爭已經結束，但屠殺仍然持續。

十一月二十五日兵抵火燒莊（屏東縣長治鄉長興村）。平埔族原住民協助日軍攻擊六堆民兵，日軍用山砲轟擊火燒莊及鄰近村莊，全村陷入火海，無一倖存，史稱「火燒莊大屠殺」。六堆客家民兵戰死約二五〇人，最後兵敗瓦解，高屏地區從一七二一年朱一貴事件組織起來的客家「六堆」民兵組織，存續一七四年後，被日本殖民政府強迫解散。

十二月宜蘭、淡水、士林、新竹、三峽、金包里、大屯山、大溪等地民兵領袖聚集，約定次年一月一日，同時各所屬地區發動攻擊，認為此共同行動將會使日本人疲於奔命，起事較容易成功。

日軍得知開始反擊。一八九六年一月三日，日兵進兵宜蘭，抗日民兵首領林大北兵敗被俘，遭日軍處決，民兵戰死約五百多人，史稱「林大北事件」。一月四日日軍展開報復，不分青紅皀白，殺戮宜蘭民眾，死亡四千餘（4,331）人，焚燬一萬多戶住宅，宜蘭平原半數盡歸灰燼，民兵首領林維新逃亡中國，史稱「宜蘭大屠殺」。一月五日日軍進攻金包里血腥屠殺。

曾任日據時期台灣高等法院院長兼法務部長的日人高野孟矩很含蓄地描寫此一戰役：「本年一月討伐台北、宜蘭附近土匪之際，未能精密甄別良民、土匪，殺戮幾千民人，燒燬多數民屋及財產……日本軍人通情民家婦女，癡情之極，竟帶領兵卒火燒民家，欲殺害其婦之夫及其家人，或殺害數位婦人。軍夫等下等日本人胡亂翻弄戰勝者之威勢，沒有來由地凌虐支那人，理不順則毆打之，或掠奪財物、家畜，或姦淫婦女，種種非行多矣。」

一月十三日，日軍第七混成旅團抵達基隆，各地民兵陸續戰敗，死亡人數近三千（2,831）名。二月十九日日軍進攻三角湧（三峽），報復燒殺焚宅，公開處決民兵頭人十三名，即現在的台北市樹林區「十三公之墓」。「元旦事件」的抗日戰役此起彼伏，抗日民兵英勇戰鬥，但不敵日軍現代化武器和精良訓練，台北景美、三峽、瑞芳、士林、桃園大溪、宜蘭等地抗日民兵相繼被消滅。

在這場長達十個月的「日本征台戰役」，是由日本首任總督樺山資紀指揮。樺山資紀後來因鎮壓有功而高升日本內務大臣。日本殖民政府後來爲紀念樺山資紀，特於台北市內設置

「樺山町」，就是現在的「華山文創園區」所在地。

五、獅虎貓抗日三猛

一八九六年是台灣自發性抗日民兵風起雲湧的一年，日本殖民政府疲於奔命，四處滅火，鎮壓手段一波比一波殘酷，較之一八九五年征台戰役更加蠻橫。這些抗日民兵較突出者有簡大獅（1870-1900）、柯鐵虎（1876-1900）、林少貓（1865-1902），史稱「獅虎貓抗日三猛」。

㈠簡大獅的抗日

一八九五年十二月三十一日簡大獅以大屯山為基地舉兵抗日。次年一月四日，因「林大北事件」，宜蘭平原半數盡歸灰燼。簡大獅聞訊非常憤怒，於一八九六至一八九八年間，二度率領抗日民兵圍攻台北城。一八九七年二月簡大獅、羅錦春率抗日民兵在竹子湖與日軍部隊激戰六天，羅錦春犧牲，簡大獅率部退走深山。一八九八年二月民政長官後藤新平上任，改採誘降政策。八月十日抗日民兵首領陳秋菊率一千餘（1,235）人投降日軍。十月八日簡大獅率殘部約五百人在士林投降日軍。十二月十一日簡大獅在士林再度舉兵抗日，兵敗退入大屯山。

一九〇〇年二月簡大獅逃亡廈門，日本以簡大獅曾投降日本，已不具中國籍，應引渡回台受審。清代中國政府面對國際法的拘束，只好接受日本政府的要脅，用簡大獅交換劉大杓。三月十一日簡大獅被押回台，三月二十九日在台北被處絞刑，一代孤軍抗日英烈，死時才三十歲。

(二)柯鐵虎的抗日

一八九六年六月十四日至十八日，雲林抗日民兵領袖柯鐵虎率部突擊進駐斗六的日軍，原本只是小規模的戰鬥，卻引來日軍瘋狂報復，爆發「雲林斗六大屠殺」。六月二十二日日軍展開血腥屠殺，燒燬約四千餘（4,295）棟民宅，屠殺民眾約六千多人，甚至歡迎日軍的五十名順民，亦遭殘殺。一八九七年十二月柯鐵虎率抗日民兵攻占大坪頂。柯鐵虎率殘部遁入深山進行游擊戰。一八九九年後藤新平出面招撫柯鐵虎，柯鐵虎放棄抵抗歸降。次年，一九〇〇年遭下毒病逝，年二十四歲。

「雲林斗六大屠殺事件」有無辜的六千多名台灣人遭日軍屠殺。當時的第二任台灣總督桂太郎被迫下台，但官運卻更亨通，一八九八年出任陸軍大臣，一九〇一年任日本總理大臣。顯見台灣的大屠殺事件在日本人眼中不算政治污點。桂太郎在一八九六年七月即向伊藤博文提出《台灣統治意見書》，建議讓台灣成為日本的「南進戰略基地」以及「將海峽對岸的中國南部地區一帶納入日本勢力之下」，並積極在台灣設立「台灣商工學校」，即開南商工，在日本東京設立「台灣協會學校」，即拓殖大學。

㈢林少貓的抗日

一八九六年日軍在雲林斗六展開大屠殺，林少貓義憤填膺。次年四月二十五日林少貓與林天福率部開始對屏東、鳳山、潮州的日本憲兵、警察、文武官員展開攻擊刺殺行動，日本殖民政府遂派高雄富商陳中和、蘇雲梯招撫勸降。一八九九年五月二十日林少貓率部投降，日本殖民政府准予在後壁林（高雄小港及屏東麟洛一帶）屯田維生。

日本殖民政府的民政長官後藤新平決定消滅林少貓，藉口後壁林發生瘟疫，一九〇二年五月二十六日包圍林少貓屯田的村莊。三十日雙方激戰，林少貓戰死於後壁林的水田，年三十七歲。日軍緊接著宣稱斬殺抗日人士四百多人，其中卻包括婦女及兒童。接著從五月三十日至六月四日，日本人藉口殺害與林少貓有交往的鄉親或商賈三百多人，連在林少貓母親祝壽禮簿簽名者，都視為抗日人士遭日軍處決。其中提供逮殺名冊和訊息給日本人的親日分子是蘇雲梯、蘇雲英兄弟，蘇氏家族是屏東知名的皇民家族，迄今台灣政壇仍有其子孫從政並任要職。因後壁林位於屏東與高雄交界地區，古稱「阿猴社」（Akauw），史稱「阿猴大屠殺」。

參、「糖與鞭」的统治

乃木希典是第三任台灣總督（1896-1898），早年沉迷酒色，在一八九四年中日甲午戰爭和一九〇四年日俄戰爭中的表現，被視爲指揮無能，卻暴烈無比。曾率軍征台，出任台灣總督後，推廣鴉片專賣，其個人雖清廉節儉，但領導無能造成政治腐敗，對被殖民的台灣一味實施武力鎮壓，常被批爲「愚將」，麾下一批日本官員「把台灣視爲廉價的擄獲物，盡量利用職位以求詐取」，可說貪污橫行，吏治敗壞，連負責整治貪污的法務部長高野孟矩都被迫下台。乃木希典昏庸無能，在日本政界頗有名氣，但因兒子在日俄戰爭時死亡，本人又在明治去世時自殺，被日本人吹噓爲「軍神」。另外，乃木希典於一八九七年拆毀荷蘭人熱蘭遮城的城垣，興建大員港的海關宿舍，也是毀壞歷史性建築的一樁記錄。

由於殖民統治三年期間，花費甚巨，乃木希典曾在一八九八年由日本首相伊藤博文主持召開的軍政要員會議中，抱怨日本統治台灣，「就像乞丐，討到一匹馬，既不會騎，又會被馬踢」。認爲台灣是塊燙手山芋，提議將台灣賣給英國。兒玉源太郎反對乃木希典的「賣台論」，認爲是因管理官員無能，表示自願前往台灣。伊藤博文當即決定不賣台灣，並任命兒玉源太郎爲台灣總督。

一八九八年（明治三十一年）二月二十六日兒玉源太郎就任台灣第四任總督（1898-1906），實際掌權者是擔任民政長官的後藤新平。特別是在一九〇四年日俄戰爭爆發，兒玉源太郎雖仍兼任台灣總督，但已回軍部任職，與他同時上任的後藤新平成爲台灣實際的統治者。

後藤新平心態極爲瞧不起台灣人，他認爲台灣人「貪財、怕死、愛面子」，因而提出所謂「治台三策」：第一，台灣人貪財愛錢，可誘之以利；第二，台灣人貪生怕死，可高壓威脅；第三，台灣人太愛面子，可虛名籠絡。後藤新平因此執行「糖與鞭」政策，一面嚴刑峻罰，威懾台灣人；一面積極建設，誘服台灣人。

相對於乃木希典純粹「以鞭治台」，後藤新平則是「鞭糖並用」，但是骨子裏面還是瞧不起台灣人。後藤新平根據所謂「生物學法則」，意指要順勢利用台灣人的生物本性，剛柔並濟，恩威並施，進行殖民統治，而不是違逆生物本性，就像「把比目魚眼睛改換成鯛魚眼睛」，就是違逆生物學原則。

七月二十八日台灣總督府公布《匪治政策令》要嚴懲抗日分子，同時寬恕歸順者。廢除第三任總督乃木希典的《三段警備法》，抗日分子不再處決，歸順後可過平常生活。事後證明「糖與鞭」的背後，還有一個政策，即是「騙」，也就是「誘降」。

一八九八年十一月五日總督兒玉源太郎發布《匪徒刑罰令》，是以殖民地總督的特權發布的「緊急律令」，刑罰對象不需有具體犯罪事實，只要有疑慮，即可逮捕處罰。犯罪未遂、已遂不分，一律處以本刑。大部分刑罰都直接處死刑，刑罰一律溯及既往。這是殖民統治階級鎮壓被統治階級最典型的法令制度，直到日本結束台灣的殖民統治，這套嚴刑峻罰，確實鎮壓住台灣人的抗日意志。

自發布《匪徒刑罰令》後的十一月十二日起，日軍藉口討伐盧石頭、魏少開抗日集團，進攻阿公店（岡山、彌陀地區），盧石頭等九二六人戰死。十一月二十五日至十二月二十七日日軍以清莊爲名，殺光青年男性，村民被殺人數達兩千多（2,053）人，被捕兩千餘（2,043）人，傷者不計其數。民宅燒燬數，全燒燬近三千（2,783）戶，半燒燬三千多（3,030）戶。外國人對日軍的殘暴，議論紛紛，英國長老教會牧師宋忠堅（Duncan Ferguson）投書《香港日報》（Hong Kong News），針對「阿公店屠殺事件」，指責日軍喪失人性，引起國際輿論嚴厲譴責日本，史稱「阿公店大屠殺」。

一九〇二年後藤新平用誘殺策略消滅台灣中南部的抗日勢力，宣傳所謂《土匪招降策》，尤以誘殺雲林抗日民兵的手法最駭人聽聞。五月十八日佯稱以斗六、林杞埔（南投竹山）、崁頭厝（雲林古坑）、西螺、他裡霧（斗南）、林內（雲林林內）等六個地點做歸順式場。五月二十五日誘騙二五四名抗日分子，將舉行歸順儀式。斗六式場六〇人，林杞埔式場六十三人，崁頭厝式場三十八人，西螺式場三十人，他裡霧式場二十四人，林內式場三十九人，然後用機關槍將式場內的歸順者全部殺戮。後藤新平為掩蓋事實，竟將這種誘降殺戮的事件，反咬說是因為歸順者暴動。用點腦筋就能想通，六個地點的歸順者如何可能同時暴動？這分明就是後藤新平早已計畫好，同時在六個式場殺害歸順者。這個屠殺案，史稱「雲林歸順場大屠殺」。後藤新平殺害「歸順者」的行為，完全違反人性，甚而惡劣，也顯示出日本殖民的殘暴。

五月二十六日後藤新平決定消滅已經歸順的林少貓，遂有先前所述的「阿猴大屠殺」事件。

《匪徒刑罰令》，其嚴苛程度在日本是難以想像的，搶劫、殺人要判死刑。破壞建築物、道路標誌、電塔設備者，都判死刑。只要被日本員警認定為匪徒，不論已遂未遂，一律判處死刑。該法令實施三年內，逮捕或歸降者約有八千人，被處死者有三千五百人以上。後藤新平更在所著《日本殖民政策一斑》裏承認，他治理台灣，到一九〇三年時，殺戮「匪徒」近一萬兩千（11,950）人，焚燬住宅約三千棟。所謂的「匪徒」，幾乎都是抗日的台灣人。到一九〇六年被殺戮的人數超過三萬人，此後二十年被列為刑罰對象遭殺害的台灣人超過十萬人。

一九〇四年後藤新平更頒布《罰金及笞刑處分令》，只針對台灣人實施鞭刑，不對台灣的日本人施刑。另外，「警察國家」一直是日本殖民統治台灣的一大特色，以一九〇五年為例，平均每一五〇人就有一名警察。為輔助日本警察管理，日本殖民政府運用清代中國的保甲制度，規定每十戶為一甲，每十甲為一保，保或甲內部採連坐法。

日本警察雖說是強制台灣的殖民統治利刃，但來到台灣的日本人犯罪率卻比台灣人更高。一九〇五至一九一〇年間統計，台灣人的犯罪率平均每萬人約有四十二人犯罪，來台日本人卻高達每一萬個人就有一百人犯罪，超過台灣民眾的兩倍，顯見來台灣的日本人很多是在日本本土素質很差的不良分子。日本殖民統治初期來台的日本人素質不良，一八九八年十一月桂太郎的《台灣協會會報》即曾載：「渡台的宗教家、民間人士、官吏等素質之差，對統治而言實為第一號毒瘤。渡台的日本人儀表不端，品性惡劣，生活態度低劣，較之台灣人，絕不較爲優秀。」甚至有人直言：「台灣有如日本人的垃圾場，台日間的定期船有如載糞船……總督府是一大廢物利用場，將日本國內每年淘汰的冗員，有如垃圾般地送到台灣。他們在台灣得到日本國內無法獲取的收入與地位，於是沉淪於酒色，傷風敗俗。」（竹中信子《殖民地台灣の日本女性生活史》〈明治篇〉）

有人說日本人帶給台灣人守法觀念，不如說日本警察嚴厲懲治台灣人犯罪，令台灣人恐懼，而減少犯罪。但對犯罪的日本人，日本警察常無可奈何，放縱日本人在台灣橫行霸道。這個情形一直到後來才慢慢改善。

台灣現在有人歌頌兒玉源太郎與後藤新平是「台灣現代化」的催生者，是施行懷柔政策的能吏，但卻忽略背後有日本殖民殺人如麻的本性，他們兩人是以大屠殺、鎮壓抗日台民來確立統治基礎。這是清廷政府所不會做的。

征服的行爲不會因爲冠上「現代化」就有特別光環，特別是以殘暴壓迫爲基礎的殖民統治，更沒有任何事蹟值得歌頌。但是在日本人看來，兒玉源太郎和後藤新平確實爲日本後來殖民統治台灣奠定了穩定基礎，爲紀念他們兩人的功績，在台北市拆除漢人移民所建的「大天后宮」（媽祖廟），蓋「兒玉及後藤紀念館」，就是現今台北市館前路的博物館。這是挖掉台灣人民族文化的根，換成日本帝國殖民台灣的圖騰，來榮耀日本所謂的「豐功偉業」。

台灣光復已經超過七十年，現在博物館內還有這兩人的銅像，他們對台灣人如此惡行，銅像是否還應存在？

繼兒玉源太郎與後藤新平之後，接任的第五任總督（1906-1915）佐久間左馬太，也接續了血腥鎮壓政策。佐久間左馬太非常積極鎮壓任何可能的反抗力量，在他任內血腥鎮壓的有：一九〇七年原任日本基層員警但離職的蔡清琳，鼓動新竹北埔山區的客家移民和賽夏族原住民抗日，而遭日人鎮壓的「北埔事件」，起事的客家民眾全遭日軍處死；一九一二年遭受強行徵地，生計陷入困境，又受日警欺壓而反抗的林杞埔（今南投竹山）事件；因密謀抗日，而被處死的「土庫事件」；一九一三年革命黨人羅福星抗日的「苗栗事件」，亦即「羅福星事件」；一九一四年革命黨人想襲擊日本人，而遭報復的「六甲事件」。

羅福星（1886-1914）是廣東客家人，一九一一年率兩千名印尼華僑回廣東參加孫中山與黃興發動的黃花崗起義，一九一二年羅福星來台，在苗栗組織「中國革命黨台灣支部」，號召「驅逐日人，收復台灣」，次年八月革命黨人已達九萬名，後被捕。一九一四年三月三日羅福星等二十一名革命黨人被處死刑，二八五人處無期徒刑。

日本殖民統治台灣五十年，除乙未戰爭時期外，一九一五年的「噍吧哖事件」是最大規模的抗日事件，也是受辛亥革命及中華民國成立影響的抗日事件。

噍吧哖是台南玉井的古名。「噍吧哖事件」的發動人余清芳（1879-1915）曾參加台南西來庵的扶乩活動，以五福王爺降旨為名，聚集教眾。一九一五年與江定、羅俊秘密發展信徒的抗日組織，西來庵於是成為抗日組織的名稱，是以「噍吧哖事件」又稱「西來庵事件」。七月六日余清芳率江定（1866-1916）、羅俊（1854-1915）等眾起義，與日兵對峙，後余清芳被殺，羅俊也被捕遭處死。江定率部進入深山打游擊，後下山投降，但全遭殺害。日兵後來報復，誘殺噍吧哖附近二十多村莊三千兩百多名村民，不分男女老幼，全部殺戮，史稱「噍吧哖大屠殺」。這次毀滅性的屠村，使人口銳減，部分村莊甚至滅村，受創極深，是台灣日據時期諸多起事之中規模最大、犧牲人數最多的一次，同時也是台灣人第一次以宗教力量抗日的重要事件。

肆、對原住民的屠殺

一八九五年（明治二十八年）日本發動征台戰役，日軍與漢人的抗日民兵鬥爭幾達半年。原住民袖手旁觀，甚或協助日軍，視為報復漢人的好機會。一八九五年九月樺山資紀接見桃園角板山的原住民，一八九七年八月乃木希典安排泰雅族、布農族、鄒族、排灣族共十三位頭目赴日本觀光，此時日本人刻意與原住民交好，確保原住民在抗日事件中保持中立，或支持日本人鎮壓漢人。但日本人後來欲強奪原住民的樟樹林，雙方關係變得非常惡劣。

尤其是一八九五年十月三十一日第二十六號台灣總督令《官有林野及樟腦製造業取締規則》的第一條規定：「無官方證據及山林原野之地契，作爲官有地。」於一八九八年一月開始強力實施。原住民的傳統領地既無「官方證據」，也無「地契」，全被日本殖民政府沒收，這是原住民開始強烈抗爭的根本原因。日本人強力霸占原住民土地，是樺山資紀下令的，但從乃木希典時代開始強力執行。

一九〇一年後，日本殖民政府在後藤新平主導下大規模掠奪山林資源，跨過清代中國政府設立的隘勇線，侵入原住民的傳統領地。日本人更藉口土地調查，以缺乏所有權憑證即予以「國有化」沒收爲由，侵呑原住民土地，因此爆發的戰役、衝突事件一直延續到一九三三年。

例如，一九〇〇年泰雅族的「大嵙崁前山群戰役」、一九〇二年與賽德克族爆發「人止關戰役」、賽夏族的「南庄事件」，一九〇三年泰雅族的「獅頭山攻防戰」，一九〇四年「大寮地攻防戰」，一九〇五年「白石鞍山攻防戰」，以及一九〇六年泰雅族的「大豹社滅社事件」，原本人口一千多人只剩下二十五戶。

「大豹社滅社事件」就是第五任總督（1906-1915）佐久間左馬太來台上任後發動的第一個鎮壓原住民事件。這位被日本人譽為「生番剋星」的台灣總督，曾參與「牡丹社事件」，把「理番」當作軍事討伐行動，號稱「理番總督」，非常積極鎮壓任何可能的反抗力量，其目的在掠奪台灣山區的樟樹，使日本殖民政府能霸占更多樟腦資源。全台「番人」共有六八二個村社，特別對濁水溪以北的「北番」採強硬的軍警鎮壓，以推進隘勇線，奪取更多樟樹林，製造樟腦。

爲縮小原住民傳統的領地範圍，一九〇七年派兵進攻泰雅族村的「枕頭山」（今桃園復興鄉），搶占十五平方公里的樟樹林，泰雅族戰士由霍拉諾幹（Hola Nokan）領導，也犧牲慘重。佐久間左馬太在屠殺原住民之餘，還假惺惺不時接見原住民，安排原住民赴日觀光，表現「教化番民」的親民領袖模樣。一九〇八年倫敦的世界博覽會，佐久間左馬太安排原住民到倫敦作爲博覽會展覽品，向歐洲各國證明日本人有能力統治殖民地，台灣被當作日本人殖民統治實驗的「人間動物園」的「成功」案例。日本殖民者把原住民當成是「人間動物園」的「動物養成」實驗，實在令人不恥與噁心。

佐久間左馬太任內屠殺原住民的還有：一九〇八年阿美族七腳川社與巴托蘭社（Patulan）等部落聯合起事的「七腳川事件」，一九一〇年泰雅族大嵙崁群等部落的「大嵙崁後山群戰役」，一九一三年新竹尖石鄉泰雅族霞喀羅群的第一次「霞喀羅戰役」（石加路戰役），一九一四年太魯閣族的「太魯閣事件」，以及屏東霧台鄉的魯凱族霧台、神山兩部落的「霧台事件」，一九一五年布農族第一次花蓮卓溪鄉的「大分事件」。

「太魯閣事件」起於一九〇六年八月一日太魯閣族襲殺日本的樟腦採集人員和山地教師三十多人，這事件給予佐久間左馬太鎮壓屠殺太魯閣族的口實。一九一二年明治去世，佐久間把屠殺高山族當作「先皇遺願」，親掛戰袍，在叢山峻嶺設軍事指揮部，展開作戰行動。一九一四年（大正三年）五月佐久間左馬太認定太魯閣族妨礙日本人的採樟事業，親率兩萬軍警討伐太魯閣族。太魯閣族兩千多名族人武力反抗，爆發「一九一四年太魯閣事件」，這是二十世紀初台灣最激烈的戰役之一。八月二十八日戰勢底定，太魯閣族人口傷亡殆盡，幾乎滅族，剩餘人口被移往平地，接受日本化教育。但佐久間左馬太早於六月二十六日視察戰線時，從五千公尺懸崖墜下重傷，送回日本治療後不治死亡。太魯閣族說是該族馬黑羊部落的勇士Lolon Nawai用箭矢襲殺，佐久間左馬太因此墜崖。

「大分事件」起於一九一五年五月十七日，布農族人在拉荷阿雷（Dahu Ali, 1861-1941）率領下，進攻花蓮玉里的大分警察派出所，從此展開長達十八年的抗日活動。日本殖民政府建造長達約九十公里的通電鐵刺網，企圖封鎖布農族人。因其部落所在地勢險峻，在大分事件後，日本人始終無法將其反抗勢力完全制伏。一九三三年（昭和八年）四月二十二日，日本殖民政府使出和親政策，找來經過日化教育的布農族美女華利斯（Valis，顏涼娘）嫁給拉荷阿雷的次子，拉荷阿雷之所以歸順，也是不得不然的決定與發展。因爲當關山越嶺道開闢完成後，塔馬荷社基地腹背受敵，拉荷阿雷因而願意做出歸順決定，並在高雄舉行和解歸順儀式，拉荷阿雷結束抗日活動，被日本殖民政府稱爲「本島最後歸順番」。這個三百名布農族人武裝抗日十八年的故事，已被拍成電影《戰魂》。

這十八年間，還有一九二〇年泰雅族霞喀羅群的第二次「霞喀羅戰役」，一九二一年泰雅族的「李棟山（Tapon）戰役」，一九二一年布農族的第二次「大分事件」的托西佑社慘案，以及一九三〇年慘烈的賽德克族的「霧社事件」。

一九三〇年霧社事件起於當年十月，莫那魯道（Mona Rudao, 1882-1930）率領賽德克族六個部落三百多位族人發動突襲，殺死在霧社公學校舉行運動會的百餘名日本人。日本調集大軍，以空襲展開近兩個月的圍剿，參與反抗行動的原住民非戰死即自盡，其家人或族人也多上吊或跳崖。

日本人最後使用飛機投擲「毒氣彈」殘殺起事的原住民，引發違反《海牙戰爭法公約》

的爭議，惹起世界各國的強烈譴責。蔣渭水（1890-1931）是台灣第一位公開控訴霧社事件的政治人物。霧社原住民最後經過五十幾天的抵抗，還是失敗了，原來一千多（1,236）人口的村社，只剩下半數不到（564）的人得以存活。

次年，日本人更唆使敵對部落的原住民對其展開突擊，也就是「第二次霧社事件」，賽德克人幾乎滅族，這是原住民武裝抗爭最波瀾壯闊，也最血腥的事件。事件後，台灣總督府迫使原住民遷移到官方易於控制的地區，從事農業生產。

霧社事件是台灣人在日據時代最後一次武裝抗日行動（漢人在西來庵事件後已放棄武力鬥爭，改採社會運動模式），曾被拍成電影《賽德克·巴萊》。

第九章

掠奪式的殖民統治

壹、土地、樟腦、鴉片的壟斷

一、土地與林地的掠奪

掠奪土地是日本最赤裸裸的一項經濟政策。日本殖民者剛剛確立在台灣的統治，便利用台灣農民的土地所有權沒有地劵、契約作爲根據的情況，對廣大台灣農民賴以生存的耕地進行了持續的掠奪和強占。

後藤新平於一八九八年（明治三十一年）在台灣設置了「臨時土地局」，進行「土地調查」，不久日本殖民者就下令展開森林、土地的調查工作，實行所謂的「丈地歸官」及「土地所有權申報」。凡是無主土地及手續證明不完備的全部收歸官有，並對私人土地課以重稅。

回顧清治時期，有「墾首」、「小租戶」、「佃農」三層次複雜的所有權關係。殖民政府下令，自一九〇三年十二月五日後，禁止土地新設「大租權」，然後強迫將發行的

「公債」配售給「墾首」，以消滅他們的「大租權」，每一位大租戶平均只獲得約百元（94.96）日圓的補償金。

從此日本殖民政府就成了台灣唯一的「大租戶」，讓持有「小租權」的「小租戶」成爲唯一的地主，也成爲唯一的納稅義務人。再提高「小租戶」的稅金，償付公債。這個策略使日本殖民政府在政治上爭取到三十萬「小租戶」的支持，同時也使日本財團來台，仰仗警察勸誘或強迫力量，更容易直接向「小租戶」購買土地。

在利用「隱田」方面，清朝首任巡撫劉銘傳曾有調查「隱田」政策，但遭失敗，甚而引發其丢職離台，但是後藤新平以殘暴武力爲後盾的方式則相當成功。一九〇五年統計台灣農地面積有六十三萬餘（633,065）甲，比清代帳冊上記載的三十六萬餘（366,987）甲多了許多，顯見清代「隱田」漏稅嚴重。

後藤新平同時建立土地登記制度，強制規定土地權利的移轉，必須登記才生效，保障日本財團來台掠地或購地的安全性。日本殖民政府藉口台灣「島人」（即漢人）及「番人」的土地登記手續不完備，所有權證件不完整爲由，掠奪台灣「島人」及「番人」的土地產權。通過一系列巧取豪奪，以總督府的名義，由日本政府及日本財閥攫取原屬於漢人或平埔族的田園土地，短短數年就達約兩百六十四萬餘甲，占全台土地總面積近七成（68.5%）。

在「林野土地」方面，清治時期，台灣並無林野土地的所有權管理制度，民間林野土地的買賣都僅憑簡單字據或口頭契約。按日本殖民政府發布的《官有林野取締規則》，沒有「足夠憑證可以確認所有權，查定爲官有地」。依此標準，原屬高山原住民的森林用地，九成七被日本政府充公了。原先已在使用林野的原住民或漢人，只剩隨時可以被剝奪的「使用權」。日本殖民政府的「林野調查」等於是廢除了原住民村社頭目向社民或佃農徵收地租的權力，原本是原住民「領有」、「占有」、「占據」的土地，逐漸形成日本人「所有」的事實。

當時，台灣林野總土地面積有二六五萬甲，有一七二萬甲是「原住民保留區」（番界）未進行「林野調查」。日本殖民政府假借各種理由，運用殘酷手法，逼迫原住民搬遷下山，聚居到海拔較低的谷地，以便於統治，日本人稱之爲「番界林野利用」。最終，台灣九成七的林地變成了日本殖民者的私有財產。

原住民搬遷後，日本人就在該林野土地上砍伐檜木、樟木，開挖金礦、煤礦，原住民若不配合，日本人即以武力屠殺，徹底征服，再逼原住民做奴工替日本人經營山林。最典型的例子，就是阿里山小鐵路的興建。

爲了砍伐紅檜木，日本殖民政府以幾近虐待奴工的勞動條件，逼迫原住民和漢人修築達一千公里的登山小鐵路，利用阿里山鐵路，大肆砍伐阿里山紅檜木，運到日本建造明治神宮、橿原神宮、桃山御陵、靖國神社、日本皇宮，也運銷到東京木材市場，使阿里山成爲日本人掠奪台灣林木資源的金礦。這些登山小鐵路現在僅作爲登山觀光之用，有人並以其作爲日本人對台灣貢獻的證明，其實那些鐵路只是爲了方便掠奪台灣資源的工具而已。

另外，位於台中東部和中央山脈中部的八仙山，有檜木、松樹、楓樹遍布。位於宜蘭蘭陽溪上游的太平山，森林面積是阿里山的兩倍大，遍布紅檜木、台灣杉。日本殖民政府架設空中纜道、軌道台車、森林鐵路，並在羅東設儲木場和加工廠。豐原、羅東於是成爲木材集散地，輾轉運回日本。日本人從砍伐八仙山、太平山的林木，攫取殖民利益，較之砍伐阿里山林木有過之而無不及。

二、樟腦與鴉片的專賣

有關掠奪樟腦利益方面，在清朝時期，樟腦已是台灣出口的大宗。一八九八年後藤新平出任台灣總督府的民政長官，他認爲原住民居住在山區，靠近樟樹產地，有礙樟腦生產，於是藉口穩定山區治安是頭等的經濟大事，不再讓原住民享有樟腦利益。後藤新平下令驅使台民砍伐樟樹林，製造樟腦，從基隆港運往世界各地，他親自監督把基隆港造成更大型的海港，可供更大型船舶載運樟腦。

為了確保樟腦的運輸，後藤新平在劉銘傳建造的鐵路基礎上，建造全長四百公里的縱貫鐵路。日本人從此全面壟斷樟腦收入，頭兩年內的年收入達現在日幣價值一百億圓。日本人在台灣前十年的統治和建設的財源，幾乎全部建立在砍伐台灣的樟樹和檜木林的基礎上。

一八九九年日本殖民政府下令設樟腦局，一九〇〇年在台北南門設官辦樟腦工廠，一九〇三年下令消滅民間樟腦業者，樟腦完全專賣。一九一八年設立「台灣製腦」和「日本製腦」獨占台灣的樟腦業，一九一九年設「大日本賽璐珞」，所有台灣的樟樹砍伐、樟腦的製造銷售全由日本人獨占，樟腦利益也全被日本人壟斷。這種情形直到一九三〇年德國人改良人造樟腦，台灣的樟腦產業才邁入衰微。

有關以鴉片斂財方面，台灣成為日本殖民地之前，英國人就大肆自印度輸入鴉片。日本本土對人民吸食鴉片採行「嚴禁」政策，但對被殖民的台灣則採「漸禁」政策。美其名「漸禁」，其實不然。

一八九六年二月二十三日樺山資紀下令不准進口鴉片，卻向英國洋行買下鴉片存貨轉售台民。一八九七年台灣總督乃木希典亦曾下令禁止吸食鴉片，卻發放吸食許可證給上癮的台灣居民。樺山資紀和乃木希典兩人都同時搞鴉片專賣制度及吸食許可證（鴉片鑑札）制度，這給了後藤新平創造財源的機會。

在後藤新平主導下，壟斷鴉片製造販賣，累聚龐大財源，支應殖民統治的軍警經費，才是其眞正的目的。後藤新平時期的「製藥所」，其實就是「鴉片工廠」。從印度、伊朗、土耳其進口生鴉片，萃取粗製嗎啡，剩餘製成熟鴉片，由總督府專賣局壟斷，再分配給日本殖民台灣的退休官員和後藤新平認定的親日仕紳商賈當經銷商，再轉給零售商人販售給持有吸食許可證的台灣人民。這個貪婪的食物鏈是由後藤新平的官商利益集團所共同組成。一九〇五年台灣持有鴉片吸食證的人口已達十三萬七千人，剝削鴉片上癮者的口袋，支撐日本殖民統治，是日本殖民政府面對鴉片時的眞正態度。用現在的標準看後藤新平的所作所爲，說他是個大毒梟也不爲過。

一九〇〇年吸食鴉片上癮且持有吸食許可證的人口比例爲百分之六點一，一九二一年降爲一點五，一九四〇年降爲零點一。但値得注意的是，因爲人口增加，持有吸食證的比例降低，但吸食人數和鴉片銷售金額非但未減少，反而增加。

後藤新平控制鴉片買賣的「專賣收入」，在一八九八年就占日本殖民政府財政收入約三成一。後藤新平這些賣鴉片、搞專賣、砍樟樹、掠奪土地的撈錢手法，很快就使日本殖民政府在一九〇五年有財政盈餘；且自一九〇七年起，透過關稅、砂糖消費稅取得資金，倒過去補貼日本政府，從此台灣就成日本剝削的搖錢樹。日本殖民台灣此時才十二年。

後藤新平建立的鴉片王國後來成爲日本四處侵略的重要財源，日本殖民政府在台灣製造的鴉片，於一九○四年後出口到關東州（遼東半島），一九一四年後出口至山東青島，一九三七年後還派人到福建廈門、海南島、朝鮮半島栽培罌粟，運回台灣提煉，載運去日本精煉，生產鴉片膏和嗎啡，運銷全球。日本帝國可說是靠著侵略武力掠奪資源和製造販售鴉片建立起來的。

說後藤新平是靠鴉片殖民台灣並不爲過，再包括其他樟腦、菸酒、火柴、石油的專賣收入，已占一九四二年財政收入的四成以上。後藤新平以這套「掠奪台灣資源」的挖錢術，支撐日本「殖民統治台灣」。

貳、交通與水利建設

在交通建設方面，一八九九年日本開始修築台灣的縱貫鐵路，將劉銘傳建的基隆至新竹間的縱貫鐵路延伸到高雄。爲因應一九○四年的「日俄戰爭」，鋪設雲林斗六至台中豐原（葫蘆墩）間的速成軍用鐵路。一九○五年完成苗栗三義（三叉）至台中豐原的軌道工程。

一九〇八年四月二十日基隆至高雄的縱貫鐵路全線通車。

日本殖民政府也著手宜蘭線、花蓮台東線鐵路的興建。鐵路興建對於日本人運輸兵力、鎮壓台民的功用很大，對於有效掌控及獨占台灣自然資源的功用更大，第五任台灣總督（1906-1915）佐久間左馬太從一九〇六年起的「五年理番計畫」就是依賴這些鐵路運輸兵力和軍火。這些鐵路也提供日本人剝削台灣樟腦工人和蔗農的機會，四處砍伐樟樹，興建糖廠，使得運輸甘蔗到糖廠、樟樹到樟腦場，再運輸到港口，變得更爲有效率。鐵路的興建經費也是來自剝削樟腦業和糖業，但這些鐵路建設也大幅度推進台灣經濟和社會的現代化。

除了建設鐵道之外，還有海港整治擴建工程。由於基隆港水道狹窄又水淺，一千噸級船隻必須離岸停泊，再用小船轉卸貨物至岸邊。一九〇三年擴建至三千噸級船隻可靠岸，到一九一三年的擴建，已可使五艘六千噸級船隻同時靠岸，年裝卸貨物二十五萬噸。

一九一六年，第六任台灣總督（1915-1918）安東貞美著手鋪設從基隆、宜蘭至蘇澳的鐵路，運送太平山木材回日本。鋪設高雄至枋寮的鐵路，使東港漁貨便於運到高雄和台南各地。台東至花蓮的鐵路則由蔗糖業者鋪設，安東貞美開通屏東至台東的公路。

一九一六年，安東貞美重啓蘇花公路的開鑿工程。蘇花公路最早於一八七三年清朝政府派一千多名軍隊沿山開鑿，但受原住民襲擊，人員感染疾病，犧牲慘重。一八八一、八九年清政府兩度重修蘇花公路，還是被迫放棄。一九一四年太魯閣族原住民幾乎已被佐久間左馬太殺伐殆盡。直到一九一六年再重修，一九二七年才完工。蘇花公路最窄處僅三點五公尺，彎道最小半徑只有十五公尺，只能單線通車，到了一九八〇年（民國六十九年）蔣經國時期才逐步拓寬，一九九〇年才雙線行車。

一九一六年日本殖民政府動工興建桃園大圳，經過八年，到一九二四年竣工，灌溉面積幾乎包括桃園台地所有農田，水源取自大嵙崁溪（Takohan，現在的大漢溪）。

第七任台灣總督（1918-1919）明石元二郎任內興建「烏山頭水庫」及引水到下游的「嘉南大圳」。興建這座水庫的背景因素是：一九一八年第一次世界大戰期間，日本響應英法，以「反共」為由，於當年一月出兵西伯利亞，進行「西伯利亞干涉」，意圖推翻西伯利亞地區的共產黨政權。日本政府沒料到，戰備米不足，造成稻米囤積，引發米價暴漲。日本有三十八座城市爆發抗議米價的暴動，暴動規模超過兩百萬人。米暴動促使日本政府下令台灣總督明石元二郎設法增產台灣稻米，擴大供應日本的稻米需求。明石元二郎因而在清治時期埤圳水利灌溉系統的基礎上，興建現代化的嘉南大圳及烏山頭水庫，當時找八田與一參與設計。

嘉南大圳竣工後，烏山頭水庫因八田與一設計時估算錯誤，蓄水量不如預期。烏山頭水庫的水量太小，不足以供應嘉南大圳水路較大的需求，無法灌溉全部水路面積，計畫失敗。日本殖民政府和烏山頭水庫管理所所長八田與一，反過來強制農民全區域十五萬甲的土地，都要配合糖廠的需要，實施三年輪作，輪流分配供水。甘蔗種植本需三年輪作，不像稻米可以連續耕種，甚至一年兩作。嘉南大圳沒有供水的區域或供水不足的區域，也強迫繳納全額水費，引發農民怨聲載道。

八田與一靠日本警察的壓制力，強收水費，支應工程款和管理費用。水量不足的問題，直到一九三四年日月潭發電廠竣工，日月潭積聚足夠水量，經由嘉南大圳北端供水，問題才稍獲紓解。

另外，烏山頭水庫和嘉南大圳增加水田面積，增加稻米生產量，卻未能直接嘉惠台灣農民。因爲日本殖民政府控制稻米及肥料價格，使得因生產力增加而增加的利益中，有六成是用壓低稻米價格的方式，輸送回日本，廉價充實日本的稻米供給。四成以下的利益才留在台灣，其中又因佃農體制，大部分利益都流入皇民和地主手中。

八田與一推動烏山頭水庫及嘉南大圳時，強徵民地，強收水租，給當時的農民和地主帶來極大的痛苦。八田與一可說是爲日本殖民政府的農業收益而奉獻，並非爲台灣農民的利益而出力。但是，現在台灣卻有人歌頌八田與一，視其爲台灣水利之父，並爲其立像、建紀念館，定期前往膜拜，眞是價値錯亂，是非不分。

台灣旅日學者劉進慶曾指出：「殖民地統治的本質便是壓制與掠奪」。日本只是爲了發展其本身的資本主義而利用台灣，根本無意推動台灣經濟的資本主義化，當時台灣的社會經濟，只是一個典型的殖民地經濟，而不是什麼「近代化的資本主義經濟」。吳濁流早年就已經有了這樣的認識：「要榨取台灣，必先把台灣建設起來才行，所以他們首先對郵政、電信、航運、港灣、道路、鐵路等，從原已略有基礎的交通上，按部就班地進行建設。」「而在工業方面，則始終站在殖民地政策的立場，不願謀求全面的發展。例如沒有重工業，讓台灣的建設沒有基礎；沒有肥料工業，讓台灣的農業受限制；沒有紡織工業，讓台灣人穿衣服都要靠日本。總之，日本人在台灣的現代文明建設，是爲了他們本國的利益，而不是爲台灣人謀福利的。」他的看法比現在的台灣人要高明得多。

中國在現代化的道路上整整晚了日本三十年，相較於一八六八年的明治維新，中國在一八九八年才有戊戌變法之議，然後又經列強侵略、巨額賠款，內部又有革命、軍閥割據，國家民族多難，致使中國建設落後，但從清治末期，劉銘傳開始建設台灣的現代化來看，若說沒有日本殖民台灣，台灣就沒有現代化的可能，這種論述太牽強。交通、水利這些現代化成果是剝奪台灣人的資源所換來的，其目的也是爲了日本殖民者的利益。如果瞭解其中緣由脈絡後，還要歌頌日本在台灣的現代化成果，那可眞是犯了比心理學家所說，被害者同情或愛上加害者的「斯德哥爾摩症候群」還嚴重的「媚日」情結了。

參、壟斷香蕉和鳳梨

台灣的香蕉在一九二二年（大正十一年）突然風行日本市場，一九二六年出口值達一千三百六十萬日圓，耕作面積達一萬七千甲，成爲僅次於稻米和蔗糖的出口物品。香蕉原本沒有日本財團壟斷，日本殖民政府於一九二五年設立「台灣青果株式會社」，壟斷台灣香蕉的產銷利潤，控制七成以上的產量，壓低香蕉農的採收價格，製造出日本許多中間商暴發戶，日本殖民政府把香蕉視同甘蔗，成功的建立殖民剝削體制，迫使蕉農淪爲半農奴。

鳳梨罐頭是一九○二年由小財團岡村經營的事業，一九○七年由濱口接手，一九二六年出口一百七十六萬日圓，一九二七年增至三百十七萬日圓，種植面積約兩千三百甲，有台灣人經營的二十幾家小工廠代工鳳梨罐頭。日本殖民政府於一九二五年假借現代化爲由，對鳳梨農使用相同剝削手段，但直到一九三一年成立「台灣鳳梨會社」，才消滅台灣人的鳳梨工廠，建立殖民剝削體制。

談到台灣本土資本企業，殖民政府是毫不客氣進行無情的打壓。一九〇四年日俄戰爭後，歐美糖商大多退出台灣，歐美糖商中資本較大的洋行，只剩英商怡記洋行。除了台灣民眾小資本的六家老式糖廠外，日本財團開始挾著日本殖民政府的獎勵及保護，大舉擴充新式糖廠的資本投資，打壓台灣民眾的小糖廠。到一九一二年日本人的糖廠已達二十九座。

一九一二年二月第五任台灣總督佐久間左馬太下令台灣人不得開設有「會社」一詞的商號，台灣人要設立現代公司企業（株式會社），必須與日本人合資。這道命令使台灣人的資本累積，除了停留在傳統「商號」模式外，要籌組現代公司，就會受到日本人的制約，以至於資本額超過二十萬日圓的公司企業，到一九四一年時，日本人的企業占九成以上（91.1%），台灣人的企業僅占不到一成（8.3%）而已。

另外，財稅負擔方面，台灣於一九〇四年每人的平均財稅負擔（包括間接稅、特別稅和專賣收入）就高達四五五四日圓，比日本本土的三三四三日圓，法國的越南殖民地二一八日圓，也遠比清代中國高很多。

肆、社會風俗與教育

鴉片、留辮、纏足是日本殖民台灣要處理的三大台灣人陋習，除了鴉片外，後藤新平改革留辮和纏足，做得很成功。一九一四年（大正三年），台灣各地均成立風俗改良會，並加強學校教育與報章宣傳，鼓吹放足斷髮。翌年四月十五日，台灣總督府下令不得纏足，以保甲制度推動放足斷髮運動。在警察壓力下，保正、甲長挨家挨戶調查纏足留辮，限期放足斷髮。日本殖民政府推展這項活動，對台灣的社會結構現代化助益甚大。

在公共衛生和營養教育方面，後藤新平也奠定很好的基礎。至日據後期，天花、鼠疫、霍亂等傳染病防治已見成效。一九〇五年時台灣人的平均壽命，男性只有二十八歲，女性只有三十一歲。到一九四五年時，台灣男性平均壽命增至四十六歲，女性增至五十三歲。

日據初期，台人子弟主要接受傳統私塾教育，台灣總督府一方面成立公學校，招收台人就讀，希望將效忠天皇的愛國意識灌輸至台民腦中，使台民漸與日人同化。又下令逐漸關閉私塾。在台日本學童則進入六年制的小學校就讀。一八九五年樺山資紀任內設立「國語傳習所」，提供台灣人基礎教育的機會。一八九八年「國語傳習所」改制為「公學校」，一九四一年再改制爲「國民學校」，這是專爲台灣人設的學校。至於爲日本人設的學校，先於一八九五年設「國語傳習所小學分教場」，一八九八年改制爲「小學校」。

一九一九年，日本在台總督發布「台灣教育令」，規定台人子弟就讀「公學校」，但教材和師資與小學校有極大差別。僅有少數社會地位較高的台人子弟可進入日本兒童就讀的「小學校」，其學習內容與日本國內相同。

一九二二年，台灣總督府第二次發布「台灣教育令」，雖計畫讓台灣教育體系與日本相同，但政策實施初期，台人子弟日語程度與學習內容與日人不同，無法與之競爭。中等教育設施未能滿足台人升學之需求，造成激烈的入學競爭。在日台共學方面，一直到一九四一年，台灣實施皇民化，日台共學制度實施才較徹底。除了將小學校、公學校等更名爲相同的國民學校等，也在台灣實施與日本本土相同的教育方式與內容。

在形式上，原本爲日人所設立的各級教育必須全部開放與台籍學生競爭。不過，此制度仍有限制，例如：國民學校仍分爲甲乙科，甲科國民學校專供日籍；專科或大學故意刁難台籍入學者的情事仍相當普遍。一九二八年，日本在台灣設立台北帝國大學，設文政學部與理農學部，就讀者以日本人爲主，台、日學生數比例爲四比一，台人子弟多就讀於「台灣總督府台北醫學專門學校」，或其他工業、農林、商業等專門學校就讀。台灣的高等教育設施未能滿足台人升學之需求，在此情況下，教育管道受限的台籍學生多選擇留學日本或中國。

在師資教育方面，台灣總督府於一八九六年設立「國語學校」，下設「師範部」及「語學部」。「語學部」下設「國語科」和「土語科」，國語指日本語，土語指閩南語。這些都只收日本人。一九〇二年廢除土語科，並把「師範部」分成甲科專收日本人，培育「小學校」的日籍教師。乙科專收台灣人，培育「公學校」的台籍教師。一九一八年「國語學校」改名「台北師範學校」，一九二七年分割成「台北第一師範學校」，就是一九四五年（民國三十四年）後的「省立台北女子師範學校」；及「台北第二師範學校」，後爲「省立台北師範學校」。日本人稱呼台灣人爲「土人」，閩南語爲「土語」。後來改稱「土人」爲「本島人」。

原住民的基礎教育則自一九〇二年起於各部落的警察派出所設立「番童教育所」，由警察擔任教師。一九三六年改名爲「高砂童教育所」，比較像「安親班」。一九〇五年設「番人公學校」，比較接近現代小學。一九二二年廢除「番人」名稱，一致稱呼「公學校」，一九四一年也統一稱「國民學校」。

公學校教育是台灣現代化的起步，台灣居民吸收歐美現代化知識，基本是透過這套日式及日語的學校教育，包括守法守時的習慣、西式知識、醫療衛生。迄今仍有很多台灣人誤以爲沒有這套日式教育，台灣就沒機會接觸歐美的現代化文明。比較之下，英國人在香港或其他殖民地的現代化績效，有過之而無不及，日本人殖民並非特別顯眼。

第十章

台灣民間爭取政治權利階段

壹、台灣總督權限的調整

一八九六年（明治二十九年）三月三十一日，日本帝國國會公布第六十三號法律，稱之爲《六三法》（實施時間1896-1906）。該法律特別賦予台灣總督律令制訂權，在其管轄區域內得發布具有法律效力之命令（律令），而且臨時緊急命令可不經中央主管機關呈請天皇裁決而立即發布。依據《六三法》，台灣總督總攬行政、立法、司法、軍事權，對台灣事務有高度的決斷權。

由於台灣總督權限過大，在日本國會引起爭議，一九〇六年日本通過第三十一號法律，稱之爲《三一法》（實施時間1906-1921），爲《關於應該在台灣施行的法令之法律》，明訂台灣總督公布之律令不得牴觸日本國內或在台灣施行的法律，效期爲五年。表面上限制了台灣總督權限，但是台灣總督繼續享有相當大的行政裁量權。《三一法》表面上取代《六三法》，結果還是換湯不換藥，可說是同一套東西，且已經依《六三法》發布的總督命令，仍然有效，於是廢除《六三法》後來成爲台灣民衆抗爭日本殖民政府的重要訴求。

一九一二年明治去世，大正繼位，憲法學者美濃部達吉發表「天皇機關說」，主張「天皇主政，國會獨立」，所謂大正民主思潮蓬勃展開。以《六三法》、《三一法》殖民統治台灣的法理基礎，開始逐漸被質疑。大正年間（1912-1926），日本政府實施較符合現代民主體制的政策。台灣總督府在抗日活動漸趨平息下，也在台灣推動局限性，即鳥籠式的民主措施。

一九一八年一月八日美國總統威爾遜發表《十四點和平原則》，其中的第五條「平等對待殖民地人民」提出了「民族自決」此一概念，而在一戰後多數殖民地獲得獨立，更進一步推動民族自決、民主主義的潮流，影響全世界輿論。一九一九年三月一日朝鮮爆發「三一獨立運動」，五月四日北京爆發「五四運動」，台灣的知識分子亦備受鼓舞。

在此政治相對寬鬆的氣氛下，台灣本土知識分子開始推動政治改革和民眾啓蒙。一九一四年（大正三年）林獻堂（1881-1956）等人籌組「同化會」，主張日本政府應平等對待台灣人民。此後，隨著民主氣氛的升高，台灣出現許多自發性的政治性社團，例如一九一九年，留日台灣留學生林獻堂、蔡惠如（1881-1929）、林呈祿（1886-1968）、蔡培火（1889-1983）等，在東京組成「新民會」，希望啓發台灣民眾的自覺，推動政治改革。新民會首先訴求撤廢「六三法」。

一九一八年（大正七年），日本首相原敬基於國際上的民族自決風潮氣氛高漲，台灣社會也漸趨平靜，乃改以文官擔任台灣總督，並採取「內地延長主義」，將日本的法令制度效力延伸於台灣。一九一九年十月二十九日田健治郎成為第八任總督（1919-1923），也是第一任文官總督，這代表開始比較溫和的治台政策。

為反制民族自決的潮流，田健治郎任內的治台方針為「內地延長主義」，即是同化政策。標榜「內台融合」、「一視同仁」，欲讓台灣人如日本人一般效忠天皇。「內地延長主義」，等於是否定台灣的特殊性，乃至於台灣獨特的歷史、文化、思想、傳統。因此參與「六三法撤廢運動」的台灣留學生，如林獻堂、蔡培火、林呈祿等人，開始由原先的單純主張撤去《六三法》，轉變為要求憲政與民權，同時保持台灣的特殊性、變更《六三法》的內容及台灣自治，在一九二一年正式以「台灣議會設置請願運動」為名開始運作，希望在台設立民選議會，以立法權達到自治的目的。這些努力雖無實質成效，但成功促使台灣民眾的政治意識抬頭。

為落實「內地延長主義」，台灣總督府於一九二〇年開始進行地方制度的改革，創設州、市、街、莊等地方官選議會。一九二一年二月設置台灣總督府評議會。一九二二年一月，開始實施大正十年法第三號法律，即《法三號》（實施時間1922-1945）取代原有的《三一法》。《法三號》內容規定：「日本法律要適用於台灣，須以天皇命令為之。特殊情形得以總督命令爲之。」規定日本本土法律適用於台灣的原則，將台灣逐步轉化爲適用日本本土法律。限制台灣總督的律令制訂權只能作爲補充性質，但已經依《六三法》及《三一法》發布的總督命令，仍然有效。

一九二三年台灣總督府公布《治安警察法》，讓警察得以嚴密監控政治異議活動。換言之，日本殖民統治骨子裏並未眞正將日台視爲一體，台灣仍只是殖民地而已。

同年，一九二三年，還公布了台灣人官吏特別任用令、廢除台灣人入學限制與日本人共同上學（日台共學制度）、認可台灣人與日本人的婚姻（日台共婚法），強化日本對台的同化政策。雖然日本人與台灣人的通婚合法化，但因日本母國與殖民地台灣的戶籍體制不同，而使日本女性與台灣男性之間無法成立實際上的婚姻關係。雖然殖民政府鼓勵通婚，但在法律上無法結婚的情形卻是直到一九三二年才獲得解決。

貳、爭取政治權益的風起雲湧

一、政治團體的出現

在請願方面，林獻堂（1881-1956）領銜於一九二一年（大正十年）一月三十日率東京的台灣留學生連署，向日本帝國議會提交「台灣議會設置請願書」，展開長達十四年的「台灣議會設置請願運動」。

一九二一年，林獻堂、蔣渭水（1891-1931）等人組成「台灣文化協會」，以「助長台灣文化的發達爲目的」，支持台灣議會設置請願運動，透過現代知識菁英引進新思潮與近代文化，舉辦各種演講、討論會或音樂會與電影巡放活動，致力於文化啓蒙。此外，該會還發行會報，批判台灣總督府體制與不良施政。文化協會的活動經常涉及政治與社會改革議題，主要成員多爲議會設置請願運動的領袖。

林獻堂在一九二一年推動「台灣議會設置請願運動」和「台灣文化協會」，辜顯榮則於一九二四年組織「台灣公益會」與之抗衡，並召集「全島有力者大會」攻擊林獻堂等人，林獻堂則召集「全島無力者大會」反擊。這是一場反日與擁日的衝突，辜顯榮（1866-1937）和板橋林家的林熊徵（1888-1946）站在擁日的立場，霧峰林家的林獻堂則站在反日的立場。

要瞭解「台灣文化協會」的成立及其產生的影響，一定要從時代背景開始談起。一八九五年日本開始殖民台灣，至一九一五年的二十年間，台灣人從事的是武裝抗日，此起彼落，幾乎從不間斷。一九一五年，發生了西來庵事件，這是最後一起武裝抗日，日本鎮壓後，屠村逾三千人，逮捕近兩千（1,957）人，八百多（866）人被判處死刑。這之後，台灣的有識之士深刻瞭解到台、日間武裝力量差距太大，以流血方式抗日，付出的代價太大，成功的希望又太小，便開始思索下一階段爭取權利的方式。

另一方面，日本殖民統治趨於穩固之後，接受日本新式教育的台灣青年亦逐漸成爲社會中堅。許多台灣本土菁英囿於在台進修管道有限，多轉往日本留學，其中以習醫者最多，修習法律、經濟者爲次。這些本土菁英多出身地主或富商階層，接受新式教育，較前輩更能接受西方思潮，學成之後，成爲具有社會聲望的專業人士。他們與草莽的革命運動者不同，試著用適當的方式來爭取台灣民衆的權利。

一九二一年三月二十一日林獻堂向日本帝國議會遞交請願書，要求設置「台灣議會」，被日本帝國議會拒絕。消息傳回台灣卻反應熱烈，蔣渭水（1890-1931）召集大批群眾盛大歡迎林獻堂請願歸台。這給日本總督田健治郎帶來不小壓力，於是自一九二二年八月開始鎮壓請願人士。

家族事業豐厚，但與日本銀行往來的林獻堂備受壓力，不得已淡出請願運動。一九二三年十二月十六日日本總督府以請願運動者在東京登記「台灣議會期成同盟會」，違反《台灣治安警察法》爲由，大肆逮捕蔣渭水、蔡培火（1889-1983）、林呈祿（1886-1968）、石煥長（1891-?）、林幼春（1880-1939）、陳逢源（1893-1982）等人，史稱「治警事件」。但日本輿論和法律界人士反而同情請願運動，使原本淡出的林獻堂決心復出領導請願運動。

在政治立場與工作方向上，「台灣文化協會」內部除了林獻堂、蔡培火屬於非政治性的右派，仍主張以文化啓蒙活動爲主軸外，連溫卿（1894-1957）、王敏川（1889-1942）傾向日本共產黨，翁澤生（1903-1939）、蔡孝乾（1908-1982）傾向中國共產黨，蔣渭水傾向中國國民黨左派。共產黨及左派主張「台灣文化協會」應成爲支援工農運動的政治性團體，與中間派及右派的路線水火不容，激辯與衝突不斷。

一九二七年（昭和二年）一月三日「台灣文化協會」在台中公會堂召開臨時大會，左右對決，左派勝出。蔣渭水此時思想已左傾，但因爲與連溫卿仍有一些意見上的分歧，遂與林獻堂等右派人馬一起退出文協，另組「台灣民衆黨」，這次分裂注定「台灣文化協會」衰落瓦解的命運。

「台灣文化協會」在右派退出後，更積極介入農會及工會運動，演講會規模愈辦愈大，言論愈加激烈。除此之外，新文協以發展工農群衆運動爲目標，更積極介入政治社會運動，支援「台灣農民組合」的抗爭，並發展工人運動。一九二七年三月，連溫卿協助成立「台北機械工會」，開啓了一波台灣工人運動，更遭致日本總督府強力打壓，抓捕許多幹部，迫使中國共產黨背景的翁澤生、蔡孝乾等人走避上海，「台灣文化協會」會員大量流失。後來連溫卿、王敏川分裂，王敏川取代連溫卿領導「台灣文化協會」，連溫卿反而在一九二九年十一月被開除會籍，此時的「台灣文化協會」已成台灣共產黨的外圍組織，可說名存實亡。

一九二七年在左派掌權文協後，林獻堂、蔣渭水、蔡培火等人相繼辭去協會職務。三人於同年另組「台灣民衆黨」，這是台灣史上第一個合法政黨。日本殖民當局不准蔣渭水擔當黨魁，但實質上還是蔣渭水在領導。台灣民衆黨常以政黨立場提出政治改革訴求，反對公地放領給日本財團，反對放任吸食鴉片的政策，反對日本首相田中義一內閣的對外侵略政策，強烈譴責日本殖民者處理霧社事件的殘暴手法。其後，思想偏左的蔣渭水主張勞工、農民運動社會主義路線，而與主張體制內爭取自治的黨員發生歧見，使蔡培火認定蔣渭水爲第二個連溫卿，於是雙方又開始分裂。最後林獻堂、蔡培火等創黨元老再度出走。一九三〇年代，隨著日本國內軍國主義高漲，一九三一年（昭和六年）二月十八日，台灣總督府以民眾黨反對日本統治、阻礙台日融合爲由，予以解散。

一九二八年四月十五日，台灣青年在上海成立「日本共產黨台灣民族支部」（簡稱台灣共產黨）。目標是推翻日本殖民統治，成立台灣共和國；政黨運作則遵從日本共產黨的指揮。「台灣共產黨」是最早主張台灣獨立及建立台灣共和國的政黨。

由於共產黨在日本屬非法組織，台灣共產黨建黨之初，便遭日警查獲。領導人之一謝雪紅（1901-1970）在上海被捕後遣送台灣。謝雪紅獲釋後，與林日高（1904-1955）等人重建黨中央，與當時左傾的「台灣文化協會」結合並取得主導權，另亦與「台灣農民組合」等團體結合，主導農工運動。

一九三〇年，林獻堂、蔡培火等地方仕紳倡議成立以推動台灣地方自治爲目標的政治團體，並邀楊肇嘉（1892-1976）擔任主要負責人，八月十七日在台中成立「台灣地方自治聯盟」。

二、政治團體的消亡

一九三一年二月十八日台灣總督府將台灣民衆黨（1927-1931）解散。六月二十六日，台灣總督府發動大規模搜捕共產黨員的行動，領導幹部與許多社會運動領袖多受牽連而入獄，成立三年多的台灣共產黨（1928-1931）於是瓦解，「台灣農民組合」等組織也遭查禁。「台灣文化協會」（1927-1931）重要幹部此時也多被逮捕，組織瓦解。八月五日蔣渭水病逝，請願運動大受打擊。

在日本打壓台灣請願運動或新生政治運動力量時，唯獨「台灣地方自治聯盟」還能正常運作。台灣地方自治聯盟鼓吹民選州、市街莊協議會的會員，提高協議會的議決權限，以便落實地方自治。一九三二年一月二十六日向台灣總督石塚英藏提出《台灣自治改革建議書》，要求言論、出版、集會自由。林獻堂的政治主張，從廢除《六三法》，設置台灣議會，成立台灣文化協會，組織台灣民衆黨，到籌設「台灣地方自治聯盟」，從一九一八至一九三〇年，長達十二年的時間奮戰不懈，精神可佩。

一九三一年九月十八日，日本關東軍發動瀋陽事變，侵略中國東北滿洲地區，日本軍國主義興起，法西斯主義取代大正民主思潮。日本殖民政府打壓請願運動的力道增強，請願運動陷入低潮，也大舉鎭壓台灣的政治、社會團體。一九三四年二月六日提出第十五次請願後，林獻堂遭第十六任台灣總督（1932-1936）中川健藏壓迫，於九月二日決議停止請願運動。

雖然殖民政府容許台灣人爭取有限制的政治權利，但是當時的日本人對於台灣人民爭取政治權利是反感的。一九三三年九月日本人在台中成立「台灣改進黨」，主張日本人地位要高於台灣人，反對日本殖民政府平權對待台灣人。該黨認爲：「大和民族與台灣土著民族的評價，大概來說，儘管兩者都是帝國臣民……將有如此差異的兩民族平等處置，可說是對大和民族的極度侮辱。一視同仁的聖旨，絕對沒有應平等地處置具有如此差異之兩民族的意思。」該黨強調：「警察官吏、學校教員，絕對禁止採用台灣人。國有地也只賣渡給日本人，日本人僅指大和民族，不包括土著民族。」在這些人看來，中國漢族在日本人眼中只是次等的「台灣土著民族」。

日本殖民政府爲了應付台灣人爭取政治權利的要求，於一九三五年十一月二十二日辦理相當於「市議會」的「市會」的「議員」半數名額，交付選舉。把「街莊協議會」的「會員」半數名額，也交付選舉，另外半數依舊維持官派，選出來的「市議員」或「協議會員」仍是諮詢性質，而且地方首長也是官派的日本人，所以談不上「地方自治」。可笑的是，日本殖民政府規定只有年繳五日圓以上稅金的男性才能投票，台灣人有四百多萬人，約僅有兩萬八千人有投票權。相對的，在台灣有戶籍的日本人不到八十萬人，卻有四萬多人有投票權。這就是殖民地式的「民主」。

當年的台灣人士紛紛加以抨擊，揭露其假自治的實質。可是，現在有人卻把這種選舉吹捧爲「台人初嚐自治之味」，從此「台灣成爲重視法治秩序的公民社會」，「日本高效率的殖民統治，讓台灣第一次有了現代法律上的人格觀念」等等。

這樣的「議會」，由行政機關首長兼任「議會」的議長；各級「議會」不能罷免同級的行政首長，而台灣總督可以命令各級議會立即解散。從事地方自治運動的楊肇嘉（1892-1976）說：「我不滿意街莊仍爲諮詢機關以及各級民意代表的半數官派，這根本失去了地方自治的意義。」黃昭堂也認爲：「將其視爲地方自治的話，是沒有什麼實質意義的。」日本人古野直在其《台灣近代化秘史》一書中也把這種制度稱爲「有名無實的地方自治」，並且說：「五十年的台灣統治，本質上脫離不出殖民地支配的框架，所謂一視同仁，只不過是一個空洞的口號罷了。」

自治聯盟仍派員參加一九三五年第一屆市會及街莊協議會會員選舉，成績不錯。之後日本軍國主義抬頭，台灣民衆黨、新文協、台共等組織人員紛紛遭到搜捕。一九三六年三月發生「祖國事件」。「祖國事件」即林獻堂訪問大陸，因在上海歡迎會上致謝辭時曾稱中國為祖國，回台後在台中被日本「愛國政治同盟會」的日本浪人掌摑羞辱，爾後加上媒體的渲染，造成林獻堂在台灣備受歧視，主動辭去所有政治職務，避居日本東京。此事件被認為是由日本軍方刻意唆使的事件。一九三六年八月十五日楊肇嘉宣布解散「台灣地方自治聯盟」，請願運動也徹底結束。

日本殖民政府發現舉行選舉後，台灣人相對順服很多，於是依樣畫葫蘆，在一九三六年十一月十二日舉行「州議員」選舉，一九三九年十一月再舉行第二屆「市、街莊」的「議員」選舉。

在社會運動方面，發生著名的「二二二農民抗爭事件」。這個事件的背景是農民受到殖民政府欺壓剝削所致。

日本殖民台灣時有「米糖相剋論」，其論點就是先壓低甘蔗收購價，才能壓低米價。其理由在於：糖廠向蔗農收購甘蔗的價格應壓低，若太高，稻農會棄種稻米，改種甘蔗，會使稻米產量減少，造成米價攀高，而使得人民生活困難，易使社會騷動不安。這個論調和政策卻造成糖廠與蔗農衝突不斷，消費市場糖價高漲，糖廠獲利豐厚，但甘蔗收購價偏低，蔗農屢屢不滿，雙方衝突難解。糖廠的厚利再被日本殖民政府經由徵稅和貪污納入日本統治階級的口袋，形成殖民剝削系統。

「台灣文化協會」幹部李應章醫師（1897-1954）於一九二五年六月領導「二林蔗農組合」，要求改革甘蔗買賣制度，展開抗爭。十月二十一日日本警察護衛「林本源會社」要強行採收甘蔗，與「二林蔗農組合」召集的蔗農及會員爆發肢體衝突。該日在場參與肢體衝突的不過十多人，圍觀群衆卻有兩百人。十月二十三日，日本警察展開大規模搜捕李應章等人，逮捕四百多人，趁機鎮壓農民，並且施行酷刑拷打，有人受不住酷刑而咬舌自殺，有人被打成殘廢。受到這起「二林蔗農事件」的刺激，高雄鳳山、台南麻豆等地的農民紛紛組織抗爭行動，一九二五年合計發生十二起蔗農抗爭事件，參與抗爭人數達五千多人。李應章爲逃避日本警察追捕，逃往廈門，就留在中國大陸，並改名李偉光。

一九二六年九月簡吉（1903-1951）以「鳳山農民組合」爲基礎，與楊逵（1905-1985）、趙港（1902-1935）、黃信國（1886-1935）等人聯合台中、雲林、嘉義、台南等地的農民團體，在鳳山成立「台灣農民組合」，並在全島成立二十七個支部，會員曾達兩萬多人。一九二七年二月十三日簡吉和趙港赴日本帝國議會請願，沒有結果，卻接觸到日本勞動農民黨，思想轉向階級鬥爭，同年十二月四日台灣農民組合召開全島大會，決議唯一支持日本勞動農民黨，進行無產階級鬥爭，並爲政治鬥爭設立「特別活動隊」，依據馬克思主義推動「勞農結合」。次年，一九二八年台灣共產黨成立，「台灣農民組合」更決議支持台灣共產黨，簡吉、趙港等人更率先加入台灣共產黨。

這兩年間，簡吉等人發起多次抗爭，例如苗栗台灣拓殖製茶會社的土地抗爭、彰化新高製糖會社的土地抗爭、南投山本農場的抗爭等。這些抗爭引來日本政府更殘酷的鎮壓，一九二八年十二月三十日台灣農民組合被強制解散，一九二九年二月十二日簡吉等領導幹部五十九人被捕，全台三百多處農民組合的據點遭突擊破壞，史稱「二一二事件」。簡吉後來在一九四七年（民國三十六年）二二八事件時加入中國共產黨，一九五四年被槍決。

參、文化發展

一、傳統詩社的存續

日本殖民統治初期，傳統中華文化仍是文學主流。因為日本也有寫詩傳統，並未禁止台灣詩社的活動，揚文會中，日本殖民長官還能與台灣詩人唱和。為了籠絡仕紳或地方菁英，台灣總督府亦獎勵台人廣結詩社，因此日據時期台灣的詩社林立，以台中「櫟社」、台北「瀛社」及台南「南社」最著名。這些詩社成員經常吟詩作句，每逢元宵、端午也集社作詩，保存傳統文化。其中「櫟社」的主要成員有林獻堂、連橫（1878-1936）、蔡惠如（1881-1929）等具有民族意識的知識分子，在台灣文學史上有重要貢獻。

二、思想傳播

一九二〇年（大正九年），台灣留學東京的學生創辦了兼採漢、日文的《台灣青年》，鼓吹反殖民運動，並喚醒台灣民眾的民族意識，建立新思想文化的社會。《台灣青年》包含政治、經濟、社會與文化議題，可謂第一份社會運動的刊物。《台灣青年》後來演變為《台灣民報》、《台灣新民報》等刊物，不但是台灣社會改革者的發聲平台，也是台灣新文學運動的重鎮。一九二〇年代，受到大陸五四新文化運動的影響，台灣新文學逐漸興起。《台灣民報》等新式報刊也提供新文學的創作與發表園地。

張我軍（1902-1955）這位五四青年，主張用台灣話作文，描寫本土事物。一九三〇年代初期，鄉土文學成為新文學的風潮，描述常民生活的寫實主義成為台灣文學的重點。有「台灣新文學之父」之稱的賴和（1894-1943），其風格寫實，反映殖民社會底層的現實問題，充滿社會關懷。代表作一桿「稱仔」即以小老百姓和警察的衝突，批判日本的殖民體制。賴和亦推薦楊逵（1905-1985）的作品在《台灣新民報》發表。楊逵多以日文寫作，關懷台灣社會情境，也是富有社會改革思想的代表性作家。

日本官方爲統治台灣的需要，延攬許多學者專家在台進行各種社會與科學的調查，留下豐富資料，例如《台灣文化志》、《台灣番政志》等均爲重要文化資源。

台灣本土士人連橫，則是站在台灣人的立場，秉持「汝爲台灣人，不可不知台灣事」的理念，以十年時光撰寫《台灣通史》。《台灣通史》以中國傳統史學的紀傳體寫成，將台灣作爲撰述主體，而不是日本帝國的地方志，一定程度表達台灣不同於日本的主體意識，以及台灣文化與中華文化母體的連結。

三、藝術方面

日據時期，當局透過公學校的音樂教育推廣西式音樂，各地師範學校亦成爲台灣音樂家的搖籃。著名的留日音樂家有江文也（1910-1983）、高慈美（1914-2004）及呂泉生（1916-2008）等人。也有受新式教育的音樂工作者致力於採集口耳相傳的傳統歌謠，並賦予新的生命，例如呂泉生採編〈丟丟銅仔〉、〈一隻鳥仔哮啾啾〉而保留了古早調。

台灣流行音樂的發展與電影有密切關係。日據中期以後，日本、歐美電影開始流行。上海電影〈桃花泣血記〉的同名主題曲是台灣的流行歌曲。

一九三〇年代，台語流行歌曲也透過電影、廣播、留聲機等管道，風靡全台，例如鄧雨賢（1906-1944）創作的〈望春風〉、〈雨夜花〉、〈月夜愁〉三首閩南語歌曲經典傳世。這三首歌曲在一九四〇年被日本殖民政府強迫改為日語歌曲〈大地在召喚〉、〈名譽的軍伕〉、〈軍伕之妻〉，用來鼓動台灣人替日本軍隊當軍伕，以及鼓勵日本民衆前往滿洲國開墾的愛國宣傳曲。鄧雨賢內心極爲氣憤，離開台北，赴新竹芎林國小任教，一九四二年被迫改成日本姓名「東田曉雨」，以確保可以發表作品。一九四四年抑鬱以終，年僅三十八歲。本籍是客家人的鄧雨賢，卻爲閩南語歌曲開創出近百首偉大作品，是日本殖民時期台灣最有代表性的作曲家。

日據時期在台灣播放的電影主要來自日本，不但是重要休閒活動，也是官方作爲政令宣導的媒介。傳統戲劇主要仍在酬神慶典場合，以野台表演方式呈現。此外，日據時期還有部分知識分子從國外引入新式話劇，以表現當代人的社會生活爲主要內容。

台灣美術教育及人才培育，是透過師範體系養成。最具代表性的美術先驅有雕塑家黃土水（1895-1930），他的作品〈山地牧童〉曾入選日本帝國美術展覽會，是首位入選的台籍藝術家，一九三〇年的〈水牛群像〉更是其最後的代表作。

第十二章 侵略戰爭階段

一九三六年（昭和十一年）二月二十六日日本東京爆發軍人政變，日本陸軍主張侵略蘇聯「皇道派」失敗，主張侵略中國的「統制派」獲勝，稱「二二六事件」。廣田弘毅組閣，公然宣示完全聽命於日本軍事部門，日本軍人的法西斯專政自此確立，軍隊從此控制內閣，日本徹底轉向法西斯主義，著手侵略中國。「二二六事件」象徵日本全面走向軍國主義和法西斯主義侵略道路的開端，也象徵「大正民主運動」和「台灣議會設置運動」的覆滅。隔年一九三七年七月七日發動盧溝橋事變，全面入侵中國。

一九三六年九月小林躋造接任第十七任台灣總督（1936-1940），上任即成立「台灣拓殖會社」協助日本人移民台灣及東南亞，並確定將台灣「皇民化、工業化、南進基地化」等統治三大工作。

壹、皇民化運動

小林躋造就任台灣總督時，盧溝橋事變雖尚未發生，但日本擴大侵略中國的態勢日趨明顯。小林躋造遂把「同化政策」改為「皇民化」，將「皇民化」列為台灣的統治政策，開啓台灣的皇民化時期。皇民化政策包括：強制推行日語，消滅中國語言，包括閩南話和客家話，廢除中文報紙，廢除中國寺廟神像，廢除中國傳統的祖先祭祀，廢除中國傳統節慶習俗，強制台灣人參拜日本神社。

皇民化的目的是要讓當時五百萬中國人後裔當「皇民」，意即效忠日本天皇的「準日本人」。嚴格禁止學校、報紙使用中文，強迫使用日語，負責推動皇民化政策的田宮良策說：「不會講日語者不許搭乘巴士。」

台灣目前還有人嘲諷，民國政府在台灣推動「國語運動」與日本殖民時期強迫使用日語是同一性質。日本殖民政府的作爲，是皇對民、主對屬、上對下、強迫式、懲罰式的思維邏輯，其目的是要徹底改變台灣人民的民族與文化認同，與民國政府的動機與做法完全不同。

台灣目前還有政治人物和學者說，日本殖民台灣期間，台灣屬於日本，因此台灣人也是日本人，這更是大錯特錯的觀點。日本的皇民化運動正好可以凸顯在日據時期，台灣人不是日本人的法律事實。如同香港在英國殖民時期，香港人並不是英國人，無英國公民權，只是英國殖民地的「屬民」（subject），不是英國「公民」（citizen）。同樣的，台灣在日本殖民時期，台灣人也不是日本人，只是日本殖民地的「屬民」。日本人用「島人」的法律身分標示中國人後裔，用「番人」標示台灣原住民，日本人的法律身分則是「和人」。

皇民化運動則給予台灣人一個「準日本人」的身分叫「皇民」，但皇民仍沒有完整的日本公民權。皇民的登記要件包括：全家改日本姓名，改講日語，改穿和服，改拜日本神祇，改祭歷代日本天皇爲祖宗。有部分台灣的地主仕紳及知識分子登記成爲皇民，但中國民族意識濃厚的台灣人始終拒當皇民，林獻堂就是其中之一。皇民化運動的推行，也使台灣人捲入日本的侵略戰爭，成爲侵略共犯。

一、第一階段：去中國化

皇民化運動有兩個階段，第一階段是一九三六年（昭和十一年）至一九四〇年小林躋造總督的「國民精神總動員時期」。日本殖民政府透過宣傳活動，馴化台灣「島人」與「番人」（爲方便行文，以下兩者通稱爲台灣人）接受日本的臣民思想，特別針對台灣人進行「去中國化」的洗腦工作。自一九三七年一月起，台灣人讀的「公學校」全面停授中文，取消學校中文課，三月起全台報紙停止刊出中文報導。日本殖民政府自一八九九年開始推行日語教育，設立兩千八百多個「國語傳習所」，推動一般民眾學習日語。一九四一年後禁止在公共場所講閩南語、客家語、原住民語。

一九四〇年二月十一日，殖民政府假借紀念「皇紀二六〇〇年」，推動「國語運動」，設立講日語的「國語常用家庭」認定制度，只要獲得「認定書」，可以增加主食米糧的配給，子女升學進小學中學，任用爲公務員的就業升遷，做生意取得各種營業許可，可獲得比其他台灣人更優厚的待遇。

一九四二年有超過一萬戶的台灣人家庭獲得「國語家庭認定書」，人口數約占總人口的百分之一點三。取得「國語家庭認定書」者可以參加「改姓名運動」，獲得「許可」就能改爲日本式姓名。一九三七年粗通日語的人口有近四成（37.4%），一九四〇年有五成（51%），一九四三年即有八成了，顯示日本殖民政府的語言教育甚爲成功。

「改名換姓」，就是要放棄中文姓氏，改取日本姓氏。但不准取用日本貴族姓氏，如東鄉、東條、近衛、一條、三條，日本人認爲台灣人改取日本貴族的姓氏是褻瀆行爲。按規定「林」姓只能改爲「小林」、「若林」，「呂」改爲「宮下」，陳改爲「潁川」等。另外，也強迫台灣人的公務員必須改日本姓，換日本名，這成爲擔任日本殖民政府公務員的必要條件。有些公務員表面上是自動自發，但也有被迫成爲「皇民」者，要帶頭支持日本侵略中國和東南亞。

日本殖民政府強制把台灣歌謠改爲日本歌曲，台灣的布袋戲、歌仔戲強制改爲日本故事及忠君愛國調；接著禁止講閩南話、客家話，尤其在公共場所或公家機關學校。此外，不論是否成爲「皇民」，日本殖民政府以「獎勵神道」爲名，在台灣各地營造日本神社，強迫台灣人祭拜日本神鬼、參拜神社、遙拜皇宮。

一九三五年四月二十一日發生地震，台中清水、后里災情最為嚴重。苗栗有位十二歲少年詹德坤因地震受重傷，去世前堅持要唱完日本國歌〈君之代〉，在隔年小林躋造搞皇民化時，被推崇為「國歌少年」，編入教科書四處宣揚。由此可見，日本人統治台灣的皇民化效果，當時已開始在台灣年輕新生代身上顯現出來。

一九四二年十月二十八、九兩日台灣神社舉行大祭，參拜的台灣人達十五萬人。日本殖民政府推行「正廳改善」運動，家庭正廳神桌改為日本神桌，廢棄傳統的媽祖神像、佛像及佛法對聯，而改供奉日本天皇的照片，稱「御眞影」，掛「日章旗」（日本國旗），眉聯懸掛日本海軍圖和陸軍圖，上下聯掛「天壤無窮，億兆一心」之類的口號；或供奉日本天皇的家神，即伊勢神宮奉祀的天照大神。天照大神的「神符」稱「神宮大麻」。日本殖民政府強推「大麻奉祀」，要求台灣人把「神宮大麻」奉祀在家中的正廳，祖先牌位和佛道神像改擺旁邊。一九四一年發出約七十四萬（739,378）尊「大麻」，占台灣總戶數約一百萬餘（1,075,498）戶的約七成五。但台灣人即使領到「神宮大麻」，除了皇民外，也少有人祭拜「神宮大麻」。

摧毀台灣舊有廟宇也是日本人推動皇民化的重點工作，藉著「寺廟整理」之名，整頓民間宗教，鎮壓道教廟宇，限制參拜，拆毀廟宇建築。廢止中國寺廟神祇，或改為日本化儀式及神祇，台灣的寺廟因而減少三分之一。一九三六年時台灣有三千多（3,403）座廟宇，到一九四二年只剩兩千多（2,327）座，被日本人摧毀一千多（1,076）座，約達三成。神祇牌被燒燬一萬多件。台南的皇民化最成功，有六成廟宇被毀棄。除了有歷史價值和對社會民心影響較大者，其餘廟宇一律拆毀，廟宇土地清算出售，所得資金作為推廣日語和推動皇民化的經費。一九三八年起，道教神像被迫按地區集中焚燬。台灣人為保護這些從中國大陸帶來的神像，四處躲避日本警察的搜索。有人甚至把神像藏在棉被裏，有人藏在廚房裏。不服從者至少羈押一個月。

道教廟宇的建材被拆除去蓋日本神社，台灣人被動員做義務勞動去蓋日本神社。傳統廟宇前面通常會形成庶民市集和商店街，提供附近農村商業交易的集市功能；廟宇的節慶活動和日常儀軌也提供鄉民生活娛樂的社會心理調節功能。中國傳統廟宇被摧毀產生嚴重的經濟後果，使市集和商店街衰落，鄉民生活退化，農村經濟下滑，農民生活困頓。台南佳里街的金唐殿、將軍庄的金興宮、北門的代天府、六甲庄的龍湖巖遭到破壞後，廟前的市集立刻陷入沉寂，夜間燈火也消失了。

日本殖民政府禁止具有中國民族意識的信仰，劉銘傳蓋的台北大天后宮，被強迫改建為總督府醫學校校舍及宿舍，後來更拆除改建做「兒玉總督、後藤民政長官治績資料紀念館」，就是現今台北市二二八公園內的「台灣博物館」。台南的大天后宮被改造為日本神道教的布教所，彰化鹿港的龍山寺被強制廢除，直接改成日本神道教寺廟。若不是日本無條件投降，包括媽祖在內的台灣人信仰，及對祖先的祭拜，都會遭到禁止，先民的寺廟也難逃被拆除或是改建成日式寺廟的命運，這是台灣宗教文化的浩劫。

一九四一年十二月七日（美國時間）珍珠港事變後，日本人為利用台灣人當侵略共犯，才讓步而停止摧毀。被日本人直接搗毀的廟宇有三六一座被，另外八一九座被改為日本佛教或神社。中國移民敬拜的神明，被迫燒燬，很多是從中國大陸移靈台灣，有民族傳承的意義，而不僅是宗教涵義，所以很多台灣人把神明藏起來，直到一九四五年日本人無條件投降後，才讓神明現身。

二、第二階段：日本臣民化

皇民化運動第二階段為第十八任台灣總督（1940-1944）長谷川清的「皇民奉公運動時期」。「奉公」一詞在日本歷史上指涉幕府將軍對轄下武士（御家人）的職務要求。取名「台灣皇民奉公會」，其意就是要台灣人「實踐臣道」，為天皇效忠。同樣的活動，在朝鮮稱爲「國民總力連盟」。在「南樺太」即南庫頁島，稱爲「國民奉公會」。在「關東州」即山海關以東，遼東半島南部，包括旅順、大連，稱爲「興亞奉公連盟」。只有台灣是用「皇民」的概念，以配合小林躋造的「皇民化運動」。

日本殖民政府成立各種皇民奉公會，要台灣人用實際行動效忠日本天皇和日本政府，鼓動或強迫台灣人出錢出力參加日本人的侵略戰爭，於是中國大陸和東南亞戰場上開始出現「台籍日本兵」，但當時的台灣人在日本法律上仍然不是日本人。

日本人很成功的馴化台灣人去崇拜以武士道爲背景的「日本精神」，認爲爲日本天皇而死是一種生命哲學，把日本最無能的武將乃木希典當作「軍神」膜拜。一九四二年台灣人莊萬生大拍馬屁，替皇民奉公會撰寫「皇民奉公經」，倡導大政翼贊、臣道實踐，誦讀經文前還要先洗手，經文更要置放在「奉公神棚」上。皇民化運動在原住民部落則推動「部落振興會」。

日本殖民政府的皇民化運動，隨著第二次世界大戰的發展，更加積極推動。到一九四三年底，改姓更名以日本姓名登記成爲「皇民」的台灣人家庭戶數有一萬七千多（17,526）戶，人數有十二萬餘（126,211）人，占當時台灣總人口六五九萬人的百分之二。比例雖然不高，但這些皇民家族是當時台灣人社會的中上層階級，後來成爲台灣社會親日分子的核心，包括李登輝、蔡英文的家族，到了第二次世界大戰後都不自覺地自認爲自己或父祖輩是「日本人」，其實整個日本殖民台灣時期，台灣人只是殖民地屬民，都不具備日本人的公民身分。

「台灣皇民奉公會」鼓吹「捐獻運動」，爲造槍砲、船艦、飛機，現金、金銀、寶石，無所不捐。從一九三七至一九四一年，台灣的捐獻金額達一八四萬餘日圓，僅次於東京、大阪，排名第三，占日本帝國總捐獻金額的百分之四。台灣人熱烈支持日本侵略中國，連日本人都大感詫異。

「台灣皇民奉公會」配合日本殖民政府，搞愛國儲蓄運動，定期存款、存單、國債、愛國債券、事變公債，無奇不有。一九四一年收兩億一千萬日圓，一九四二年收三億兩千萬日圓，一九四三年收四億八千五百萬日圓，一九四四年收五億八千五百萬日圓。一九四五年金額不詳，但戰敗無條件投降，相信日本侵略戰爭會獲勝的台灣人，完全血本無歸。一九八八年（民國七十七年）後有些台灣人組織團體要向台灣銀行索賠這些變相資助日本戰費的款項。

從一九三六到一九四四年，台灣居民每人每年賦稅負擔（僅含直接稅，不包括間接稅、特別稅及專賣收入）從約十六（15.86）日圓增加到一五六日圓，整整十倍。日本殖民政府在一九三五年還對台灣人開徵「九一八事變臨時所得稅」，一九三八年開徵「支那事變特別稅」，一九四三年開徵「台灣大東亞戰爭特別稅」。

日本殖民政府為支應侵略中國和東南亞的戰爭經費，由日本警察及皇民奉公會成員出面，從一九三八年開始在台灣推動強制性的「國民儲蓄運動」。組織各種「儲蓄組合」，依課稅額強制分攤「儲蓄額」，用「儲蓄」名義強徵戰爭稅。從一九三八到一九四四年，強徵「儲蓄」總額達二十億五千六百萬日圓，當時的一美元等於兩日元。這些「儲蓄」有十一億三千萬日圓用於購買日本政府的「戰爭國債」，其餘貸款給「軍需工業」，等於全數投入作為戰爭經費。

皇民化去中國化的強制做法，使得台灣的知識分子從此不能使用中文思考，台灣的中國民族意識在上階層台灣人身上幾乎被消滅，反而被下階層台灣人保留下來。地主官僚階級的台灣人被日本化、皇民化得很迅速，工農階級的台灣人卻依賴傳統中國寺廟，強力的保留中華民族文化。皇民化最終的成果是在台灣各地設立軍訓所，集合台灣青年人，根據皇民化要求，灌輸日本精神，編入日本軍隊，送上東南亞戰場。但是即使如此，台北市代理市長田宮良策仍認為「把可能成為敵人的人派去有問題」。不過，事後證明，田宮良策是錯的，台灣人對於為日本人作戰的態度非常積極。

推動「志願兵」制度是檢視皇民化成果的重要指標，不少台灣人願意為日本天皇赴死，願意泯滅良心當日本人的侵略共犯。李登欽和李登輝兄弟都獲准擔當台籍日本兵。共有五千五百人參加日本陸軍志願兵，一萬一千人加入日本海軍志願兵。皇民化運動成功降低台灣人對中國傳統及民族文化的認同，尤其是當時的年輕人。

縱使如此激烈推動皇民化，日本殖民政府要爭取台灣人當「假日本人」，台灣人的社會地位仍然被日本殖民政府壓抑。台灣當時有二六四個鄉鎮，出任鄉鎮長的台灣人只有三人，其餘皆是日本人或琉球人。一〇九九個小學裏面，出任校長的台灣人只有六人。

貳、工業化與基地化

工業化政策包括：積極開發發電設施，擴大公營事業，管制米糖等大衆物資的買賣，配給民生物資。

在一九三〇年代以前，日本人實施殖民地統制政策，不在台灣發展重工業，只推動農產加工業，例如製糖業就占全部製造業產值的百分之四十五，再加上酒精、肥料等關聯性工業，製造業幾乎全是農產加工業和輕工業，沒有重工業。相較之下，日本人在滿洲、朝鮮卻大力發展重工業。

一九三一年九一八事變，日本軍事占領中國東北，成立溥儀的「滿洲國」；一九三七年日本在盧溝橋發動七七事變，全面侵略中國。日本政府為避免重工廠在戰爭時期過度集中，從一九三四年開始規劃分散產能到台灣，加上日月潭發電廠於一八三四年完工，是日本殖民政府在台灣推動工業化的里程碑，使得水泥、金屬等工業的可用供電量增加。為因應日本侵略中國，小林躋造援引日本國內的「臨時資金調整法」，把金融機構的貸款優先撥給軍需工業，先在高雄、台北設立製鐵工廠，後來陸續設立金屬、機械、化學工廠，並擴充紡織、窯業、木材、印刷工廠。

日本人把老舊工業設備運到台灣，產品多是半製品或粗製品，精製品仍留在日本製造。農業也配合種植棉花、黃麻、苧麻、甘薯。礦業則擴充生產煤炭、人造石油。一九三一年工業產值只占國內生產總值（GDP）的兩成多（22.3%），到一九四〇年已占三成左右（30.1%）。到一九四二年時，台灣的輕重工業產值已與農產加工業產值相當。但是台灣的農業人口比例並未減少，這顯示出台灣的工業化是日本人的工業化，台灣人的農業化。

基地化政策包括：把台灣轉化成侵略中國和東南亞的軍事基地，興建「新高港」即台中梧棲港，或強化軍事港口及機場；設立大屯、次高太魯閣、新高阿里山等國家公園管制原住民。

第十八任台灣總督長谷川清於一九四〇年（昭和十五年）上任就聲言要把台灣人培養成支援日本侵略的「農業戰士」、「工業戰士」、「海洋戰士」，留在台灣的農民若生產增加，也會被表揚為「增產戰士」，被譽為「農民道」、「農民魂」。長谷川清認為台灣應該成為日本的「南方政策施行基地」，他這個台灣總督也是「南方總督」。任內推動「皇民奉公運動」，全面禁用中國語，推動「台灣志願兵」，徵召原住民為「高砂義勇隊」，赴南洋當森林戰的侵略共犯，誘導台灣人購買戰爭債券提供日本侵略經費，全面壓榨台灣的人力、物力、財力，支持日本侵略中國和東南亞。

在積極推動基地化的同時，為了神化與美化日本的侵略行為，殖民政府不斷激勵台灣人參與。「台灣皇民奉公會」鼓動女學生上街頭，找路人縫一針布條，聚成「千人針」布條，依日本戰國時代的風俗，可作為日本侵略軍的護身符。其他找學生搞簽滿鼓勵文字的日本國旗，甚至血書以鼓勵日本軍人，更是皇民化的重頭戲。一九四四年（昭和十九年）二月二十五日《台灣日日新報》就曾以「血書志願的熱誠結實」為標題，報導岩里政男（李登輝的日文名字）以血書志願入伍，「表達要擊滅鬼米英（鬼畜美國與英國）」的志願血書的事。另外，殖民政府也運用宣傳，美化台灣人支持日本軍國主義的「愛國」行為。〈莎韻之鐘〉即為一例。

一九三八年九月二十七日在南澳擔任警察和「番童」教師的日本人田北正記，奉召要離開南澳從軍侵略中國。「理尤恆社」原住民一行十二人要去送行，途經南澳溪的獨木橋，莎韻哈勇不愼滑落溪中溺斃。

當時凡有人從軍，或戰鬥機出擊，軍艦出航，日本殖民政府都會強制性動員女學生到場加油歡送，以鼓舞日軍士氣。要追究莎韻哈勇的死亡，最該負責的就是日本殖民政府及其侵略行爲，但長谷川清卻爲配合當時戰時動員的需求，利用作爲宣傳材料，將莎韻塑造成一位愛國少女，因協助老師順利出征而不幸遇難。

爲了宣揚莎韻的「愛國行爲」，總督府發動藝文界宣傳莎韻的英勇事蹟。一九四一年台灣總督長谷川清親自頒贈一只紀念鐘給莎韻的家屬，並在莎韻遭難的地點立碑紀念。〈莎韻之鐘〉的流行歌曲、繪畫、戲劇及小說紛紛問世，風靡一時。次年，莎韻的故事更被改編成爲電影，也被編入小學教科書，而成爲當時台灣家喻戶曉的愛國故事。〈莎韻之鐘〉歌曲優美，即現在的〈月光小夜曲〉。

參、積極參與侵略戰爭

一九三七年（民國二十六年，昭和十二年）七月七日，日軍製造盧溝橋事變，正式發動侵華戰爭。當時中國缺少國際奧援，但中國軍民的浴血奮戰，也使日本長期無法脫身，經濟也每下愈況，急需向海外掠奪資源。

一九四〇年六月德軍攻占巴黎，法國投降。九月二十二日，日本與法國在中南半島的駐軍簽訂協定，日軍進駐越南北部。九月二十七日德國、日本、義大利在柏林簽訂軸心三國同盟條約，台灣為此事大肆慶祝。

一九四〇年八月一日日本宣布成立「大東亞共榮圈」，表面的主張是，在日本的帶領下「從歐美列強的統治中解放亞洲」，建立「相互尊重，彼此獨立」、「共存共榮的新秩序」的政治聯合體，實質的內涵卻是日軍將征服東亞國家的宣示，其首要目標為的就是東南亞的資源。

看到日軍強占越南西貢，美國連同荷蘭與英國停止對日本出口石油。日本認為，必須先致命打擊美國海軍太平洋艦隊，爭取日本南進的成果，待勢力鞏固後，能在有利的條件下和美國和談。為此，日本海軍大將山本五十六在一九四一年初即先擬訂攻擊珍珠港的計畫。

一、台灣志願兵

日本在一九四一年（民國三十年，昭和十六年）十二月七日偷襲珍珠港，美國正式向日本宣戰後，隔天日軍戰機從台南、高雄基地起飛，轟炸菲律賓，美軍傷亡慘重。日軍占領太平洋島嶼，但其優勢只維持七個月。一九四二年六月中途島戰役，日本海軍重挫，即失去制海、制空權。其間一九四二年二月二十八日，長谷川清宣布實施「台灣特別志願兵制度」。

日本在中途島戰役大敗後，六月二十日，日本開始實施「陸軍特別志願兵制度」，原住民也組織志願兵的「高砂義勇隊」。依「台灣特別志願兵制度」擬招募一千名台灣人擔任日本兵，原本日本人擔心台灣人參軍，會有不夠忠誠的問題，但卻意外出現台灣人熱烈參軍的現象，有四十二萬餘（425,961）人應徵，最後只錄取一〇二〇人。一九四三年六月一日第二次招募一千名，有超過六十萬（601,147）人應徵，只錄取一〇三〇人。一九四四年應徵者近七十四萬（739,276）人，只錄取約兩千五百（2,497）人。而一九四〇年一月份統計，當時台灣十七歲至三十歲男子人口只有六十三萬多（633,325）人，因此應徵比例實在高得驚人，台灣人熱烈支持日本侵略中國和東南亞，也出乎日本殖民政府意料之外。

一九四二年三月另有徵集「台灣特設勞務奉公團」五百名台灣人，投入東南亞戰區的緊急作戰勞務，運送戰線後方傷患，開闢道路及建築臨時房舍、機場，搬運密林地帶的軍需品等，實在與作戰任務無太大差異。

一九四三年八月一日另外實施「海軍特別志願兵制度」，首次招募即有逾三十一萬（316,917）人應徵一千個名額，最後錄取一〇〇八人。可見當時台灣人在法律上雖不是日本公民，卻已被日本殖民政府馴化，瘋狂支持日本發動的侵略戰爭。有人還寫血書，男青年志願當戰士或軍伕，女青年志願當軍中護士，熱烈地志願當日本的侵略共犯。

台灣人擔任「志願兵」共有約一萬六千五百人，其中陸軍五千五百人，海軍一萬一千人。日本殖民政府在發現台灣人非常熱烈支持日本的侵略戰爭後，於一九四五年一月十五日乾脆廢除「志願兵」改實施「徵兵」，強徵「義務兵」約六萬餘（63,933）人。另外還發布《學徒動員令》徵調在日本讀書的台籍大學生、專科生，以候補幹部、兵士受訓。這些人中有不少人後來擔任軍士官，兇殘程度比日本人有過之而無不及，甚至有人涉嫌殘殺平民或俘虜，戰後被同盟國法庭以觸犯戰犯罪，判處死刑。

一九四五年日本殖民政府實施徵兵，徵召台灣人入伍，並組織民兵「國民義勇隊」，準備與登陸的美軍進行殊死肉搏戰。有些「國民義勇隊」的民兵成為一九四七年（民國三十六年）二二八事件的民兵主力，但戰力薄弱，一觸即潰。

從一九四二至一九四五年止，按日本厚生省統計，應日本殖民政府招募，替日本人侵略的台灣人有二十餘萬（207,183）人，其中擔任「台籍日本兵」約有八萬（80,433）人，擔任「軍屬」或「軍伕」約有十二萬（126,750）人。在日本侵略戰爭中，陣亡的台籍日本兵有約三萬（30,304）人。但日本的台灣總督府所編《台灣統治概要》，說在一九四五年有約十萬（101,167）名台灣人在海外「作戰」，其中約九萬（92,748）人是「戰士」，有約八千（8,419）人是「少年士」。此外，一九三七年九月十八日日本殖民政府公布《軍需工場法》，動員台灣人支援軍需工業，九月二十二日就成立「臨時勞務部」控管台灣人的技術勞力。在台灣被動員從事義務勞動，支援民防及軍需工業的台灣人每日達三十萬人。這些數字顯示，一九四四年台灣男性人口不到三百萬人，可服兵役的年齡層人口不到一百萬人，就有二十萬人參加日本侵略戰爭，成爲侵略的共犯。

二、高砂義勇隊

日軍爲了攻占馬尼拉灣的菲律賓巴丹（Bataan）半島，其地理狀況類似台灣高山地區，一九四二年長谷川清以「高砂挺身報國」爲名，組織「高砂挺身報國隊」，隊員六百人，預定赴東南亞戰場構築陣地、修築道路，先在新竹湖口受訓，廢棄原住民姓名，改取日本姓名，腰佩番刀，派赴菲律賓。日軍指揮官卻發覺，原住民在巴丹半島、科雷希多島（Corregidor）戰場有優異的熱帶叢林戰的能力，因此派這些原住民赴深山叢林的危險地帶的最前線，當斥候或狙擊手，護衛日軍脫困，屢建奇功。

一九四三年九月日本人開始募集年滿二十歲的原住民參加「高砂挺身報國隊」，有逃避者，甚至遭到拘捕拷打。十一月二十六日《朝日新聞》台灣版甚至還欺騙原住民，編撰一位花蓮阿美族青年志願從軍的「心聲」，大幅報導這位阿美族青年的說法：「我們的祖先是日本人，奮起殺敵吧！高砂族。」

一九四五年一月十五日長谷川清實施全面徵兵制，於是日本軍警挨著村社，點召男性原住民，強徵入伍，組織「高砂義勇隊」，送赴東南亞戰場，超過六千人奔赴菲律賓島嶼、新幾內亞、索羅門群島等戰區，從事戰鬥兵、工兵、軍伕雜役等工作，但死亡超過三分之二，戰後生還者不到三分之一。戰爭末期，日本殖民政府又迅速徵集兩萬名原住民，但日本無條件投降，未全數送去東南亞戰場。這些最後一批的「高砂義勇隊」是被派去當「游擊隊」，攻擊菲律賓、新幾內亞、印尼的美軍基地後，遁入叢林打游擊戰，這些無厘頭的游擊隊，最後幾乎全被美軍和當地居民打死，成為日軍的犧牲品。

三、台籍少年工

日本神奈川縣高座郡的「高座海軍工廠」負責生產戰鬥機，當時日本沒有空軍編制，戰鬥機隊屬於海軍。「高座海軍工廠」於一九四二年十月透過日本殖民政府在台灣募集十四歲至二十歲小學、初中程度的台籍青少年，經過簡單訓練，到飛機製造生產線上從事機械式的勞力工作，表面上可以半工半讀，完成高工或工專學業，事實上只是生產線上的廉價勞工。當時日本敗象已露，無法履行半工半讀的承諾，這批少年工先到高雄岡山日本海軍第六十一航空廠，接受很短暫的基本動作訓練，即開赴日本神奈川高座郡。

一九四三年四月三十日第一梯次有一千八百位少年工從高雄搭船赴日本横濱，全部共有十五梯次，總計逾八千（8,419）人。許多少年工從神奈川的工廠被轉派到横須賀、茨城、廣島、長崎、群馬、名古屋、兵庫、千葉、相模等地，被稱爲「海軍工員」。從一九四三到一九四五年這些台籍少年工參與製造的戰鬥機有一二八架，占總數五五八架的兩成多，對日本的侵略和最後掙扎，付出心血。

一九四五年二月後，美軍對日本密集轟炸，七月三十日高座郡工廠遭到美軍飛機用機槍掃射，有六名台籍少年工死亡，截至戰爭結束前共有六十名台籍少年工死亡。一九四六年一月這些少年工開始從日本遣返台灣，一九八七年蔣經國解除台灣戒嚴，這批已是中年人的少年工組成「台灣留日高座同學聯誼會」，視被騙當廉價勞工為出國留學，視資助日本侵略為人生磨練，視神奈川縣大和市為第二故鄉，還捐款蓋「台灣亭」，形成很特殊的親日團體。這個團體的行為正反映出台灣特殊的認同價值錯亂。

四、參與馬尼拉大屠殺

到一九四四年底，已有六千人以上的陸軍志願兵被派赴中國或東南亞作戰。如果台灣人當志願兵是去維護和平或抵抗侵略，將是光榮的歷史紀錄，但去當日本人的侵略共犯，協助日本人屠殺他國人民及共同血緣的中國人，甚至連老弱婦孺也不放過，例如涉入「馬尼拉大屠殺」，這是台灣人最抬不起頭的歷史紀錄。

一九四二年一月日本軍隊占領馬尼拉，一九四五年一月十五日美軍登陸馬尼拉。馬尼拉攻防戰役期間，日軍實施恐怖主義，強行逼迫菲律賓人服從，且不得投靠美軍，尤其在二月四至十日，日軍展開姦淫燒殺，在聖保羅大學屠殺九九四名兒童，燒死躲在教堂避難的老弱婦孺三千名。日軍勒令菲律賓男女排列在街上用機關槍射殺，年輕女性排列在地上任由日軍強姦後射殺，展開史稱的「馬尼拉大屠殺」。到二月二十三日有十萬名以上的菲律賓人慘死，約為當時馬尼拉人口數的十分之一。

這些「馬尼拉大屠殺」的罹難者中有很多是華僑，而屠殺這些罹難者的兇手有不少是台籍日本兵，美軍最後擊斃日軍約一萬兩千人，其中一位被美軍擊斃的兇手叫「岩里武則」，本名就是「李登欽」。李登欽是經過皇民化後的台籍日本軍官，以當日本人為終生志向。十七歲就擔任日本殖民政府的台籍警察，二十二歲當日本海軍志願兵，被美軍擊斃時只有二十四歲，日本人認為其有功，將其供奉在靖國神社。李登欽有位弟弟叫李登輝，皇民化日本名字叫「岩里政男」，他以李登欽能被供奉在靖國神社為榮。

整體來說，從台灣人民積極參與日本侵略戰爭可以看出，日本軍國主義和法西斯思想洗腦台灣人的工作，可說做得非常成功。讓有些原住民以為自己的祖先是日本人，讓有些中國漢人覺得生不能為日本人，死要當日本鬼，李登欽和李登輝兄弟就是其例。認同的錯亂，也是後來在一九四七年二二八事件爆發的原因之一。有些人在當時或事後瞭解到日本帝國主義的侵略本質，但是也有不少人在日後卻仍然繼續扭曲事實，肯定、美化，甚而歌頌日本殖民統治，李登輝及台灣眾多的皇民化家庭後代即為一例。

近年來，這些人更以「媚日」為榮，以去中國化為工具，企圖再洗腦年輕世代。這些人的行為，只會讓人搖頭，但是他們卻影響了台灣的政治發展，當李登輝以家人供奉在靖國神社為傲、當馬英九向八田與一塑像鞠躬致敬、當殺人如麻的後藤新平的銅像仍安穩地豎立在台北、當政治人物公然以豎立鳥居來作為其要恢復舊日城市的光榮圖騰、當慰安婦仍被視為是自願時，顯示日本殖民台灣的這段歷史，在台灣還從來沒有被眞正的認識。

肆、參戰的悲歌與代價

一、慰安婦

日本人發動對外侵略，會在被侵略地區設立「慰安所」，提供婦女性服務，解決日本軍隊官士兵的性慾問題。這些婦女被日本人稱為「慰安婦」，就是「軍妓」。慰安婦除了少數是原本從事妓女工作者招募來的，為應付日軍龐大人數的需要，日本政府用拐騙、欺詐、威逼的手法，從殖民地和被侵略地，徵調婦女到各個戰場的慰安所，從事慰安婦的工作。

一九四二年二月二十八日長谷川清宣布實施「台灣特別志願兵制度」及「特別看護婦及看護助手志願制度」。「看護婦」就是日語的護士，「看護助手」就是「助理護士」。當時應徵「看護婦」的台灣婦女達五千七百人以上，但日本殖民政府和軍隊卻假借徵集「看護婦」的時機，拐騙台灣女性當「慰安婦」。

東京大審判的《遠東審判案備用資料》第一〇三冊、五一章、三四二頁，記載的當時日本情報部發給日本陸軍部的一份文件寫道：「用中國女人做慰安婦會撫慰那些因戰爭而產生沮喪情緒的士兵，他們在戰場上被中國軍隊打敗的心理在中國慰安婦的身上得到最有效的校正。占有中國女人，便能滋長占有中國的雄心。我們必須更多地徵用中國女人做慰安婦，從精神和肉體上安慰我們的軍人，樹立他們必勝的信心。」

一九三七年日本政府發布《有關爲皇軍官兵徵調慰安婦委託文件》，指明「正在日本和韓國徵召慰安婦」，在台灣則以「奉公」名義從民間徵調年輕女子，或僞稱招募「軍部食堂端菜服務生」拐騙，或以招訓「藝旦」名義詐騙。台灣的婦女救援基金會統計，台灣被日本殖民政府徵召去當慰安婦的台籍婦女約有一千兩百人。

這些台籍慰安婦被迫每天要提供性服務給二十至三十位日本士兵，沒有行動自由，無法返鄉，積欠工資，甚至被士兵虐待。有許多慰安婦死於戰火，倖存者返鄉更遭到社會歧視。台籍慰安婦是被騙或被迫的，而不是自願的。但是台灣卻有些人硬要編造台籍慰安婦是自願的說法，反映皇民台獨的低賤心態。這是台灣人踐踏自己出身尊嚴和民族自尊迎合日本殖民統治者的特殊現象，同樣被殖民的其他各國如韓國，卻無此現象。

日本政府從未對台籍慰安婦表示道歉，也從未賠償。有九位台籍慰安婦對日本政府提起道歉賠償訴訟，二〇〇五年日本最高法院以「超過法律追溯期，被害人沒有權利以國家賠償法得到賠償」爲理由，判決台籍慰安婦敗訴。二〇〇七年七月美國國務卿希拉蕊下令美國政府文件把「慰安婦」一詞改爲「被強迫的性奴隸」，但台灣許多人認定台籍慰安婦是「自願侍奉皇軍」，這顯示台灣的歷史認知眞的病了。

馬英九宣布二〇一五年十月二十五日要成立「慰安婦紀念館」，但除了私人的婦女救援基金會二〇一六年租屋設立「阿嬤家」外，馬英九的承諾並未經由政府的名義或財力獲得實踐。民間也希望歷史課綱能夠微調，包括將「慰安婦」認定爲「被迫」而非「自願」，但是最後馬英九任內仍然不敢堅持，而是採行「新舊課綱」並用，致使未來教科書稱慰安婦是「被迫」或「自願」均可。台灣各級領導人花費不少公款紀念或補償二二八事件中的本省人，卻吝於花費任何一毛公款紀念或補償台籍慰安婦，就可以理解台灣人被日本人殖民後，所產生對待日本人的奴婢心態和比斯德哥爾摩症候群更嚴重的「媚日」情結。

二、台灣遭美軍大轟炸

日本在一九四一年十二月七日偷襲珍珠港後，占領太平洋島嶼，但其優勢只維持七個月。次年六月中途島戰役，日本海軍重挫，即失去制海、制空權。一九四三年十一月二十五日美軍第十四航空隊及中美空軍混合團（飛虎隊）從中國江西起飛，轟炸台灣日軍新竹基地，徹底瓦解基地所有日軍飛機，這是美軍首次轟炸台灣。

太平洋戰爭期間，美國施行跳島戰術反攻，由於台灣人口較爲稠密，死傷勢必更加慘重，且在開羅會議中，台灣已確定要歸還中國，進攻台灣勢必也要與蔣介石協調，因而羅斯福總統最後接受麥克阿瑟的主張，進攻菲律賓、琉球群島，跳過台灣，僅對台灣實施戰術空襲不登陸。

日本於一九四四年十月至次年七月，在台灣集中大量空軍戰機，共有陸軍機場三十五處、海軍機場十九處，共計有五十四座機場，攻擊太平洋上的美軍船艦。一九四四年十月十二日美軍投下六五〇噸炸藥，轟炸日本的高雄航空隊及海軍第六一航空廠，間接造成高雄岡山百姓死傷慘重。高雄是日本南進侵略的軍工重鎮，成爲太平洋戰爭期間，遭受美軍轟炸最多次的台灣城市。美軍並定期轟炸屏東、虎尾等可製造酒精的糖廠與石油煉製廠。十月十七日美軍轟炸台南市。

美國並在一九四五年二月二十三日、三月九日及五月二十五日對東京實施大轟炸，這個仿效日本在中國實施「無差別轟炸」的反擊，讓日本人嚐到苦果。台灣與琉球群島原本即是日本帝國「絕對國防圈」最前線，美軍欲取琉球以炸東京，必須阻絕駐台日軍北上馳援，於是在該年五月三十一日發動「台北大空襲」。美軍在三個小時之內，就投放約三千八百枚炸彈，台北市民死傷超過三千人，無家可歸者不計其數。許多老一輩的台灣人，至今仍有躲避空襲（疏開）的恐怖回憶。這是台灣史上首次「無差別轟炸」，但美軍仍然刻意避開密集住宅區，否則台灣人的死亡人數不只如此。

日本殖民政府統計，自五月三十一日至八月十日美軍空襲轟炸台灣，造成超過五千餘（5,582）人死亡、八千餘（8,760）人受傷、四萬五千餘（45,340）棟房舍被毀，受災者約三十萬人。台灣人做日本侵略共犯的代價實在不小，但還是比琉球人在琉球戰役中付出的代價，相對小很多。

經過美軍轟炸後，一九四五年台灣的工業生產能量與一九四一年相較，食品加工業只剩8%，化學工業只剩8.9%，紡織業只剩12.6%，一般工業只剩15.6%，水泥礦業只剩25.6%。戰後國民政府接收的已是個嚴重受損、百廢待興的台灣，而不是一個現代化的台灣。

一九四一年珍珠港事變後，台灣是日本人侵略東南亞的基地。一九四三年後美軍反攻登陸菲律賓、琉球時，並未登陸攻擊台灣，改用空襲轟炸台灣成為戰爭上的必然。只遭到美軍空襲的台灣，其傷亡人數比起菲律賓人、琉球人在美軍登陸戰中的慘烈傷亡，著實是不幸中的大幸。但是台獨分子卻無視參與日本侵略的罪責，扭曲地說是「中國人聯合美國人轟炸台灣人」，並將這種觀點解釋為「本土史觀」。

至少總共約有近二十一萬（207,183）名台灣人參與日本侵略戰爭，當侵略共犯。台灣人在替日本人侵略時的殘酷程度，並不下於日本人。戰後被認定殘酷程度，已達丙級或乙級戰犯，被判徒刑的台灣人有一七三名，被判死刑的台灣人有二十六名。但是「韓籍日本兵」被判徒刑的朝鮮人有一二九名，被判死刑的朝鮮人有十四名。韓籍日本兵有十一萬餘（116,294）人，比台籍日本兵八萬餘（80,433）人多三萬多（35,861）人，但惡劣的戰犯反而相對少。台籍日本兵有自認為是效忠日本天皇的光榮志願兵，也有是自覺悲慘被迫的義務兵，但都是日本侵略中國和東南亞的共犯，這是台灣人在第二次世界大戰期間犯下的罪孽和不堪回首的記憶。

在太平洋戰爭中，台灣成為日本支配亞洲大東亞共榮圈的起點。台灣人絕大多數是中國大陸移民到台灣的福建人和廣東人。日本向台灣人灌輸包括日語在內的「日本精神」以馴化台灣人。在這場日本侵略戰爭中，台灣人出錢出力支持日本侵略，從未出現林崑崗、余清芳這類人物，組織反日反殖民的民兵組織，也不像韓國、東南亞殖民地的反日運動，從未出現過反日反殖民政治組織或游擊隊。

台籍日本兵有兩萬八千人戰死後，被日本人供奉在日本靖國神社，一九九〇年後日本政府發給這些台籍日本兵的家屬「弔慰金」，每人新台幣約四十萬元，只有日本兵的五十分之一。二〇〇〇年後台籍日本兵拿到日本政府發放的「未付薪資、軍事郵政儲金、外地郵政儲金、簡易人壽保險金、郵政年金等五項給付」，每人只有約新台幣兩萬元，只有日本兵的五十八分之一。台灣人努力當日本侵略戰爭的共犯，戰後日本政府仍然把這些台灣人當次等人看待。

一九四五年八月十五日，日本昭和宣布無條件投降。台灣人剛開始還如同日本人，有作為戰敗國人民驚愕的悲淒，不久在南京國民政府宣布「台灣人為中國人」後，卻發現台灣人頓時成為戰勝國人民，情緒交感莫明。

第四單元

民國治理時期

第十二章

台灣光復

壹、主權的轉移及治權的接收

一、開羅宣言

一九四一年（民國三十年）十二月七日，日軍偷襲美國珍珠港，爆發太平洋戰爭，兩天後，十二月九日，中國正式與日本宣戰時，布告文中寫到：「昭告中外，所有一切條約、協定、合同，有涉及中、日間之關係者，一律廢止，特此布告。」《馬關條約》當然也包含在布告中所稱的「一切條約」內。

一九四二年一月一日以美、英、蘇、中四國爲首的二十六個國家在華盛頓簽署《聯合國宣言》，確認這二十六個國家同意《大西洋憲章》所載宗旨和原則的共同綱領，並首度出現「聯合國」的概念與用語。

一九四三年十一月二十三至二十六日美英中三國領袖羅斯福、邱吉爾、蔣介石在埃及開羅召開會議，商討反攻日本的軍事戰略及戰後國際秩序的安排。會後公布《開羅新聞公報》，後改稱《開羅宣言》（Cairo Declaration），宣示聯合國要作戰至日本無條件投降。「無條件投降」意指日本不能爲投降開具任何條件，只能依照聯合國或同盟國開立的條件投降。換言之，日本對《開羅宣言》規定的條件，只能照單全收，沒有討價還價的空間。

《開羅宣言》的重要內容有四：一是剝奪日本自從一九一四年第一次世界大戰開始後在太平洋上所奪得或占領之全部島嶼；二是使日本從中國人竊取之全部領土，例如滿洲（東北）、台灣和澎湖，應復歸給中華民國；三是日本將被驅離它以暴力和貪慾攫取之所有其他領土；四是在相當時期，使朝鮮自由與獨立。在該宣言中，特別用「竊取」（has stolen）一詞，以彰顯日本當時用武力迫使中國割讓台灣、澎湖，占領滿洲，即使已是事實，但是其取得以上領土的方式是用脅迫，沒有「正當性」。

在台灣，「日本殖民統治時期」應簡稱爲「日據時期」還是「日治時期」，有不同爭議。使用「日治」者較傾向於認爲日本是透過戰爭合法取得台灣，也行使了五十年的統治，因而應用較爲中性的「日治」；甚而還有學者與政治人物稱之爲「日本統治期間」，用意在避免使用「殖民」兩字。使用「日據」者認爲，日本殖民統治台灣五十年的確是事實，但是由於當時台灣是被迫割讓，日本的取得方法是「不正當的」，因而用「日據」比較符合中國人史觀，且由於國際法文件的規範，使用「日據」亦符合國際法。

如果沒有《開羅宣言》認定日本是「竊取」，「日據」的說法，的確只是中國單方面的史觀表述，不夠客觀。但是透過《開羅宣言》此一國際法文件，「日據」一詞已等於是爲國際所接受。但是，異議者仍舊可以說，這是戰勝國的單方面認爲，還是主觀認定。

一九五二年台北中華民國政府與日本簽署《中日和約》，雙方承認「在一九四一年十二月九日以前所締結一切條約、專約及協定，均因戰爭結果而歸無效」。此段文字表示，相關國日本也同意一八九五年簽署的《馬關條約》爲無效，即使五十年殖民爲事實，站在當時被迫割讓領土的中國而言，將日本殖民統治時期簡稱爲「日據」（占據／據有）並無不當，而屬合情合理合法。

《開羅宣言》中使用「復歸」（be restored to）中華民國，而非「給」中華民國，「復歸」中國一詞以「台灣光復」表示，也完全合情合理合法。

二、波茨坦公告

一九四五年（民國三十四年）波茨坦會議達成兩項國際法文件，第一項文件是七月二十六日由杜魯門、艾德禮、蔣介石聯名發表的《波茨坦公告》（Potsdam Proclamation），又稱《波茨坦宣言》（Potsdam Declaration），用於處理日本無條件投降的問題，所以全名叫《日本投降條件的公告》。第二項文件是八月一日杜魯門、艾德禮、史達林簽署的《波茨坦協議》（Potsdam Agreements），主要是處理德國戰後的問題，用《議定書》的形式發表。

針對日本而發布的《波茨坦公告》共有十三條，重點在第八條：重申《開羅宣言》中的諸內容必須得以實施，並且日本的主權須被限制在本州、北海道、九州和四國以及吾人所決定其他小島之內；第十三條：呼籲日本政府命令其軍隊無條件投降。

一九四五年七月二十八日，日本內閣會議不接受《波茨坦公告》的內容，使得和談的機會破滅。八月六日及九日，美國分別在廣島和長崎投下了兩枚原子彈；八月九日，蘇聯發動八月風暴行動，出兵占領中國東北（當時爲滿洲國統治）。日本昭和於八月十日通過瑞典及瑞士政府向中、美、英、蘇四國表示願意投降並接受《波茨坦公告》。重慶時間一九四五年八月十五日七時，中、美、英、蘇四國政府同時宣布接受日本投降，第二次世界大戰之軍事交戰行動在同盟國軍事占領日本後完全結束。

三、日本降伏書

八月十五日昭和（1926-1989）發布詔書宣布，「朕使帝國政府，對米、英、支、蘇四國，通告受諾其共同宣言旨。」這表示，日本接受美國、英國、中國、蘇聯等四個國家的《波茨坦公告》，及《公告》第八條所規定的《開羅宣言》，其中所列條件立即生效，對美、英、中、蘇、日五國均產生國際法的拘束力，所有戰爭、戰役、戰鬥立即終止，尤其涉及日本與簽署國直接相關的領土主權變動的項目，即刻生效。這份詔書對這五個國家而言，既是國際法文件，也是憲法文件。

詔書發布時並未取名，就性質來說是《無條件投降詔書》，但日本人爲了顏面，後來取名爲《終戰詔書》。沒想到，後來在台灣仍有不少人堅持使用「終戰」，而非「無條件投降」或「台灣光復」，心態實在可悲。

八月二十九日蔣介石任命陳儀（1883-1950）爲台灣省行政長官，九月一日南京民國政府宣布成立「台灣省行政長官公署」及「台灣省警備總司令部」，任命陳儀兼任警備總司令。

九月二日，日本昭和派代表日本政府的外相重光葵與代表軍方的日軍參謀總長梅津美治郎赴停泊於東京灣的美軍密蘇里艦，與同盟國軍方代表簽署《日本降伏文書》。《降伏書》是確認日本天皇、日本政府、日本軍隊都接受《波茨坦公告》的國際法文件，而不只是「單純的停戰協定」。要點內容包括：第一，日本向美、英、中、蘇等四國無條件投降；第二，日本接受且將誠實履行《波茨坦公告》；第三，日本主權將受制於盟軍「最高統帥」。

十月十七日民國政府軍第七十軍由美國軍艦載運抵達基隆港，台北有市民夾道歡迎。十月二十五日在台北公會堂，即「中山堂」，舉行日本總督及第十方面軍的受降典禮；隨即舉行台灣光復宣達布告，陳儀代表中國政府宣布台灣及澎湖列島的領土主權復歸中國，以及台灣省行政長官公署正式運作。陳儀代表中國政府宣布：「從今天起，台灣及澎湖列島已正式重入中國版圖，所有一切土地、人民、政事皆已置於中華民國國民政府主權之下。」

精確來說，當八月十五日，日本政府正式結束台灣的五十年殖民統治的這一天，台灣的主權已隨著《開羅宣言》與《波茨坦公告》自動實質轉移歸還給中國；九月二日日本代表遞交《降伏書》給中國代表時，也可以視之爲台灣主權歸屬的正式書面轉移；十月二十五日則是中國政府正式在台灣行使治權的日子，處理「接收」及後續的治理工作。這三個時間點，均可說是台灣光復的日子，只是，目前是以十月二十五日作爲台灣光復節。

一九四五年八月十五日台灣主權實質回歸中國，九月二日台灣主權書面回歸中國，十月二十五日是中國對台灣治權的接收行使。這些發展均已很清楚，但是卻有人主張這個主權與治權移轉的過程値得爭議，有關台灣歸屬的國際法文件並不足以做出台灣已回歸中國的證明。

這些人絕大部分有台獨的政治立場，其觀點爲：第一，《開羅宣言》發布時只是《新聞公報》，且又沒有經過參與者簽字，所以沒有國際法拘束力。第二，條約的拘束力只及於參與的當事國之間，條約的效力並不及於無關係的第三國，也不能對第三國課予「義務」；日本並未簽署《開羅宣言》，故該宣言對於當時尙屬日本領土的台灣之任何決議，實不具國際法上之效力。第三，《宣言》或《公告》並不能夠使主權領土轉移生效，而必須透過戰後的國際條約才可以使主權領土轉移生效，國際法解決戰後問題，都是以交戰雙方所簽訂的和平條約爲基礎。第四，一九五一年九月八日同盟國與日本簽訂的《舊金山和約》，才是處理台灣主權歸屬最具國際法效力的條約；而在《舊金山和約》中，日本只有放棄台澎，而沒有要交給誰，因此，台灣迄今仍是地位未定。第五，日軍只是向戰區投降，而沒有向國軍投降，所以，中國光復台灣之說並不屬實。

貳、台灣回歸的國際法依據

以上觀點多是一些政治人物基於台獨意識形態、歷史學者與一般民衆不諳國際法等諸多原因所致，造成台灣社會的政治認知分歧，有必要說明如下：

第一，《開羅宣言》發布時，的確是以《新聞公報》爲名發布，未經簽字，不過一九四五年由四國領袖簽字生效的《波茨坦公告》已明訂：「《開羅宣言》之條件必將實施。」換言之，一九四三年的《新聞公報》到了一九四五年，已經由《波茨坦宣言》正式定名爲《開羅宣言》，所以名稱不是問題。當事國之一的美國，也將《開羅宣言》列入美國國務院出版的《美國條約與其他國際協定彙編》一書中，顯見該文件具法律拘束力。

第二，一九四三年的《開羅宣言》，的確只對美、英、中、蘇四國發生國際法的拘束效力，日本當時尚未同意，所以不對日本產生效力。但一九四五年日本的《無條件投降詔書》接受「美、英、中、蘇四國通告受諾其共同宣言旨」，此即表示，日本接受了《開羅宣言》與《波茨坦宣言》有關台灣及澎湖群島應歸返中國的領土安排。

第三，對於國際法而言，文件名稱是什麼不重要，關鍵在是否有法律效力。無論是「條約」、「協定」、「協議」、「議定書」、「聲明」……等等文件，只要有法律效力，就屬《維也納國際條約法公約》所規範的法律性文件，彼此之間也沒有法律約束力的高低問題。認爲《宣言》或《公告》不具領土主權規範效力的說法，完全站不住腳。

第四，所謂台灣的主權轉移只有透過《舊金山和約》規定的項目才算數的看法是錯誤的。台灣的主權歸屬在一九四五年已經完成，一九五一年同盟國與日本簽署的《舊金山和約》，最主要的參戰國蘇聯與中國（不論是北京或台北政府）都沒有參加，也沒有簽約，該約自然不產生對兩岸政府有約束效果，更何況，該條約也沒有否認台灣已經歸屬於中國的事實，因而，想以《舊金山和約》作爲台灣地位未定，或否定台灣已屬於中國的理由，是無稽之談。後面還會再說明以「台灣地位未定論」作爲台獨論述的謬誤。

第五，受降典禮與宣告台灣光復的儀式是兩件事，受降典禮是陳儀代表盟軍中國戰區接受安藤利吉所代表的台灣日本軍政機關進行投降，這是同盟國軍隊與日本軍政機關之間的受降及投降儀式。但有些台獨學者，硬要說當時典禮舞台上掛有其他同盟國的國旗，表示台灣的領土主權是由日本移轉給同盟國，不是移轉給中國。同盟國的受降典禮和中國恢復台灣的宣達布告是前後不同的兩件事，這些學者連這都分不清楚。同盟國的受降典禮當然會掛同盟國的各國國旗，恢復主權的宣達布告只要陳儀代表中國政府宣告即可，跟同盟國無關，也跟日本無關。《開羅宣言》也說了台灣原本是日本從中國所「竊取」的領土，應「復歸」給中國，所以中國可以單方面根據《日本降伏文書》宣布「台灣光復」。所謂日軍只是向戰區投降，而沒有向國軍投降的說法，根本是不通的。

至於還有人按字面解釋《開羅宣言》，台灣「應復歸中華民國」，不是「應復歸中國」或「應復歸中華人民共和國」。要問答這個質疑也很簡單，因爲一九四三年時的中國就是中華民國。一九四九年後兩岸分治，才有中國代表權之爭，也出現了「台灣地位是否未定」之爭議。這個問題容以後再論。

參、台灣人回復中國人身分

一九四五年（民國三十四年）八月十五日早上台灣日本殖民政府的《台灣新報》頭版報導：「因為天皇陛下今日中午要親自廣播，所以全體國民必須敬候恭聽玉音，不得有人疏漏。」台北廣播電台也不斷重複播送同樣內容的報導。到中午「玉音放送」完畢，台灣的日本人陷入茫然若失的心境，從原本是高高在上的殖民統治者，突然間掉入不知命運的戰敗戰俘，許多台灣人民也擔心，是否因為曾與日本人合作侵略中國和東南亞，而可能因侵略罪行受到處分。

一九四六年一月十二日南京國民政府宣布《台灣同胞國籍回復令》，台灣人自一九四五年十月二十五日起，恢復中華民國國籍。一九四六年二月二十六日頒布《台灣人財產處理原則》，台灣人的財產和中國人一樣受到中華民國法令的保障，與可能被沒收的在台灣的日本人的財產有所不同。

台灣人以「台灣同胞」的身分，取得中國人的身分，一夜之間由戰敗國的被殖民屬民變成戰勝國的人民。原本支持或參與日本侵略中國和東南亞戰爭的一般台灣人，也在一夜之間免除戰爭共犯的可能刑事責任與道德譴責。在日本殖民時代棄祖背宗、更名改姓做日本皇民的台灣人，更在一夜之間免除被指控爲漢奸的政治處罰，這與南北韓的狀況有所不同。

歷史卻很諷刺，迄今仍有人認爲台灣並沒有歸還給中國，而認爲地位未定，如果按照這些人的邏輯，台灣人當時必然與日本侵略者一樣，是戰爭的共犯。從這一點看得出來，當時蔣介石的國民政府與日本殖民政府，誰才是台灣人的自己人。

一九四五年十月十七日民國政府軍第七十軍由美國軍艦載運抵達基隆港，國民政府接收台灣時，官兵的形象問題一直是爭議的焦點。一直以來，這個七十軍的部隊被描述爲「乞丐兵」或「叫化子兵」。彭明敏在回憶錄《自由的滋味》即寫到：「軍艦開入船塢，放下旋梯，勝利的中國軍隊，走下船來。第一個出現的，是個邋遢的傢伙，相貌舉止不像軍人，較像苦力，一根扁擔跨著肩頭，兩頭吊掛著的是雨傘、棉被、鍋子和杯子，搖擺走下來。其他相繼出現的，也是一樣，有的穿鞋子，有的沒有。大多連槍都沒有。他們似乎一點都不想維持秩序和紀律，推擠著下船，對於終能踏上穩固的地面，很感欣慰似的，但卻遲疑不敢面對整齊排列在兩邊、帥氣地向他們敬禮的日本軍隊。」

在這些文字記載的影響之下，七十軍的「乞丐兵」形象深入人心，獨派當然據此批評國軍，並將其視爲當時台灣人對國軍的失望、緬懷日本人，引發二二八事件的原因之一。可是從現有美國檔案中美軍所留下來的照片及影像所示，當時在港口的國軍官兵不僅列隊整齊，穿著與裝備也一樣不少。這些執行接收台灣工作的士兵都是穿上新式軍服，他們在抵台前也都接受過短期訓練，對台灣的風土民情與台語有初步瞭解。由小見大，台灣歷史存在太多的積非成是與扭曲，眞相需要有更多認眞的研究與考證，這是還原歷史的嚴肅公共論述，可惜許多人只看政治與立場，未必關心歷史眞相，反而刻意曲解眞相。

日本人（包括琉球日人、韓國日人）在台灣向中國投降時，人數約有四十八萬人，自一九四六年三月二日第一期開始，到一九四八年四月第五期的遣返作業，被遣返約四十六萬人，約有兩萬八千名技術人員、教師及眷屬被允許繼續留在台灣。當時省政府資料明確，外界傳說有百萬日人留在台灣，後來再繁衍有六百萬人之衆，是錯誤的。

第十三章

一九四五至四九年的治理

壹、陳儀的施政

台灣光復後，究竟實施什麼樣的行政制度？有人認爲從前是一個省，收復後當然按內地制度，建立省政府。陳儀（1883-1950）認爲，台灣經過日人的長期統治和經營，形成了和內地各省截然不同的特殊環境，因此勢須擁有特殊體制與權力，才足以應付接收之各種狀況，必須建立特殊的行政組織。國府最後接受了陳儀的意見，依據《台灣省行政長官公署組織條例》，長官公署的權力不僅掌握了台灣的行政、立法、司法和軍事大權，連「對於在台灣省之中央各機關，有指揮監督之權」，其權力大大高於內地各省政府主席的權力，行政長官公署組織之龐大，也非各省政府所能比，可見當時國民政府對台灣的重視。

有台獨學者說，國民政府來台後對台灣在地物資的榨取，「台灣的財富受到有系統的掠奪」。但是，從時任中央銀行總裁張公權的專文〈台灣光復初期與大陸之經濟關係〉中可以看出，事實並非如此。張公權指出，第一，國民政府從未利用台灣大量稅收，以供應大宗歲入。反之，國民政府在台灣的稅收，僅關稅與鹽稅兩項。其他稅收包括土地稅，均由省政府徵收使用，而關稅與鹽稅的稅率又甚低，國民政府在台灣的政費支出，包括軍費在內，悉係中央匯由台灣銀行支付。第二，沒有像戰勝國對戰敗地區一樣進行掠奪、搜括、遷運其生產設備的情形。第三，沒有在台灣施行「定額的輸入超過輸出」之政策。從官方資料顯示，中國大陸匯入台灣的款項遠大於台灣匯出中國大陸。第四，也沒有蓄意一方面壓低台灣出口大宗的糖價，而另一方面抬高大陸輸入台灣的紗價，從中盤剝當地人民。光復以後，國府官員及知識分子多對被殖民五十年的台灣同胞寄予無限同情，多懷抱補償的心情，並沒有趁機掠奪台人資源的心理。以上四點，與日本殖民政府的心態與作爲完全不同。

陳儀上台後有幾項重大的政策：第一，實施經濟統制，包括通過專賣局和貿易局兩機構，對台生活必需品實行專賣制度和控制全部進出口貿易；全省工礦企業基本上由省政府經營。第二，去除日本殖民教育，重建中華文化與教育。第三，辦理高級文官警察、中、小學老師訓練班，培訓公教人員；用這種變通的辦法，讓台灣人經過短期訓練就可以進入政府部門工作。第四，容許新聞媒體廣設。台灣光復初期，原先只有《台灣新生報》（設於台北，代表長官公署）、《掃蕩報》（設於台中，代表軍方）、《中華日報》（設於台南，代表黨部）及代表中央尚未遷台的《中央日報》。未幾，傳播媒體卻如雨後春筍，諸如《民報》、《人民導報》、《中外日報》……等紛紛設立，加上陳儀主張言論自由，對言論尺度完全開放，幾不設限，因而可看到在二二八事件中，媒體對陳儀的批評比比皆是。第五，收回日產，但也有若干台灣人因對陳儀處理產權問題不滿而遊行抗議。

陳儀在台任職一年四個月（1945-1947），面對的是日本殖民政府時空不同的社會，他本身的能力與決斷力在關鍵時候卻出了問題，一個二二八事件，讓他在台灣的治理全部以負面收場，也爲台灣爾後帶來了幾乎難以復元的傷痛。

貳、二二八事件的經過摘要

「二二八事件」發生過程分幾個階段：第一，查緝私菸引發抗議警察階段；第二，本省人暴動殘殺外省人階段；第三，民兵武力接管政府機關的政變階段；第四，政府軍平亂綏靖階段；第五，恢復秩序階段。

第一階段「查緝私菸引發抗議階段」。起源於一九四七年（民國三十六年）二月二十七日晚上七點半林江邁女士正在天馬茶房前販賣中國大陸走私菸所引發的警民衝突。查緝私菸是小事，二二八事件的暴動、政變、鎮壓，卻因這件小事而起。

第二階段「本省人暴動殘殺外省人階段」。從二月二十八日清晨起，不少外省人慘遭殺害。陳儀經由警備總司令部發布《緊急戒嚴令》，派遣武裝軍警掃蕩暴動中的台北市區，但成效有限。外省人被殺害的情形一直延續到三月五日左右才緩和。

第三階段「民兵武力接管政府機關的政變階段」。這段時間為二月二十八日至三月八日。原本為處理緝菸血案而成立的「二二八事件處理委員會」，後來變成政治性組織，提出《處理大綱三十二條》，後來再追加十條成為《處理大綱四十二條》，其第一條即解除全台各地政府軍武裝，武器交給「處理委員會」接管。全台各地有攻占機場、水源、發電廠，也有號召起義，以圖日後台灣獨立的情事。共產黨員謝雪紅直接在台中宣布成立「人民政府」，在台中市參議會設總指揮部。「二二八事件處理委員會」成員向美國領事館提出一份八〇七人，其中一四一人簽名的「請願書」，要求美國干涉、聯合國託管，以圖日後台灣獨立。這個階段已經非純粹社會暴動，而有推翻政府的政變性質了。

第四階段「政府軍平亂綏靖階段」。三月九日陳儀宣布全台戒嚴。上午，陳儀下令解散「二二八事件處理委員會」，派兵逮捕「處理委員會」「首謀人物」。劉雨卿率整編二十一師抵達台灣，主力於晚間登陸基隆。

第五階段「恢復秩序階段」。三月十九日蔣介石致電來台宣撫的白崇禧：「特別注意軍紀，不可拾取民間一草一木，不許敗壞軍紀。」五月十六日魏道明接任台灣省政府主席，立即取消戒嚴，結束二二八事件後平亂清鄉行動，循司法途徑審理二二八事件的「人犯」，並對「人犯」採取寬大政策。

參、二二八事件因素探討

單純取締私菸、誤傷民眾並不足以掀起民變，必然有更大的背景原因。回顧二二八的時空背景，當時台灣面臨三種嚴重的問題，分別是經濟、政治、社會等問題。

一、經濟因素

台灣經過美軍大轟炸，工廠破壞，生產力降低。在經濟方面，台灣面臨的是戰後經濟症候群，通貨膨脹促使社會不安快速激化，潛伏的惡性通貨膨脹早在第二次世界大戰時，就已經累積龐大通貨膨脹的壓力。日本殖民政府用物價管制、物資配給，表面上把物價控制住，其所發行的「台灣銀行券」早已一文不值，卻都被日本殖民政府用物價管制遮蓋住。

在貨幣方面，日本在殖民統治台灣第五年，一八九九年（明治三十二年）九月二十九日透過台灣銀行發行沒有任何準備金的「台灣銀行券」，俗稱「台銀券」。「台灣銀行券」是由「大日本帝國政府印刷局」代印，沒有官定標準可以兌換黃金或美元，且日本殖民政府實施資金流動管制和物資配給制度，「台灣銀行券」的市場價值和眞實的通貨膨脹率，完全靠人為控制。例如，一九四五年（民國三十四年）十月二十五日，台灣光復日當天，日本殖民政府的配給和管制措施終止，十一月八日台灣米價暴漲三倍。

日本人在台統治末期，台灣已經發生嚴重通貨膨脹，其原因為二戰末期日本財政瀕臨崩潰，日本靠發行公債度日，台灣銀行也必須扮演支持的角色。到了一九四四年發行公債已占全年政府收入的78.6%，可見日本財務問題之嚴重。一九四五年八月十五日日本宣布無條件投降以前，火速趕印了二十多億台灣銀行券，運台用以發放退休金、遣散公務之用。所以在光復前台灣通貨膨脹因戰爭就已經很嚴重，而且日本人臨走前等於又在本來就困難的財政上放了一把火。

台灣銀行在日本殖民時期的一九四〇年十二月發行的「台灣銀行券」只有近兩億元（199.7百萬元），隨後逐年快速上升，到了一九四六年五月十八日已是三十三億多元（3,341.3百萬元）。很驚人的是，從一九四五年八月台灣復歸中國，到一九四六年五月陳儀政府接收台灣銀行，其間約七個月，日本人濫發「台灣銀行券」，搶購物資，運回日本。短短七個月，日本人控制的台灣銀行整整多印了兩倍數量的鈔票，如果與珍珠港事件爆發前的一九四〇年十二月相較，多印了十六點七倍的鈔票。這些多印的鈔票全被日本政府拿走了。

一九四六年五月二十二日陳儀發行「台幣兌換券」，俗稱「舊台幣」，且陳儀一意孤行完全不顧市場規律，規定「舊台幣」和「台灣銀行券」的兌換率是一比一，不讓市場決定兌換率，等於把台灣人的錢拿去補貼日本人打中國和美國的戰費，結果全由南京民國政府承受。這也代表南京民國政府完全承受日本殖民政府發行「台灣銀行券」的一切債務，也承擔了日本人留下的通貨膨脹爛攤子。「台灣銀行券」在戰爭期間所累積的通貨膨脹壓力，也完全從「舊台幣」爆發出來。日本殖民政府的濫發行貨幣的責任因而完全卸除，通貨膨脹的政治責任和民怨卻完全由南京民國政府承擔。

二戰以後，通貨膨漲是全球的普遍現形，例如德國、匈牙利等不少國家都面臨嚴重的通膨，大陸各地的通膨比台灣更嚴重。但是在看到日據時期物價平穩，台灣剛剛光復，物價即立刻暴漲，「舊台幣」又價值暴跌，大多數台灣人因而直覺地怪罪南京民國政府與陳儀的行政公署。更扯的是，通貨膨脹已勢如脫韁野馬，陳儀還在一九四七年一月九日宣布調高土地稅三成，這簡直是提油救火。陳儀解釋說提高稅金充作教育基金，卻無人相信。陳儀拒絕南京中央銀行由市場決定兌換率的主張錯誤，埋下二二八事件的起因，是陳儀戰後最失敗的政治決策之一。

有研究二二八事件的學者，多半會將事件發生的原因歸咎於國民政府來台後，台灣經濟情況不佳所導致。然而從張公權當時的一份研究文章〈台灣光復初期與大陸之經濟關係〉（《傳記文學》第三十七卷六期）可以發現，其實當時台灣的經濟情況，並不如多數學者所謂的急遽衰退。

首先，二次世界大戰後，全世界經歷此場世界性浩劫，通膨基本上是全球所面臨的經濟課題，有學者研究指出，從一九四六到六八年間，台北與中國各省主要城市的經濟數據比較情況，可看出台灣的通膨率相對較小（劉錦添、蔡偉德，〈光復初期台灣地區的惡性通貨膨脹〉，《經濟論文叢刊》第十七輯第二期）。其次，這段時間內（1946.2-12、1947.1-4、1948.8-12）三段時期的物價指數對比，除了一九四八年十一月起，上海的物價指數突然高過台北數倍，其他時間，兩個城市的物價指數並沒有特殊的差異（劉士永，《光復初期台灣經濟政策的檢討》）。第三，若觀察農工業產量的情況，也可發現光復後，台灣農工業產量是獲得顯著提升的。張公權說：「在日本投降之前夕，台灣整個生產機構業已破壞，中國政府前來接收時，大部分工廠均遭轟炸損毀。即稻米產量，亦由一九四一年約一千五百萬（15,140,288）公石，降爲一九四五年的七百餘萬（7,476,024）公石。經過接收後兩年之努力，台灣情形顯見好轉。一九四七年稻米產量計爲約一千四百萬（14,184,111）公石，幾乎已經快回到一九四一年的水準。另外，蔗糖與茶葉產量均大見增加。茶葉一項，一九四八年可望達到產量一千萬磅，蔗糖產量可望達到三十萬噸。所有工業生產，由於新增資金之故，悉有顯著進步。」

根據以上資料，可證台灣當時經濟情形，並非所謂「民不聊生」。另外，李登輝在康乃爾大學的博士論文所附的圖表中也可以看出，台灣經濟最敗壞的時期是一九四五年，到了一九四七年時，正在緩步復甦中。不過，群衆顯然不如此認識，一九四七年二月八日電價上漲一倍。二月十三日台北市發生示威遊行，抗議米價高漲，批評陳儀政府無能解決。

「日產糾紛」也是一個被認爲是引爆二二八事件的因素。陳儀上任後，宣布自一九四五年八月十五日以後日產過戶買賣一律無效，日本人的私產一律充公，收歸國民政府所有，除政府撥用外一律公開拍賣，百姓租用日人之工廠店面繼續使用，由縣市政府向長官公署整批購買繼續租給現住戶，將來拍賣時現租戶有優先承購權。陳儀的辦法雖然合情合理，但是此舉卻讓擁有三千多戶的台灣人不滿，不停地向長官公署、省議會，甚至中央抗議。後來行政院下令陳儀將買賣有效期限延長到十月一號，陳儀被迫答應，但是對已經被批駁的案件一律不准翻案，但之後又在當事人請願，告狀的壓力下，長官公署再做讓步，最後確定八月十五日以後買賣可以接受，唯須在十月十六日以前完成過戶登記，但是還堅持不准翻案。

陳儀是由法論法，其思維應是：日本人不會事先預設會戰敗，而將財產房舍做處理準備，台人在戰爭末期，忙著躲警報，應也無心思向日人要求房舍買賣，因此最多的是日本投降後日本人將日人私有房地產送給台灣人，或便宜賣給台灣人。日本人的地籍登記制度很完善，房地產所有權很清楚，如果眞的在戰前處理，應會有記錄。所以不少房地產的簽約、付款、完成變更登記手續，都是在戰後完成，而將簽約時間倒塡爲八月十五日以前完成買賣。另也有部分流氓以強占方式占據大批日人私有財產，事後再找人頭做假合約，想矇混過關，陳儀此一規定等於影響到不少人的利益。一九四七年二月十八日日本殖民時期租借公產房屋的本省籍原住戶抗議陳儀政府標售日產房屋。二月二十六日，抗議戶串聯三千多戶準備到台北遊行，向長官公署抗議，陳儀透過臺北市長游彌堅下令禁止遊行，陳儀並公開斥責這種行爲是「道德破產」，遊行取消，兩天後發生二二八事件。

不論什麼理由，二二八爆發群衆暴力事件，剛好成爲這些不滿因素匯集所引發火山爆炸的噴發口。二二八事件會發生，原因衆多，但是會從警民衝突升高爲政治動亂，且一發不可收拾，那麼政治因素與社會因素就是關鍵了。

二、政治因素

在政治因素方面：一是國共內戰對台灣的影響；二是參與者有「政治奪權」的行為，包括想自立政府或希望美國支持台獨。國共內戰激化起台灣人的奪權行動、皇民化的本省人企圖推動台灣獨立，都提供二二八事件的點火條件，也使原本的治安問題變成高度敏感的政治問題。

國共激烈鬥爭，台灣當時屬於國民黨控制區域，中國共產黨在台灣發展組織，派出幹部，進行地上或地下活動，事屬必然。中國共產黨台灣省工作委員會台北支部書記廖瑞發組織學生軍，擬進攻陳儀的行政長官公署，台灣共產黨員如謝雪紅（1901-1970）掌握台中地區暴動民兵指揮權，如宋斐如（1903-1947）和台灣共產黨員蘇新（1907-1981）掌握《人民導報》等報紙媒體的宣傳力量，對二二八事件的發展都起了很大的作用。

二〇一三年，中共在北京西山國家森林公園設置無名英雄廣場，紀念一九五〇年代犧牲的地下黨成員，廣場上立有無名英雄紀念碑，雕塑及人員名單共八百多名，領取二二八死亡補償的名單中，約有三十位名列其中。這些參與二二八事件，而在一九四九年後陸續因其他案件被捕，以叛亂罪槍決，現在又被大陸奉為地下黨烈士，也可以說是求仁得仁。這證明二二八事件參與者當中，確實不乏爲數可觀的左翼成員。

在「奪權」方面，台灣有爭奪政權的傳統。荷蘭時期郭懷一欲稱王台灣，清治時期朱一貴堂而皇之稱「中興義王」、林爽文稱「盟主大元帥」、戴潮春稱「東王大元帥」，日據時期余清芳稱「天下大元帥」，都有稱王奪取政權的慾念和計畫。對某些人而言，二二八事件暴動是奪取政權很好的機會，「二二八事件處理委員會」的組織，以維護治安的名義，提供組織民兵武力和雛形政權的基本條件。「二二八事件處理委員會」的訴求從調查血案升級到政治改革，從政治改革升級到改變政權，甚至要援引美國及聯合國力量，支持台灣獨立。這一連串事件均在短短十天之內發展出來，王添灯（1901-1947）想當「政府主席」與謝雪紅成立「人民政府」並擔任「總指揮」等爭奪政權的慾念是很關鍵的因素。因爲有「奪權」因素在內，二二八事件也就快速變質，也促使南京政府派兵武力鎮壓。「爭奪政權」不是什麼罪過，只是武力爭奪政權，也要承受爭奪失敗，遭到武力鎮壓的後果。毫無疑問的，野心的政客與意識形態的專權行動，是二二八事件從警民衝突演變成政治事件的最主要因素。

三、社會因素

社會因素方面，台灣在戰後同時有「復元症候群」與「光復症候群」兩大認同，以及社會治安敗壞等問題。

全世界許多國家都有這種經驗，戰爭結束了，社會恢復正常運作，但是許多參戰官員、退伍軍人，一時無法調適；當年的台籍日本兵處境更尷尬，一度被當成戰俘，退伍後就業問題、國家認同問題，比一般國家戰後復元問題更爲複雜。台灣淪爲日本統治五十年之久，許多人因爲生在日據時代並受日本殖民教育，認同日本人，加上皇民奉公會的少數特權家族，在光復後發生認同錯亂，在二二八發生後趁機蠢動並企圖推翻行政公署，也是事實。從太平洋戰爭末期，動輒六、七十萬人爭相搶當日本志願兵參戰，就可以瞭解認同問題有多嚴重。

在「治安敗壞」方面，台籍日本兵在戰後有近十三萬人遣送回台，這些人的意識形態對自己是日本人或中國人是模糊不清的，受日本人皇民化的洗腦，未經任何再教育或政治檢驗，不像朝鮮籍日本兵受到很嚴格的政治及社會檢驗。陳儀政府也無法做出有效的生活安排，造成台籍日本兵的生計困難，成爲犯罪及暴動的地雷。陳儀奉南京民國政府的指示，爲慶祝一九四七年一月一日公布《中華民國憲法》，頒行大赦。台灣符合赦免條件者有四千五百人，一月二十五日誇張地釋放日本殖民時期的監獄人犯，以示恩澤囚情，卻無法有效更生或安排生計，迅速造成治安敗壞。流氓地痞成爲各地的「角頭大哥」，走私販毒，包娼包毒。對照之下，日本殖民時期的治安相對良善，民眾把這股怨氣記在南京民國政府及陳儀政府頭上，並不爲過。遇有抗爭事件，形成群眾運動，再轉爲暴動的暴民，甚至爭奪政權，自非意外。整體而言，不法暴民也是此次事件愈演愈烈的元兇之一。

四、其他因素

至於陳儀的「統制經濟」政策、貪污腐敗、軍紀不良、外省人壟斷官職也都是事實，但應該只能算是次要原因。而台灣學術界對於這些因素在二二八事件中的重要性或關鍵性有不同的看法。

㈠「統制經濟」

陳儀留學日本軍校，思想偏向社會主義，在經濟治理方面相信合作社理論、管制經濟、國有資本，使得台灣經濟缺少自由生機。擔任二二八事件調查委員的楊亮功，分析事件原因提到，陳儀的工商業管制使台灣人無法投資，貿易管制使一般商人生意蕭條，專賣管制令小生意人叫苦連天。但是，也有人認爲，戰後經濟蕭條絕非全因統制政策所致，專賣制度也是日據時代的蕭規曹隨。陳儀任職也僅一年四個月，其經濟統制政策是否爲經濟衰敗或台灣暴動的主要因素，值得再深入探討。另如果從一些比較統計資料來看，台灣的經濟，特別是放在當時戰後的復元經濟及與其他地區比較，並沒有想像中那麼差。不過從結果來看，陳儀的「統制經濟」的確沒考慮到當時的時空背景與戰後台灣經濟與民眾的複雜程度，他堅持偏左的經濟政策，實行統制經濟，進而引發民怨，釀成巨禍。

(二)「貪污腐敗」

隨同陳儀來台接收的南京民國政府官員貪污腐敗、牽親引戚、營私舞弊、貪贓枉法，幾件重大貪污案件不斷喧騰於媒體，造成民怨，當然要負重大責任。「貪污腐敗」固然令人不齒痛恨，但歷朝歷代都有，非陳儀治理下所獨有的現象。即使民主化後的台灣，還是貪污未停，連總統陳水扁都爲世界知名貪污犯。因此，我們可以說，陳儀不能整飭官箴，讓貪污腐敗橫行，是其罪過，但是「貪污腐敗」本身仍不足以惡化二二八的發展。

(三)「省籍歧視」

所謂「省籍歧視」就是「未能大量晉用省籍人士」。例如陳儀本人直接隸屬的十八個正副首長，只有一個是本省人。不過，在這一方面也有不同的看法。根據銓敘制度，台灣人未經銓敘，沒有資格擔任公職，且台灣人在日本人統治下，只能擔任基層公務員。故當時曾在日本政府擔任公職者原爲極少數，曾擔任主管者更絕無僅有。陳儀一方面啓用台籍菁英，一方面任用曾參加抗戰的台籍人士，如黃國書（1905-1987，後曾任立法院長）、蘇紹文（1903-1996）等，同時舉辦各種訓練班如警察訓練班、教師訓練班、高級文官訓練班，而其中絕大多數都是本省人。陳儀用這種變通的辦法，讓台灣人可以經過短期訓練就可以進入政府工作。

從數字來看，一九四五年日本殖民政府結束時，公務員總數八萬四五九九人，其中「本島人」人數形式爲四萬六九五五人，包括敕任官（相當簡任）僅杜聰明一人，奏任官（相當薦任）僅二十七人，其中十二人爲醫師或教員；判任官（相當委任）三六八一人，總計三七三三人，僅占7.98%，其餘皆爲雇用供奔走執役人員。

反觀國民政府治台後，長官公署在台一年五個月期間，九個重要處的十八位正副處長中，宋斐如（1903-1947）任教育處副處長；此外，十七位縣市長中，台北市長游彌堅（1897-1971）、新竹縣長劉啓光（1905-1968）、高雄市長黃仲圖（1902-1988）、高雄縣長謝東閔（1908-2001）等皆爲本省籍人士。再者，以一九四六年在任公務員而言，總數五萬四六一七人，其中本省籍三萬九七一一人（72.21%）、外省籍一萬三九七二人（25.58%）、其他國籍九三四人（1.71%）；簡任官二一四人中，本省籍十二人、外省籍二

○二人；簡任待遇者，本省籍二十四人、外省籍二○四人；薦任官，本省籍三一九人、外省籍一三八五人；薦任待遇者，本省籍四八七人，外省籍九五一人；委任級以下者，本省籍人數則超越於外省籍。從以上統計數字可見，所謂外省人「壟斷權位」之說，應非事實。與日本殖民統治時期相比，這對陳儀施政算是正面的。

此外，再以大專及職校畢業生就業考試爲例，從一九四九至五八年停辦，改爲台灣省建設人員考試爲止，十年間，總計分發兩萬九八七人，其中本省籍一萬六八六三人，占整體的八成以上。

五、陳儀個人因素

二二八事件從取締私菸開始、查緝員誤傷民衆致死、本省人暴動殘殺外省人、包圍公署、建立雛形政權或臨時政權、組建民兵武力、強奪槍械、攻占政府機關、進攻軍警駐地、罷黜官員、控制鐵路要道、政府軍鎮壓、交戰團體激烈戰鬥、民兵戰敗瓦解、陳儀政府報復清算政敵、清鄉抓人，這是個半暴動、半政變、半革命、半叛亂、半鎮壓的民變事件，比起台灣史上其他大型民變事件，如一六五二年郭懷一事件、一七二一年朱一貴事件、一七三一年大甲西社事件、一七八七年林爽文事件、一八六二年戴潮春事件、一九一五年余清芳事件的規模小很多。

值得注意的是，起事的民兵組織或臨時政權並未獲得台灣人廣泛的支持，民兵組織增兵不易，臨時政權的物力財力得不到民衆普遍的支持，被政府軍鎮壓時皆顯得脆弱無比，很多政權或民兵組織聽聞政府軍抵達，立即聞風潰散。相同的，民國政府軍的鎮壓行動比起前述歷史上的大型民變事件，也相對規模限縮很多。

原本是個很小的警民衝突事件，卻成爲極大的政治事變，但在政府軍抵達後又快速的瓦解，卻又造成嚴重的政治後遺症。星火之所以燎原，除了當時客觀的戰後環境讓台灣社會騷動不安外，不法暴民與政治野心家應是關鍵的禍首。不過，假如陳儀處置得當，二二八悲劇還是可以避免的，至少不會如此嚴重。陳儀當時集大權於一身，面對危機時的處理能力不足，當危機初起時，既不依法處理，又不動用公權力；最失策的是，放任暴民霸占電台攻擊政府，甚至號召退伍台籍日軍集結，長官公署均不加干涉，表現優柔寡斷，坐待情況惡化，事後逮捕槍決與二二八事件有關的人士，有些固然是涉及武力暴動、爭奪政權的叛亂，但也有證據錯誤或不足的冤案，做爲當時台灣的最高行政長官，毫無疑問，必須負最大的政治與行政責任。

陳儀一九四七年因二二八事件下台，一九四八年出任浙江省主席，一九四九年涉嫌投靠中國共產黨，被蔣介石逮捕，一九五〇年被押赴台北槍決。

肆、二二八事件後來的影響

二二八事件經過各方善意或惡意的操作，形成的政治氣候和影響早已超過原貌。一個治理不良的政府、一個惡劣的內外政經背景、一場民怨由小事件做噴發口的暴動、一場規模有限的鎮壓行動，隨著時間和歷史的發展，混淆了眞實與謊言。但對台灣的政治影響，卻產生族群衝突、政治矛盾、統獨對立的深遠後果。

雙方死傷人數到底有多大？台獨人士以「大屠殺」稱呼二二八事件。台灣納稅人出資金，由二二八家屬代表組成的「財團法人二二八事件紀念基金會」截至二〇〇五年（民國九十四年）底認定：本省人死亡人數六八一人，失蹤人數一七七人，羈押判刑人數一三九五人，受難人數合計二二五三人。後來受理賠償時間延長到二〇一七年五月二十三日，截至二〇一六年二月底爲止，受難人數增加至二二九〇人，僅比二〇〇五年增加三十七人。二二八基金會所謂「受難人數」二二九〇人，大部分是所謂的「被羈押」人數，「被判刑」人數次之，「死亡」人數在二〇一六年二月底，才增加認定一位日本人死亡跟二二八事件有關，

「失蹤」人數最少。但是基金會從未調查外省人的受難人數。外省人在暴動中，被本省人殘殺的死亡人數，因無清楚的戶籍資料，刻意被忽略，甚至被隱藏。

首先，二二八事件的死亡人數刻意被扭曲、被刻意誇大，甚至胡言亂語到死亡人數上萬人的地步。其目的在塑造三個說詞：第一，外省人是殘暴的外來統治階級，本省人是遭受暴力統治的善良且無辜民眾；第二，國民黨是外來政權用暴力占領台灣，實施極權統治；第三，台灣人不是中國人，中國人才會如此殘暴對待台灣人。死亡人數的謊言很容易戳破，林爽文事件和余清芳事件到現在都還找得到百人塚，二二八事件發生時間離現在這麼近，卻連個十人塚的影子都無，哪來上萬的死亡人數。

一九九二年李登輝政府提出的《行政院二二八事件研究報告》列舉〈陳寬政人口學推計〉，一九四六年台灣並無精確的死亡人數統計，一九四七年死亡人數十一萬四一九六人，一九四八年死亡人數九萬五三四〇人。一九四七年是二二八事件發生年度，比一九四八年的死亡人數多了一萬八八五六人，所以二二八事件被「假想」南京民國政府軍「屠殺」至少一萬八千人。因爲此一死亡數字估算方式極不合理，該研究報告最後正式出版時並未將其納入，並在結論中強調，該報告並未能對二二八事件傷亡人數做出精確統計，但是此一數字已被以訛傳訛地認定爲「政治正確」的死亡數字，在台北的二二八紀念碑，即認爲「死傷、失蹤者數以萬計」。

陳儀有機會「屠殺」的時間只有一八四七年的三月八日至四月七日，不在這段時間死亡，而要硬歸入跟二二八事件有關，實在很牽強。誇大死亡人數，原因只有一個：「怕說謊被揭穿。」整個二二八事件也就是一個謊言接著一個謊言，包括「學者研究」、「訪談」、「回憶」，其中不少經不起邏輯的檢驗。更令人不解的是，馬英九當政時也不深究釐清，只會配合二二八事件操弄者，定期穿黑西裝、黑領帶去向所謂二二八家屬鞠躬作揖。馬英九是希望能夠撫慰二二八事件造成的社會裂痕，但代表著馬英九向二二八事件所捏造的事實及所代表的政治符號屈服。

二二八事件是台獨推動「去中國化」最好的政治鬥爭武器。很多台灣受過日本教育的菁英涉入二二八事件，被依叛亂罪做理由處決，有的人眞的事涉叛亂，有的人只是發表反政府言論，有的人純屬無辜冤案。這是時代的悲劇，但是某些狹隘的意識形態者，卻一口咬定二二八事件是「大屠殺」，蔣介石是殺人屠夫，國民黨是外來政權，藉以去除任何中國化的政治符號，而絕口不談二二八事件的暴民行爲及民兵爭奪政權。持平而論，對任何國家來說，都是構成政府軍武力鎮壓的充足理由。在局勢大亂的情況下，民兵爭奪政權，政府軍鎮壓，都是交戰團體的正常狀況。

二二八事件在政治操作下，已成台灣統獨之爭、往台灣獨立傾斜的最佳意識形態工具。二二八事件紀念基金會眞相研究小組召集歷史學者、民進黨員、法政學者共同參與，二〇〇六年完成《二二八事件責任歸屬研究報告》，這個報告不僅錯誤百出，更是惡意曲解歷史。內容主要將二二八事件責任歸屬的「元兇」指向蔣介石，認爲蔣介石指派國民革命軍新編二十一師師長劉雨卿率兵赴台鎮壓，展開屠殺和清鄉的鎮壓工作，應負最大責任。這篇報告完全刻意忽略三月十三日蔣介石曾致電陳儀「嚴禁軍政人員施行報復，否則以抗令論罪」，以及三月十九日致電來台宣撫的白崇禧「特別注意軍紀，不可拾取民間一草一木，不許敗壞軍紀」的事實。二二八事件自此再演變成將蔣介石比擬爲希特勒，國民黨爲一不正義的外來政權的最好工具。

爲了政治目的，「二二八事件」在台灣已成爲「官民聯合大撒謊」的工具。所有當時的軍政首長都成爲「罪人」，而所有參與者，即使是「流氓」、「搶劫犯」、「顚覆政府者」、「中共地下黨員」，都可以成爲「受難者」，向政府要求賠償。「二二八事件」如果不能正確認識，放任謊言橫行，將使得台灣人徹底價值錯亂。

二二八基金會從一九九五年十月七日起，開始受理申請受難者補償（民進黨任內改爲賠償），迄今已二十餘年。截至二〇一七年五月二日申請賠償金截止日，基金會公布審理成立的受難案件共二七九二件，死亡六八五件、失蹤一八〇件、受難或名譽受損一四三七件，受領賠償金總金額七十二億三千多萬元，受賠償人數共一〇〇三四人。認定死亡失蹤案件可獲六百萬元賠償、被監禁一定年限賠償五九〇萬元。有報導稱有人因走在路上唱日文歌被羈押十天，也可獲賠三十萬元。從這個齊頭式的賠償標準可以看出，無論是眞的無辜受害者，還是中共的地下黨員、已有實際行爲的顚覆政府者、暴動攻擊政府軍而遭回擊而致死者，都是一律獲賠六百萬元，也不管任何原因，只要被羈押或做過筆錄，都可以得到賠償，這樣的「賠」償方式是否合理，讀者應有公論。

回顧歷史，隨便舉個例子，一八九六年一月四日日本人在宜蘭屠殺四千三百多人，六月二十二日在雲林屠殺約六千人，都是無辜的台灣人。大部分現在台灣人對日本人殘酷屠殺台灣人，都毫不介意，也早就忘得一乾二淨，唯獨對武裝衝突死亡約數不到一千人的二二八事件，誇大渲染，自有其台獨、反中、媚日意識形態的遺形潛影，已超乎理性可以討論的範疇。

第十四章

一九五〇與六〇年代的治理

壹、美國戰略利益下的台灣地位

一、美國決定放棄民國政府

在蔣中正與羅斯福併肩共坐擬訂《開羅宣言》的僅僅半年後，一九四四年六月美國副總統華萊士（Henry Wallace）在其訪華後的祕密報告中，認爲對日戰爭結束後，蔣介石將失去其領導地位，美國只能將蔣介石作爲短期的投資對象，在援蔣時同時要抓緊中共，不讓中國爲蘇聯勢力獨占，應採「短期支持蔣介石，長期爭取毛澤東」的兩手對華政策。

一九四九年（民國三十八年）一月二十一日蔣介石宣布「因故不能視事」，一九四九年初國共的「三大戰役」後，國民政府的敗象已露，美國已經決心放棄國民政府，全力爭取中國共產黨。隨著冷戰的逐漸逼近，美國益盼毛澤東能「狄托化」，以防止中共完全倒向蘇聯，因此維繫與中共的關係甚爲重要。

一九四九年八月五日美國國務院發表《中國白皮書》（正式名稱爲United States Relations with China, With Special Reference to the Period 1944-1949，俗稱The China White Paper），該《白皮書》對於國民黨而言，既是落井下石聲明，也是告別書。美國認爲，國民政府會敗，是領導無能，與美國無關，而美國所做任何事，都不可能改變中國局勢，美國若袖手不管，對局勢也不會有影響。國務卿艾奇遜（Dean Acheson）在《白皮書》中表示，中國深奧的文明及民主的個人主義終將使中國脫離外國的桎梏，美國對所有的這種可能發展應予鼓勵。文中所稱的外國即是蘇聯。該《白皮書》傳達兩個訊息：一是美國對民國政府採「袖手不管」政策，放任其敗亡；一是認爲基於文化不同，內戰結束後的中國不必然會是蘇聯的盟友，美國應拉攏中共，未來共同圍堵蘇聯。美國這個期待，一直到二十年後，才得以實現。

十月一日，中華人民共和國成立。一個星期後，美國召開遠東專家圓桌會議，重新檢討對華政策。會中決議美國應盡早承認共和國政府，並應促使其加入聯合國。在會中，中國專家費正清（John K. Fairbank）表示，美國不應防止台灣落入中共之手。

十月二十四日中共對美國駐瀋陽及上海等地領事管人員予以拘審或毆打，一九五〇年一月十四日沒收美國在北京的使館。上述不友善的行爲使得美國無法給予外交承認。

無法予中共外交承認，並不表示美國就會對民國政府支持。美國仍未放棄對中共的爭取，而爭取的另一種方法，就是以放棄對蔣中正支持的做法，來換取對中共善意的表達。

一九四九年十月二十六、二十七日，國務卿艾奇遜主持遠東政策討論會，其中對華政策的重要決定包括：第一，對國民政府及其軍隊的軍事援助，不但無用而且有害，爾後取消公開或秘密的一切援助。第二，莫斯科與北京間的緊張情勢對美國有利，應引其自由發展，擴大發展，避免中共成為蘇聯的附庸。第三，放棄以外交承認作為謀取中共讓步的方法，放棄武力占領台灣的企圖，也放棄以台灣民族自決為由，向聯合國申請託管的提議；但是如果有其他國家自行向聯合國做此項建議，美國也可以贊同。

一九四九年十二月十六日，毛澤東啓程赴莫斯科拜訪史達林，但美國仍以斷絕與在台灣的民國政府建立關係的方式來討好中共。二十三日，已退到台灣的民國政府正式籲請美國派遣政、軍、經顧問團來台，協保台灣。但是在這一天，美國的回應是，由國務院向遠東地區使節發表秘密備忘錄，傳達美國對台灣的「袖手不管政策」（Hands-off policy），指出台灣淪入中共已是可預期之事，這個島嶼對美國而言已無特殊軍事意義，讓民國政府自己防衛台灣。

由上可知，至一九五〇年為止，美國是極力向中共表達善意的，但是由於毛澤東「一邊倒」的完全傾向蘇聯，使得美國無法如願。由上也可知，在這段時間，民國政府在台灣是風雨飄搖，再加上中共要用軍事力量解放台灣，民國政府對於任何會影響到台灣安全的事務均格外敏感，這也是後來有「白色恐怖」的歷史背景因素。

如果當時沒有兩岸的分治，或倘若當時中共願與美國建立外交關係，這個以後由美國一手製造的「台灣地位問題」是不會出現的。

二、台灣地位未定論

美國雖然沒有放棄與中共的外交承認，但是當時也從未否定台灣已回歸中國的看法。一直到一九五〇年（民國三十九年）初，沒有任何人曾經提過台灣地位未定的說法。美國對於台灣屬於民國政府管轄也沒有任何異議。一月五日，當時的美國總統杜魯門即在記者會中公開表示：「爲了遵守這些宣言（開羅與波茨坦），台灣已交給蔣介石委員長，過去四年來，美國和其他盟國一直承認中國在該島行使權力。」同一天，國務卿艾其遜也說：「中國已治理台灣四年，美國或其他盟國從來沒有對於該項權力和占領發生疑問。當台灣爲中國的一省時，無人對它提出法律上的疑問，那就認爲是符合約定的。」

一九五〇年六月二十五日韓戰爆發，朝鮮半島的命運兩度影響台灣的命運，第一次是一八九四年的甲午戰爭，中國割讓台灣給日本，第二次是一九五六年的韓戰（朝鮮戰爭），使國共內戰隔著台灣海峽持續進行。

韓戰改變了美國對台的戰略思維，美國需要台灣作爲它在西太平洋的反共堡壘，派遣第七艦隊協防台灣。但是，美國所採取的策略並不是挺蔣介石的民國政府，反而是提出「台灣地位未定」的說法，讓美國得以介入台海事務。一九五〇年六月二十七日杜魯門因應韓戰，發表《韓國情勢聲明》（Statement by the President on the Situation in Korea），杜魯門聲明：「台灣地位未來的決定，必須等到太平洋安全恢復，與日本和平解決，或經由聯合國考慮。」開啓了美國「台灣地位未定論」的主張。

美國對台灣地位採未定的主張，提供了美國介入台海爭執的法理依據。當時擔任美國國務院外交顧問的杜勒斯（John Foster Dulles）即曾對民國政府駐美大使顧維鈞表示：「假使美國業已將台灣視爲中國的領土，不僅中國的代表權問題須立謀解決，而且美國也將失去部署第七艦隊協防台灣的依據。」

顧維鈞（1888-1985）大使在回憶錄中也明白指出：當時在國府撤退至台灣後，局勢相當不穩，準備承認及可能承認中共的國家甚多。在韓戰爆發後，美國驟覺台灣地位的重要，又不願台灣落入中共或蘇聯共產集團之手。美國如果不主張台灣法律地位未定，而又宣稱台灣屬於中國，則無法對已經承認中共爲中國的國家主張台灣不應屬於中共。但是杜魯門的聲明也隱含著，民國政府未來的安全必須依賴美國，藉由美國的支持，國家主權的權利方得以行使。

一九五一年第二次世界大戰的戰勝同盟國在美國舊金山與日本簽署戰後的和平條約。美國、英國、蘇聯對於邀請兩岸哪一個政府參加《舊金山對日和約》沒有共識，同屬中國的兩岸政府，爲了抗日死傷何止千萬，卻在戰後最重要的和平條約中缺席，這也是中國內戰、國家分裂的不幸。一九五一年九月八日的《舊金山和約》中僅規定：「日本放棄對台灣、澎湖所有的權利、權利名義與要求。」並未說明放棄後的權力交給誰。

日本所以未說明台灣應歸還給中國，一方面可以解釋爲日本已經放棄，沒有權利說交給誰；另一方面可以認爲，由於在當時整個中國分治的情形下，兩岸各有其支持者，雙方亦均未出席和會，也就不決定給誰。

前面已提及，日本在《降伏書》中接受《波茨坦公告》，《波茨坦公告》又接受《開羅宣言》中將台灣歸還中國的規定，因而台灣歸屬中國毫無疑問。

如果中國沒有在一九四九年分治，台灣地位不會是一個問題。「台灣地位未定論」可以說是一個因爲中國分治而形成的國際政治下的產物。「台灣地位未定論」至此成爲一項議題，隨著美國的國家利益需要，或者個人的政治認知而有了不同的詮釋。一方面，美國將其作爲介入台灣海峽的法理依據；另一方面，一直至今日，仍有部分人士將其作爲推動台灣獨立的法理基礎。

二次大戰結束僅僅不到七年，民國政府在台澎問題上顯得無助與無奈。在法律意義上，台灣已歸還中國，但在政治意義上，究竟屬於海峽兩岸的哪一個中國，變成了「台灣地位未定論」的另一個基本內涵。

三、視台灣為扈從的盟友

拜冷戰之賜，一九五三年（民國四十二年）四月二日，美國駐華公使銜代辦藍欽（Karl Rankin）升任大使，象徵民國政府與美國關係邁向正常化的新階段，台灣成為美國在西太平洋防堵共產主義擴張的干城。美國的對台政策是兩面的：一方面，與台北民國政府維持外交關係，並支持其在聯合國的席位；但另一方面，卻現實地主張「台灣地位未定」，使得民國政府是否享有在台灣的主權，甚或中華民國是否為一獨立的主權國家都顯得很模糊。至於如何解釋與發展，則全賴國際環境的發展與美國的需要而定。

一九五〇年代兩岸之間有兩次重要的軍事衝突，一是一九五四年九月三日中共猛烈砲擊金門，為第一次台海危機；另一是一九五八年八月二十三日中共再襲金門，引發第二次台海危機。

第一次台海危機後，同年十二月二日，駐美大使葉公超與國務卿杜勒斯在華盛頓簽署《中美共同防禦條約》（Mutual Defense Treaty between the United States of America and the Republic of China）。在國際間，條約的簽訂代表著兩個主權國家間的相互承諾，但是《中美共同防禦條約》卻連這個最基本的原則都無法完全滿足。美國參議院外交委員會在批准此條約時補充稱，爲避免誤解該條約的目的，「本委員會認爲本條約之生效，將不致影響（affect）或修改（modify）台灣與澎湖之現有法律地位」、「不應被解釋爲影響或修改其所適用之領土的法律地位與主權」。簡單的說，美國一方面接受民國政府統治台灣的事實，但另一方面卻仍堅持「台灣地位未定」。

《中美共同防禦條約》第六條表明對條約中「領土範圍」一辭的解釋，「就中華民國而言，應指台灣與澎湖」。依據這項條款，台灣與澎湖是美國協防的範圍，金門、馬祖等外島則並不包括，如果需要，需另行再議，以將共同防禦範圍「適用於經共同協議所決定的其他領土」。

《中美共同防禦條約》對武力使用的限制並無明文規定。中美雙方再以交換照會方式表明：「凡由兩締約國雙方共同努力與貢獻所產生之軍事單位，未經共同協議，不將其調離第六條所述各領土，至足以實際減低此等領土可能保衛之程度。」美國參議院在通過此項條約時也做出解釋，認定「締約任何一方自中華民國控制下的領土上採取軍事行動須獲得雙方一致同意」。這句話表示未經美國同意，民國政府不得將台澎的軍隊調離至金馬外島，任何台澎地區以外的軍事行動也必須經過美國認可。至於爲何不公開在條約中述明，卻用私下交換照會的方式表達，理由很簡單，爲了給民國政府顏面，不要讓政府在面對人民時太難堪罷了。

在國際法上，換文與條約具有同等效力，雖然外交部長葉公超（1904-1981）表示：「中美共同防禦條約，在任何意義上，都不妨礙自由中國光復大陸的權利。」但不可諱言的是，反攻的行動已不再隨心所欲。

然而，《中美共同防禦條約》的簽訂，顯著地改變了杜魯門時代的對華政策。第七條稱「依共同協議之決定，在台灣、澎湖及其附近，爲其防衛所需要而部署美國陸海空軍之權利」，這使得第七艦隊協防台灣有了法律的基礎，而不是憑靠台灣地位未定的政治宣示爲依據。

由於《中美共同防禦條約》的限制，台灣方面對大陸的海空軍事行動在條約簽訂後終止。或許中共也充分瞭解這項條約的局限性，認爲美國不會協防台澎以外的外島，再發動對外島攻擊，一九五五年一月二十日，一江山陷落。

江山壯烈的戰役，再度獲得美國的注意，美國國會在一九五五年一月底通過《台灣決議案》（Formosa Resolution），授權美國總統必要時可以不經立法程序，可以動用武力保衛台澎，而且授權的範圍還包括爲保護台澎而必須防衛的地區，爲防衛金馬預留餘地。

一九五五年二月八日大陳撤軍，二月九日美國國會通過《中美共同防禦條約》。這是戰後美台關係友好的最高點。美國的確在意冷戰時期台灣安全，但那是擔心在西太平洋的圍堵防線出現漏洞。美國似乎並不眞正在意台灣地位究竟應該歸屬於中華民國還是中華人民共和國，如果後者能夠配合美國的理念，台灣地位自然就有另外的考慮了。

一九五八年八月二十三日，中共再襲金門，引發第二次台海危機。十月二十一日杜勒斯訪台，二十三日中華民國外交部與美國駐華大使館同時發表《中美聯合公報》（ROC-U.S. Joint Communique）。公報中最受矚目的是，「……鑑及兩國現正履行之條約係屬防禦性質，中華民國政府認爲恢復大陸人民之自由乃其神聖使命，並相信此一使命之基礎，建立在中國人民之人心，而達成此一使命之主要途徑，爲實行孫中山先生之三民主義，而非憑藉著武力。」值得注意的是，「非憑藉著武力」之英文版是not the use of force，意思是「不使用武力」，顯然中文版採用了較具彈性的說法。

台北民國政府放棄了主動使用武力的國家主權權利，或許是出於無奈，或許是向冷戰中的西方世界表態，台灣不會做一個區域安全的「麻煩製造者」。雖然是作爲聯合國安全理事會常任理事國，但不能享受尊榮，亦不能呼風喚雨，反而像極了美國的被保護國，時時刻刻在擔心，它在國際間作爲一個主權國家的合法性與正當性能否繼續保持。歷史與政治的現實顯示，當中共向美國張開友誼雙手時，美國即迫不及待地投入，民國政府的國際地位也就急落千丈，「台灣地位未定論」也就愈來愈無存在的意義了。

四、美國結束「台灣地位未定論」的主張

國際關係牽動美國對北京與台北的立場。一九六九年中共與蘇聯爆發珍寶島事件，美國與中共在同年十二月即在華沙恢復了會談，美國與中共的關係很明顯將有轉向。一九七一年七月九日季辛吉密訪北京，正式承諾「美國不再發表任何台灣地位未定論的聲明」，國際社會也瞭解到美國的轉向，而不再支持台北民國政府。同年十月聯合國大會通過第二七五八號決議案，中華民國政府被迫退出聯合國，中華人民共和國政府成爲了中國在聯合國中的唯一合法代表。

一九七二年二月二十一日美國與中共聯合發表《上海公報》。在公報中，美國表示「認識到（acknowledge）在台灣海峽兩邊的所有中國人都認爲只有一個中國，台灣是中國的一

部分」，美國對於兩岸的這個立場「不提出異議」。

對美國而言，這個冷戰初期因爲戰略需要而設計出來的「台灣地位未定論」在《上海公報》已經結束，即美國接受「台灣是中國的一部分」，美國從此不再提「台灣地位未定論」。美國有了新的戰略布局。

另外，一九七二年九月二十九日田中角榮與周恩來共同發表的《中日聯合聲明》，正式表述日本「堅持遵循《波茨坦公告》第八條的立場」。第八條就是「《開羅宣言》中的諸內容必須得以實施」，美國從此也沒有任何立場再主張「台灣地位未定論」了。

「台灣地位未定論」正式結束，但是由於兩岸分治仍是事實，另一個問題，「台灣未來的前途爲何」隨之產生，是獨立、統一，還是「不統不獨」的「維持現狀」？在兩蔣時代，「統一」是唯一的選擇，但是隨著台灣民主化的步伐，從李登輝開始，「台灣前途未定論」藉著「台灣地位未定論」的幽魂重新在台灣的土地上盤旋，它帶給台灣的是長達十餘年、透過選舉而持續進行的「民主內戰」，引發社會認同分歧。一直到今天，這個問題仍然沒有徹底解決。

貳、經濟建設

一、大遷徙

隨著中華民國國軍在遼西會戰（遼瀋戰役）的戰敗和徐蚌會戰（淮海戰役）的失利，蔣介石對中華民國政府前景感到擔憂。根據蔣介石在一九四八年（民國三十七年）十一月二十二日的日記中，提到遷移國民政府、軍隊、軍眷、故宮文物、國庫資產與相關檔案等到台灣，用於振興台灣，爲日後反攻大陸做準備。

一九四八年十一月三十日蔣介石開始將大陸的黃金陸續運往台灣。一九五〇年六月三日，時任中央銀行總裁的俞鴻鈞（1898-1960）向蔣介石報告：「收入部分：甲、運台部分，計純金兩百九十六萬九千餘市兩：一、自上海陸續分三批運台，計純金兩百七十五萬餘市兩；二、自美國分兩批運來，計純金十九萬九千餘市兩；三、自日本運來賠償黃金，計純金一萬九千四百餘市兩。乙、由滬穗各地運廈門部分，計純金七十八萬六千五百四十市兩。以上甲乙兩項共計純金三百七十五萬五千五百四十餘市兩。」

一九四八年十二月二十二日蔣介石運往台灣第一批價值連城的古文物、圖冊及藝術品，包括故宮博物院部分有三二〇箱，中央博物院部分有二一二箱，中央圖書館部分有六〇箱，中央研究院部分有一二〇箱，外交部部分有六〇箱，合計七七二箱。一九四九年一月六日運走第二批，包括故宮博物院部分有一六八〇箱，中央博物院部分有四八六箱，中央圖書館部分有四六二箱，中央研究院部分有八五六箱，北平圖書館部分有十八箱，合計三五〇二箱。一月二十八日運走第三批，包括故宮博物院部分有九七二箱，中央博物院部分有一五四箱，中央圖書館部分有一二二箱，合計一二四八箱。

一九四九年五月十日止，南京民國政府已從上海運走大量物資，包括化學肥料、化工原料、煤礦器材、鋼鐵器材、電廠機器、石油器材、金屬礦用器材、糖廠器材、電器材料、電工器材等等達七萬七五七〇噸。除了重要物資外，招商局有九十二艘輪船計二十四萬四千餘噸，也遷往台灣，造成基隆、高雄港口嚴重壅塞。陳誠甚至爲此向蔣介石報告，要求整頓基隆、高雄港，請求從大陸急調挖泥船疏濬高雄港，抽調起重機來台協助卸載。

有些台獨人士故意扭曲說，一九四九年前後撤退來台的民國政府和外省人是身無分文到台灣，光吃台灣米，喝台灣水，這都不是事實。

現有的統計資料顯示，一九四六至一九五二年因國共戰爭撤退來台的外省人累計有約五十六萬餘（568,211）人，但這個統計數字不包括撤退的軍隊人數約四十八萬人，兩者合計約一〇五萬人。這段時間隨著民國政府撤退到台灣的人員，來自中國大陸各省市，涵蓋各職業階層、知識分子、商人企業家、公教人員、一般民衆都有，是台灣史上最短期間湧進最多人口的時期，重大地改變台灣的人口結構。

二、金融穩定與土地改革

㈠發行新台幣

前面在二二八事件一節中提到，日據時期的「台灣銀行券」時代和陳儀發行「舊台幣」的前期，爲因應戰爭時期和戰後復原的公營事業急需資金，全由台灣銀行印鈔票支應，這些鈔票的發行信用又無法靠公營事業的營運績效支撐，最後漸漸變成廢紙。一九四八年（民國三十七年）發行「舊台幣」的晚期，因國共內戰，民國政府軍失利，通貨膨脹加劇。一九四九年初大陸人口開始大舉移入台灣，台灣省政府的財政赤字擴大，加大印鈔票的壓力，通貨膨脹更是嚴重。

批發物價跟一般民生物價會有差距，因爲台灣的批發物價跟進口物價密切關聯，這段期間沒有牢靠的民生物價指數可資參考，但從批發物價觀察，亦可瞭解當時「舊台幣」通貨膨脹惡化的程度。所以推動幣制改革，發行以黃金為貨幣準備的「新台幣」，是勢在必行，且是不准失敗的抉擇。當年負責新台幣發行的官員是嚴家淦（1905-1993），他曾在蔣介石去世後繼任總統三年，但實際政務由蔣經國負責。嚴家淦政治生涯最大的貢獻就是確立新台幣政策，因而被經濟學家稱為「新台幣之父」。

一九四九年六月十五日蔣介石拿中國大陸運到台灣的黃金八十萬兩做準備金，發行「新台幣」，取代「舊台幣」。依黃金的市場價值推定「舊台幣」四萬元換「新台幣」一元的兌換比例，史稱「四萬換一圈」（閩南語）。一九五〇年六月韓戰爆發，一九五一年美援提供台北民國政府大量物資和貸款，彌補財政赤字，而且一九四九年土地改革相當成功，農產及糧食供應逐漸充足，「新台幣」穩定發行，惡性通貨膨脹才告停止。

補充一點，迄今在台灣仍有政治人物或名嘴說當時「四萬換一圈」是引發民眾不滿，造成一九四七年二二八事件的原因之一，或將其引申為民國政府欺負台灣人民的說法。如果瞭解新台幣推出的時間與背景，就會瞭解以上所編織出來的謊言，都是建立在絕大多數不瞭解真正的台灣史，以及製造謠言的惡質心態與目的所在。

㈡成功的土地改革

日本殖民統治時期，擁有四甲以上農地的地主，可以隨意更換佃農，佃農有賴耕地維生。台灣地小人稠，租佃條件很苛刻，佃農常被迫只能留存小部分收穫，絕大部分都繳給地主，許多佃農連喝米粥都很奢侈。一九四八年佃農及半佃農人口占農業人口約六成（57.5％），佃農的所得超過一半被地主取走。一九四六年選出的縣市參議員五一三人，只有十五人不是地主。

一九四九年三月三日陳誠向蔣介石報告，台灣貧富不均非常嚴重，擁地一百甲以上的地主有二七二戶，五十甲以上者三八三戶，三十甲以上者八四五戶，貧者卻無立錐之地。陳誠分三階段推動土地改革：三七五減租、公地放領、耕者有其田。台獨分子常以「遷占者政權」定位台北民國政府，但「遷占者政權」不會推動土地改革，只會沒收土地據為己有，日本殖民統治時期即是如此。

一九四九年四月十四日陳誠隨即公布《台灣省私有耕地租用辦法》，實施三七五減租。一九五一年五月二十五日更通過《耕地三七五減租條例》，詳細規定佃農應對地主繳納的地租，以全年收穫量的37.5％爲上限，現有地租高於37.5％者須降至此標準，低於此標準者則不得提高；且以一九四七和一九四八年收穫量的平均值爲標準，而非按每年收穫量的37.5%計算，是定額制而非定率制。同時規定要簽訂書面耕佃契約，地主不得預收地租，若遇歉收則應調降，佃期不得低於六年。租約期滿後，除非地主收回自耕，否則應續租給原佃農。地主若出售耕地，佃農有優先承購權。

三七五減租受益佃農有近三十萬戶。佃農的負擔減輕，生產意願提高，一九四八至一九五一年農業生產量增加47%以上，增加的收益全歸佃農，佃農生活大幅改善，台北民國政府也在佃農身上奠定政治基礎。

台北民國政府於一九五一至一九七六年間共辦理九次「公地放領」，清查可耕用土地，開放農民低利貸款購買無主地或公有地，以原承租公有耕地的農民爲放領對象，用意在扶植自耕農，承領農戶約二十八萬餘（286,287）戶。公地放領應繳地價可用實物繳納，政府將其再全部出售撥作自耕農扶植基金。

一九五三年一月二十六日台北民國政府進一步公布《實施耕者有其田條例》，規定地主可保留水田三甲或旱田六甲，其餘強制徵收，放領給佃農。地主提供佃農使用的房舍、曬場、池沼、果樹、竹木等土地，一併放領給農民。「耕者有其田」共徵收耕地近十四萬（139,249）公頃，新增自耕農近二十萬（194,823）戶。用股票債券補償地主被徵收的耕地，七成補償爲實物土地債券，分十年償付，年息4%；三成補償爲台灣水泥、台灣紙業、台灣工礦、台灣農林公司等公營事業的股票。中小地主紛紛出售補償股票，台灣五大地主家族則趁機購入，成爲推動經濟發展的資本家，例如鹿港辜顯榮家族掌控台灣水泥，日後發展成和信與中信兩大財團；板橋林熊徵家族掌控華南銀行。

地主獲得股票債券補償，也保有部分土地，從而化解地主的反對意願。這個與日本殖民統治時的強硬做法有天淵之別，但後來許多地主及其後代因此怨恨國民黨，走上推動台獨的政治道路。例如推動台獨的彭明敏（1923-）、廖文毅（1910-1986），兩人就不認爲這是爲佃農謀福利，反而認爲土地改革是在「消滅地主反抗勢力」。

當然也有很多當年受益的農民後代，在台獨分子煽動下，也把有恩於他們的蔣介石當成獨裁者和殺人兇手般的仇視。曾參與謝雪紅（1901-1970）「二七部隊」的陳明忠即認爲，「台獨」運動興起的根本原因不是二二八事件，而是政府實施的「耕者有其田」政策。「台獨」運動的原貌，實際是因政府土地改革政策而沒落的台灣地主子弟的反抗運動。在政府實施「耕者有其田」政策後，因此而沒落的台灣地主子弟，分別遠走日本，這是台灣史上最反挫的政治現象之一。

其中最典型的例子，即是日據時代台灣的反對運動領袖林獻堂（1881-1956）。林獻堂在日據時期爭取台灣人權益，從事社會及政治改革，又默默推動中國民族主義，被歸爲「祖國派」，但卻在台灣光復後，因爲不滿土改政策，以六十八歲之齡避居他一生不願順服的日本，抑鬱以終。

也有少數地主很積極支持土地改革，如台北縣議長宜蘭人盧纘祥（1903-1957）是大地主，但卻積極支持三七五減租，還拒收佃農的欠租。屏東市參議長張吉甫、參議員黃燈雲也是積極支持土地改革的大地主，說服屏東市參議會二十四名參議員裏有十三位地主支持，率先推動土地改革，張吉甫被戲稱「三七五議長」。

陳誠這三項土地改革政策使佃農收入提高，一九四九到一九六〇年每畝稻田的產量提高約五成，農民的所得提高三倍，八成以上的農民變成自耕農。國民黨也稀釋二二八事件的陰霾，爭取到這些自耕農作爲堅實的政治盟友。陳誠也洗刷敗軍之將的形象，成爲功在農民的政治家。許多台灣農民說：「現在終於感受到眞正的台灣光復！」

陳誠除了土地改革外，還從大陸調運化學肥料到台灣，供農民使用。緊急修復台灣的化學肥料工廠，以工代賑請農民搶修損毀的水利設施，取消陳儀政府延續日本殖民政府的米價剝削政策，大幅度拉高農民耕作意願，台灣的農業產值因而快速增加。陳誠推動的肥料換穀，農民有時比較吃虧，因爲肥料定價穩定，稻穀卻有高低波動，但肥料品質和供應穩定，且後來又有美援補貼。農民雖抱怨稻穀行情好時不能多賺，但肥料供應穩定，農民也樂得輕鬆。陳誠取得換穀後的稻米，實物配給軍公教人員，使後者較不擔心物價上漲的危害，穩定風雨飄搖中的軍心。

三、經濟政策的成功

㈠從第一次進口替代到出口擴張

台灣經濟發展的成功因素之一，就是採行務實、彈性的政府政策，強調社會與政治安定的提升，以及外貿導向的發展策略。台灣經濟發展能夠有效面對過各種不同的發展瓶頸與挑戰，均賴政府皆能適時採取各項必要政策措施，有效調適解決，以及一些傑出的經濟官員。一九五〇年代，政府推動經濟政策以追求安定與自給自足為首要目標。一九六〇年代則是以推動輕工業出口擴張為主要政策。

日據時期，台灣經濟結構附屬於日本，在日本「工業日本，農業台灣」的經營下，台灣產業以稻米與製糖為主。這兩大農作商品被送往日本，以換取有限的民生物資回台灣。由於殖民經濟的剝削性質，台灣人民一直遭受不公平的經濟待遇，台灣的產業發展也嚴重扭曲，極度缺乏輕工業與民生用品。

民國政府遷台以後，首要政策是滿足國內的民生與輕工業需求，並逐步建立自立的經濟與生產循環。然而，台灣甫經歷戰爭破壞，百廢待舉，政府與地方民間皆貧困的條件下，如何獲得資金與資源，以重建經濟基礎才是根本的困境。

一九五〇年代，經濟安定與糧食生產爲施政首要目標。爲此，政府積極利用美援促進經濟發展，並採用關稅與進口管制等措施扶植國內工業；實施土地改革，以鼓勵糧食生產，安定糧食價格，並維持社會安定；同時，發展勞力密集型進口替代產業，以降低對進口的依賴，減少外匯需求。

第一次進口替代時期約在一九四九至一九五九年期間，前面五年以節省外匯爲重心，後面五年以提供就業機會爲重心，一方面發展最終產品的進口替代工業，一方面鼓勵民營企業。由於最終產品的國內市場已漸趨飽和，後期除了嘗試發展原材料和資本財的進口替代工業外，也開始強調最終產品的出口外銷。這整個時期利用國產原料和以美援進口的原料，建立了水泥、玻璃、紡織、肥料、造紙、麵粉、自行車、裁縫機、電器等工業。由於採行進口替代政策的動機在節省外匯和提供就業機會，不同於強調要建立產業自給自足的其他國家，故雖採行進口管制、規定自製率、限制設廠、保護關稅等政策，卻未忽略出口外銷的政策。

一九六〇年代，發展重點轉而為發展勞動密集之出口導向產業，以利用台灣低廉的勞力，並拓展國際市場。為此，民國政府積極改革外匯與租稅制度，制訂《獎勵投資條例》，並於一九六六年十二月三日起，由經濟部長李國鼎（1910-2001）推動，在高雄港、台中潭子、高雄楠梓等地設立免關稅的「加工出口區」，吸引外人投資「勞力密集」產業，吸收農村過剩勞力，擴大出口，降低失業率。尤其吸引日本的紡織和電子產業，將勞力密集的製程遷移到加工出口區，利用台灣廉價勞力加工後，運回日本；或將零件、半成品運到加工出口區裝配，再出口去美國，形成日本順差出口到台灣，台灣順差出口到美國的「三邊貿易結構」。加工出口區對台灣吸收農村過剩勞力，發展出口產業，培育產業技術人力，都發揮很大的功效。一九八〇年代中國大陸改革開放，從台灣的加工出口區挖掘人才至深圳等沿海城市建立加工出口區，影響很大。

一九六〇至一九七二年間，民國政府陸續放寬進口管制，改善投資環境，吸引外商與華僑回國投資，消除不利出口的因素，使台灣適時與國際分工體系接軌，成為美、日兩國的加工基地；加上越戰補給與世界總體經濟需求增加，帶動台灣經濟起飛。一九六三年起，工業總產值超過農業。

㈡中小企業帶動經濟發展

台灣中小企業的興起與政府遷台後經濟重建的策略息息相關。民國政府遷台至一九六〇年是中小企業的萌芽期，以低資金成本、低技術工業、有限的人力資本與設備的條件下，配合一九六〇年的《獎勵投資條例》發展，諸如：紡織、食品加工等出口導向工業。一九六〇至一九七〇年代，在政府設立加工出口區，發展勞力密集的出口擴張策略中，中小企業配合大量吸引農村人口投入製造工業，大量生產與出口塑膠、雨傘、鞋類與玩具等製品。一九七〇年代，隨著國民所得與勞動成本提高，政府推動資本技術密集的「第二次進口替代」政策，中小企業謀求發展重化、機械、電子、資訊等產業。

不同於公營事業與大企業以國內市場為重心，中小企業結合外資、技術、輸入機械、原料與中間製品，以台灣豐富而廉價的勞動力，將台灣變成加工商品最終的生產地，並將成品大量輸出歐美市場，發展為輸出加工業。由於台灣對外貿易依存度相當高，出口導向型的中小企業不僅是出口主力，還是台灣經濟成長的火車頭。同時，中小企業大量勞動力需求亦掃除失業問題，一九七〇年代中期，員工未滿百人的中小企業吸收了約六成勞動力，超過公營企業與大企業的總和。至今，中小企業依然是台灣經濟發展的重要動力，二〇一八年占全體企業家數約97%左右。

四、美援的協助

一九四八年七月南京民國政府與美國在南京簽訂《中美經濟援助協定》，南京民國政府設立「行政院美援運用委員會」，十二月三十日設立台灣辦事處。美國則在上海設立「美國經濟合作總署中國分署」，但一九四九年八月五日美國總統杜魯門授意國務院發表《中國白皮書》，聲稱國共內戰，國民黨戰敗不是美國的責任。《中國白皮書》發表後，美國即停止美援，韓戰爆發，美國改變其亞太戰略，將台灣作爲防堵共產主義擴張的前沿基地，因此強化對台灣軍事與經濟援助。一九五一年恢復以美援支持在台灣的台北民國政府。同年五月一日美軍顧問團抵達台北，開啓美軍駐台的時代。

爲避免重演國共內戰期間，被國民黨權貴侵呑的狀況，美國派懷特工程顧問公司（J. G. White Corporation）負責操作美援計畫，負責人是狄寶賽（Valery Sergei de Beausset），策劃美援資金在台灣的建設項目，爲台灣的經濟起飛奠定基礎。

從一九五一到一九六五年美國每年援助台灣一億美元的貸款，總計獲得約十五（14.82）億美元的經援，這是台灣最重要的建設資金。同期間台灣的財政赤字共約十一億美元，整體而言美援補足了財政赤字，使財政赤字不影響經濟發展。美援項目包括民生物資、戰略物資、基礎建設、技術開發、大學交流、外匯貸款、產業貸款、復興農業。美國透過物資贈與、新知與技術轉讓，和台灣建立緊密的經貿關係，也協助台灣度過物資缺乏、通貨膨脹與經濟動盪的黑暗期。

到了越戰期間，台灣在美援協助下已有輕工業基礎，也成爲美軍物資的生產基地，使台灣獲得第二次世界大戰後的第一波經濟繁榮。

美元減輕了政府的軍事和財政負擔，但是美援也加重台灣對美國的依賴，而形成台灣在社會、文化、安全面均親美的現象。台灣後來也「被迫」向美國高價購買軍事武器，美國從這些軍事武器的銷售，把當年的美援以數百倍的獲利賺回去。當年負責運用美援發展台灣經濟的官員是尹仲容（1903-1963）。

中華民國並非接受最多美援的國家，積欠美方的貸款亦於二〇〇四年（民國九十三年）全部清償完畢。比較其他一百二十餘同樣接受美援的國家，民國政府是少數且最早結束美援而能自力持續發展的案例。台灣於一九七〇至一九八〇年代經濟大幅成長時，美援已經中止。

五、實施九年國教與復興中華文化

(一)實施九年國民教育

日本殖民政府雖在一八九八年設立簡易的「公學校」，推動台灣的基礎教育，一九四一年「公學校」改制爲「國民學校」，約有近一千一百（1,099）所，嘗試廣爲普及小學教育，但其目的顯然是爲珍珠港事件後，培養兵源之用。一九四三年開始實施強制性六年制的小學義務教育，但一九四五年日本戰敗無條件投降，這些六年制的「國民學校」強制性義務教育，才由台北民國政府接手完成。

一九六三年（民國五十二年）蔣介石指示金門島試辦九年制國民義務教育，即六年小學、三年初級中學全部施行強制入學、免學費的義務教育。一九六七年金門試辦效果不錯，蔣介石要求籌辦台灣的九年國民義務教育，於一九六八年九月一日正式實施。這項措施奠定一九七〇年代台灣經濟發展的人力資本，到二〇一六年台灣十五歲以上人口的識字率達98.7%，小學畢業生繼續就讀初級中學的比率，由一九六六年的59.04%，增至一九七一年的80.85%，到二〇〇九年的99.73%。

㈡復興中華文化

中華文化復興運動是民國政府以復興中華文化為目的而開展的思想文化運動。為了維護傳統中華文化，與中國共產黨之文化大革命運動分庭抗禮，以顯示中華民國為正統中華文化之代表。一九六六年十一月，孫科（1891-1973）、王雲五（1888-1979）、陳立夫（1900-2001）、孔德成（1920-2008）等一千五百餘人聯名給行政院寫信，建議發起「中華文化復興運動」，要求規定每年十一月十二日國父孫中山誕辰日為「中華文化復興節」。一九六七年七月二十八日，台灣各界舉行中華文化復興運動推行委員會（現名為中華文化總會）發起大會，總統蔣中正任會長，運動即在台灣和海外推行。該委員會以弘揚傳統文化、加強學術研究、推動社會生活、舉辦文藝活動、教育配合、倡導大衆傳播、加強婦女工作為主要內容。

中華文化復興抬高了國人對於中華文化的認識，也在國際上提高了民國政府的文化聲譽和地位，台灣被認為是保存中國優良傳統文化最豐富的地方，也改變了國際學者對台灣的觀感。相對於中國大陸十年文化大革命對中華文化的破壞，台灣不僅保存了中華文化，並予以復興，這也使得後來在兩岸互動中，大陸媒體曾讚揚「台灣最美麗的風景是人」，因為衆多台灣人民擁有中華文化傳統的美德。

六、優秀的經濟官員

優秀的經濟官員也是當時台灣經濟能夠快速成長的重要原因。除了前面提到的嚴家淦開創了「新台幣」，被尊為「新台幣之父」外，還有不少優秀的官員。

尹仲容（1903-1963），湖南邵陽人，曾任美援運用委員會副主委、經濟部長、台灣銀行總裁，在他任內，採自由市場經濟理念，積極輔導民營企業建立，推動交通、糖業與肥料產業的重建及發展。在尹仲容主導下，政府先將農產品外銷日本，換取肥料與機械設備，再以「以紡代織」，從美國進口原料，發展紡織工業。銀行則開辦「優利儲蓄存款」與「小型民營工業貸款」，為台灣未來產生充滿活力的中小企業環境種下基礎，是台灣經濟發展的大功臣。

李國鼎（1910-2001），江蘇南京人。一九四八年來台。一九五一年任台灣造船公司總經理。一九五八年任美援運用委員會秘書長。一九六五年任經濟部長，創設加工出口區。一九六九年任財政部長。一九七六至一九八八年專任行政院政務委員，一九八二年推動能源、自動化、材料、資訊、生物科技、光電、食品科技、肝炎防治等八項科學技術發展方案，被譽為「科技教父」。他更在一九八一年因應現代社會提出「群己關係」的第六倫觀點，以補充中華文化原有的五倫關係，以作為現代社會人倫關係之準則。

孫運璿（1913-2006），山東蓬萊人。一九四六年來台灣擔任台灣電力公司機電處長、總工程師、協理、總經理。孫運璿剛來台時，台灣電力公司在第二次世界大戰期間遭盟軍轟炸，發電量只剩一成，日籍技術人員又依法遣返日本，孫運璿帶著三十多名大陸來的技師，和少數台電自己培養的台籍技師，同時招募一群職業學校和工學院在學學生，在五個月內恢復八成供電。到一九五七年發電量增加一倍，到一九六四年台灣的電力普及率已達99.7%，超過日本、南韓。一九六七年任交通部長，負責規劃十大建設中的六項，表現卓越。一九七三年擔任經濟部長時，籌設工業技術研究院。一九七四年籌劃半導體工業，一九七七年籌設新竹科學園區。一九七九年任行政院長時，籌設國家公園。一九八四年孫運璿中風，退出政壇。

這些傑出的經濟官員與台灣民眾的努力，使得台灣經濟首次脫離附屬與被剝削的地位，開始走向合理、自立、持續的正向經濟發展。

參、民主政治與社會的變遷

一、憲政的開啓

民主化的過程往往是先有經濟力，經濟力會產生社會力，最終會形成政治力，而促使整個社會的民主化。台灣民主化的路徑正是如此。台北的民國政府堅持走民主的道路，經濟力量的發展，使得一九六〇年代的台灣社會在實踐民主上也顯得格外有活力。

先回顧一下台灣民主政治的源頭。中華民國自北伐結束後即進入「訓政時期」，根據孫中山的建國大綱，採取軍政、訓政、憲政三個時期來進行建國。國民政府在進入訓政時期後即開始進行有關中華民國憲法的草擬制定。

然而當時中國政治情勢繁雜，內憂外患不斷，加上各方勢力意見不一，一直到一九三六年（民國二十五年）五月五日才公布了憲法草案，被稱爲「五五憲草」。五五憲草公布後，接下來的工作就是召開制憲國民大會來加以審訂通過，原定在一九三七年召開制憲國民大會，然而抗戰隨之爆發，制憲國民大會亦延後至抗戰結束才召開。

一九四六年一月一日，蔣中正發表告全國軍民同胞書，明確聲明該年內召開國民大會，制定憲法。一九四六年三月中旬後國共關係急遽惡化，國共內戰開啓，但是蔣介石仍願表達行憲決心。十一月十五日，國民大會召開，制定憲法。憲法於一九四七年元旦公布，十二月二十五日實施。

一九四六年五月召開制憲國民會議時，國民政府爲表達行憲的決心與誠意，指示台灣行政長官公署於一九四六年五月一日前應設置完成各民意機關。行政公署因而於一九四六年起陸續辦理過三類地方民意代表選舉和五種中央民意代表選舉。

在地方選舉方面：一是一九四六年二至三月間舉行的各縣市區鄉鎮民代表及縣轄市民代表選舉。二是由鄉鎮市民代表及職業團體代表爲選民，間接選舉選出各縣市參議員。三是同年四月十五日由各縣市參議員選出的省參議員選舉。在中央民意代表選舉方面：同年八月十六日舉辦的國民參政員選舉，其係由三十名省參議員投票選出八名國民參政員。二是制憲國民大會代表，應選名額十七名，亦是由省參議員投票選舉產生。三是第一屆國民大會代表選舉，每縣市應選一名，另加職業、婦女團體代表等共十七名。於一九四六年八月二十一日到二十三日選舉產生。四是一九四八年一月二十一至二十三日舉行的第一屆立法委員選舉，應選八名。五是第一屆監察委員選舉，應選五名，由省參議員投票選出之。

如此全面廣泛且涉及中央與地方層級的參政權，是日據時期台灣菁英夢想而不可及的事。有不少學者將台灣的民主政治意識與成就歸因於日據時期台灣人有參與地方自治的經驗所致，其實兩者是天淵之別，殖民體制下的台灣，「鳥籠」且有「天花板」式的地方自治參與權，終究還是低於日本人的權利，而光復後台灣舉行的選舉，則是自己當家作主的參政權。

二、白色恐怖

「白色」用於稱呼反共勢力，源起於一九一八（民國七年）至一九二〇年間，蘇聯共產黨的「紅軍」與反共的「白軍」所爆發的內戰。「白色恐怖」是相對於「紅色恐怖」的政治標誌，國共內戰到兩岸軍事對峙期間，國民黨主控的民國政府常對共產黨支持者或地下工作者冠以「匪諜」罪名，並予以逮捕處刑，共產黨就稱之為「白色恐怖」。相對的，共產黨主控的政府在同期間內也常對國民黨人逮捕處刑，國民黨稱之為「紅色恐怖」。一九四九年後在台灣或澎湖有以「匪諜」判刑的政治犯罪案，約定俗成，稱「白色恐怖」案件。「白色恐怖」可以看成是國共內戰在台灣的遺緒。

國共內戰期間，國民黨軍隊在一九四九年一月十日徐蚌會戰（淮海戰役）大敗。同年四月二十三日共產黨軍隊攻下南京，南京民國政府時代結束。陳誠於同年五月二十日宣布《台灣省戒嚴令》，全名是《台灣省政府台灣省警備總司令部布告戒字第壹號》，到一九八七年（民國七十六年）七月十五日蔣經國宣布解除戒嚴，這個《戒嚴令》共實施三十八年又五十六日，又稱「戒嚴時期」。

事隔約七十年後，二〇一三年十二月十八日北京《環球時報》報導，一九四九年前後中共共派出一千百餘名特工進入台灣，有一千一百人被民國政府軍事法庭依《戒嚴令》相關刑法處決，這些法令主要有《懲治叛亂條例》、《動員戡亂時期檢肅匪諜條例》。中國人民解放軍總政聯絡部於二〇一三年十二月在北京西山國家森林公園建設無名英雄廣場來紀念這些遇害特工。

有人估計，在戒嚴時期，共產黨員、「匪諜」、親共人士被牽連者有十四萬人，被逮捕者約有三萬（29,407）人，被處死者約四千四百人。其中本省人占六成，外省人占四成。但外省人當時只占台灣總人口的一成二，所以外省人比例高很多。以下列舉較知名的案件：

一九四九年四月六日陳誠下令軍警包圍台灣大學和師範學院（台灣師範大學）的學生宿舍，逮捕有親共傾向的學生一百多人，有七人被判定是共產黨職業學生，遭槍決。

一九四九年七月十三日澎湖有來自山東八千多名的流亡學生，被政府軍三十九師師長韓鳳儀強迫拉伕當兵，校長張敏之（1907-1949）拒絕，雙方發生流血衝突，韓鳳儀向陳誠誣指張敏之是「匪諜」，逮捕張敏之等七人，押至台北槍決。這明顯是冤案。這批流亡學生後來轉赴台灣，在彰化特設員林實驗中學收留。

一九四九年八月十八日，王明德向女友表明共產黨員的身分，並多次郵寄共產黨地下刊物《光明報》給女友而被逮捕。王明德是中國共產黨台灣省工作委員會成功中學支部的黨員，台北民國政府從王明德做線頭，偵破共產黨的成功中學支部、台大法學院支部、基隆中學支部、基隆市工作委員會支部。最後發現主事者是基隆中學校長鍾浩東（1915-1950），鍾浩東是知名作家鍾理和（1915-1960）的弟弟，其妻蔣碧玉是蔣渭水（1890-1931）的養女。鍾浩東於一九四七年加入中國共產黨，接受蔡孝乾（1906-1982）領導，秘密成立基隆中學支部，一九四九年被捕，一九五〇年十月十四日被槍決。本案特殊之處，涉案者凡是本省人都判處感化教育，外省人都被槍決，鍾浩東是例外，王明德只交付感化教育。

一九五〇年一月中共台北市工作委員會書記郭琇琮（1918-1950）被捕，郭琇琮是台大醫師，牽出台大醫院的共產黨員許強、胡鑫麟、蘇友鵬、胡寶珍。接連台北、桃園的共產黨支部被破獲。

一九五〇年三月中共台灣省工作委員會書記蔡孝乾被捕，也是中共在台灣最高級別的領導人，國民黨找到蔡孝乾的妻妹也是情婦的馬雯娟勸降。蔡孝乾遂叛離共產黨，向國民黨投降，供出四百多名中共黨員及一千八百多名中共在台特務和聯繫人員。台北民國政府的國防部參謀次長吳石（1894-1950）、吳石聯絡人中共女特務朱諶之，也因此案接連被捕槍決。吳石當時已是國軍中將、國防部參謀次長，是中共地下黨員中層級最高者。「吳石案」使中共在台黨組織、諜報組織、群眾組織因此暴露，幾乎全被瓦解，也使中共想一舉解放台灣的行動受挫。

本案也牽連到李友邦（1906-1952）、嚴秀峰（1921-2015）夫婦，李友邦遭懷疑被槍決，嚴秀峰入監十五年。蔡孝乾因叛降和瓦解共產黨組織有功，後來出任台北民國政府的調查局副局長。

一九五〇年蔡孝乾當時曾計畫成立「台灣人民武裝保衛隊」，指派陳本江（1915-1967）去台北石碇、汐止交界處的鹿窟建立「北區武裝基地」。一九五二年十二月二十九日台北民國政府派兵圍捕鹿窟，四百多人被捕，三十五人被槍決，史稱「鹿窟事件」。

「白色恐怖」的根本原因是「國共內戰」而非「台獨」，但是仍有人將其扭曲爲「台獨運動開端」，更因爲「白色恐怖」死亡者還較二二八事件死亡者眾，亦有台獨者刻意將兩者併在一起，作爲當時政府迫害本省人的證明。「二二八事件」和「白色恐怖」相隔只有二、三年，「白色恐怖」早期的犧牲者與受難者，不論本省人或外省人，幾乎全都是戴上「紅帽子」的，即被指爲「左傾分子」；而在該段時間因「台獨案」遭到逮捕拘禁的，只有廖文毅案的黃紀南等數人而已。

三、戒嚴體制下的政治參與

一九四七年（民國三十六年），南京國民政府頒布《中華民國憲法》後，國共內戰更爲劇烈，七月五日，國民政府公布動員令，從此全國進入「動員戡亂時期」。次年，一九四八年四月十八日，國民大會通過《動員戡亂時期臨時條款》，授予總統以緊急處分權。五月十四日，《動員戡亂時期臨時條款》正式施行。

陳誠於一九四九年五月十九日頒布戒嚴令，宣告自同年五月二十日零時起在台灣省全境實施戒嚴。《動員戡亂時期臨時條款》在台灣施行期間，中央民意代表層級的參政權受到限制，但是地方選舉仍然定期持續進行，這也使得台灣民主政治並沒有因戒嚴而完全中斷。

從政治統治的角度說，由於中央民意代表無須改選，民國政府中央層級不會受到選舉因素左右，地方政府則會受到民代定期改選影響。透過將表現傑出的地方菁英，提拔升遷到中央，這使得國民黨在台灣的執政獲得了相對的穩定，對於當時的國家安全、社會穩定與經濟發展也有助益。

由於「戒嚴體制」只是爲了因應抵抗中共，維護國家安全所採行的權宜之計，而非憲法所賦予的常態。當人民有了地方自治參政權以後，必然會要求提高到國會的參政權，而兩岸問題又長期不能解決，這使得國民政府威權統治的正當性受到很大的挑戰。

任何政治體系內都會有反對勢力，國民黨在台灣的挑戰來自兩個方面：一是本省人的地方菁英，以高玉樹（1913-2005）、郭國基（1900-1970）、吳三連（1899-1988）、李源棧（1910-1969）、郭雨新（1908-1985）、李萬居（1901-1966）、許世賢（1908-1983）、余登發（1904-1989）、黃信介（1928-1999）等人爲代表；另一是堅持以民主重建中國的自由主義知識分子，以雷震（1897-1979）、殷海光（1919-1969）等人爲代表。雖然這兩股力量共同抱持著反威權統治的立場，但台灣本土的反國民黨力量選擇了選舉路線，試圖透過選舉民意的支持來逼迫國民黨民主化，甚至是推翻國民黨的統治；而雷震等人則選擇以《自由中國》雜誌爲基地，鼓吹自由民主思想。

一九五四年底由於《自由中國》刊登讀者投書〈搶救教育危機〉，引發國民黨不滿，雷震被註銷國民黨籍。一九五六年該刊以祝賀蔣介石七十歲大壽爲由出版「祝壽專號」，爲自由派人士向蔣總統建言之總集，對台灣政治現狀的嚴厲批判，引發黨政軍媒體之圍剿。

一九五七年四月第三屆縣市長及省議員選舉前，本土反對菁英以研究選務爲名籌組「黨外候選人聯誼會」，邀請雷震發表演說，會中更決議籌備設立「中國地方自治研究會」。而隨著《自由中國》與台灣本土反對菁英的合流，《自由中國》也陸續發表多篇關於地方自治與選舉的文章。

一九五九年國民大會準備修改《動員戡亂時期臨時條款》，賦予蔣介石無限制連任總統的合法性，《自由中國》與台灣本土反對菁英遂欲趁一九六〇年地方選舉時籌組新政黨「中國民主黨」，意圖以有組織的政黨參與地方自治選舉。而當年九月四日警備總部即以涉嫌叛亂逮捕雷震等人，組黨參選行動因而告終，雷震遭判刑十年。

在中央民代層級無法改選的情形下，地方自治選舉有效提供了國民黨鞏固其統治正當性的管道，但卻同時也提供了台灣地方民主成長的空間。一九五〇年代，地方自治選舉培養出許多望重社會的政治家，如一九五〇年當選第一屆台北市市長的吳三連、一九五七年省議員選舉中當選的「五龍一鳳」（台北市郭國基、台南縣吳三連、高雄市李源棧、宜蘭縣郭雨新、雲林縣李萬居、嘉義縣許世賢），這些台灣草根民主的開創者，對後來的民主運動者影響甚大；另一方面，地方自治本具有民主的本質，當人民習慣地方自治後，就會提出更多的民主要求，而使得民主更成爲一條不歸路，任何政治力量都無法拒絕更全面的民主化。

國民黨為求在地方選舉中獲勝，一方面尋求地方派系的支持，另一方面也開始提名非地方派系的人選。一九六八年的縣市長選舉中即提名三位不具有地方派系背景的候選人，如南投縣林洋港（1927-2013）、彰化縣陳時英（1926-1995）、雲林縣廖禎祥參選。他們均能當選的結果，堅定了國民黨中央以青年才俊替代地方派系的策略。一九七二年的第七屆縣市長選舉中，蔣經國主導的青年才俊替代派系策略獲得空前成功，在所提名的縣市長候選人中，有十二名沒有地方派系背景，出身地方派系的被提名人則由第六屆的十六名降為八名，而這二十名被提名人全數當選。派系替代策略的成功，使國民黨能經由地方選舉獲取統治正當性。

四、重大政治社會事件

㈠孫立人案

蔣介石期間除了著名的雷震案，還有多起的政治社會案件。首先是一九五五年的孫立人案。孫立人（1900-1990）安徽廬江人，一九二三年畢業於清華大學，一九二五年取得美國普渡大學土木工程學士，一九二七年畢業於維吉尼亞軍校，一九四一年任第三十八師少將師長。一九四二年揮師入緬甸、印度作戰，仁安羌大捷，以寡擊衆，大敗日軍，組建新一軍任中將軍長，有「東方隆美爾」的稱號，戰功彪炳，但卻是在英國人的戰場上，不是在中國戰場上。一九四九年一月二十一日蔣介石宣布「總統因故不能視事，由副總統代行職權」之前，孫立人被派任爲台灣防衛司令。同年二月美國大使館參贊莫成德向司徒雷登大使、國務卿艾奇遜建議支持孫立人取代陳誠，控制台灣。艾奇遜派人與孫立人接觸，明確告訴孫立人，如果發動政變，美國將予支持，孫立人不置可否。一九五〇年孫立人擔任陸軍總司令，卻與蔣經國因軍隊政工制度而起衝突。同年一月三日美國陸軍部收到美國駐台北大使館武官曼寧上校（Captain Manning）的極機密電報，內容稱孫立人告訴曼寧上校，孫立人要趁蔣介石下野的時機，發動軍事政變的計畫，已被蔣介石獲悉，但孫立人向蔣介石解釋，這不過是共產黨揑造的謠言。孫立人反對軍隊政工制度，卻已被蔣氏父子視爲意圖政變的表態。

一九五〇年三月一日蔣介石在台灣宣布「復行視事」，恢復總統職權，但是五月三日美國國務院政策計畫局卻擬訂「棄蔣保台」計畫，認定孫立人將發動軍事政變，準備支持孫立人，撤換蔣介石。這份計畫於六月九日提交給國務卿艾奇遜，但因六月二十五日韓戰爆發而中止。一九五一年孫立人晉升上將，但與美國人接觸，談及取代蔣介石的話題，被蔣介石知道，留下疑似叛亂的話柄。一九五四年孫立人被調任無實權的參軍長。

一九五五年五月二十五日孫立人的舊部屬郭廷亮以「匪諜罪」被捕，五月二十八日孫立人被軟禁，孫立人的親信部屬三百多人被捕入獄。一九八八年蔣經國去世，李登輝才解除孫立人長達三十三年的軟禁生涯。

㈡劉自然事件

一九五七年三月二十日晚上十一時，台北民國政府的少校軍人劉自然參加婚宴返家途中，經過美軍宿舍遭槍擊死亡，兇手是駐台美軍上士羅伯特雷諾（Robert G. Reynold），被移送士林地檢署途中，美軍憲兵以兇手具有外交豁免權為由攔截帶走。駐台美軍的軍事法庭於五月二十三日判決雷諾誤殺無罪。劉自然的妻子奧特華於五月二十四日上午十時到美國大使館抗議，下午一時引發群衆暴動，攻擊美國大使館和美國新聞處，包圍美軍協防司令部。美國政府認定此次暴動與蔣經國有關，蔣介石只好把蔣經國調去退伍軍人輔導委員會管理退伍軍人。

㈢湖口兵變

一九六四年一月二十一日上午十時，新竹湖口的裝甲兵副司令趙志華集合部隊講話，突然激烈批評蔣介石已被貪污集團包圍，要求裝甲部隊全副武裝向台北進發，掃清蔣介石身邊的壞人，大聲問誰願意跟他上台北。工兵指揮部政戰處長朱寶康上前表示要跟趙志華走，在握手時趁機將趙志華摔倒逮捕。由於趙志華是經蔣介石兒子蔣緯國保薦的軍官，蔣緯國在蔣介石生前因此案遭到冷凍，無法晉升官職，但因蔣家人身分也未被貶謫。

㈣彭明敏《台灣人民自救宣言》

一九六四年九月二十日台灣大學教授彭明敏發表《台灣人民自救宣言》。《宣言》指稱：「蔣介石是非法政權，主張『一中一台』是事實存在。只要美國第七艦隊撤離，蔣介石政權數小時內就會崩潰，台灣的經濟和軍力，不可能反攻大陸。中共國勢強大，已使百年來飽嚐外侮的民族主義者揚眉吐氣，這絕不是蔣介石所能望其項背。蔣介石已失去令人信服的戰爭目標，『我們究竟為誰而戰？為何而戰？誰願為這個獨夫賣命？』蔣介石政權既不能代表大陸人民，不能代表台灣人民，也不能代表國民黨。龐大的軍隊，激增的人口，經濟無法成長，失業日趨嚴重。土地改革在消滅地主反對力量，農民只能在為餬口掙扎。以平均地權、變賣公共事業，榨取人民。任何處境相同、利害一致的人們都可以組成一個國家，台灣實際上已成為一個國家。不可妄想和平轉移政權，和蔣介石妥協都是圈套。確認反攻大陸絕不可能，團結一切力量，推翻蔣政權，建立新國家、新政府。在國民黨、共產黨之外，選擇自救的途徑。」

彭明敏的《宣言》既肯定中國共產黨民族主義的歷史地位，又反映出一個台灣大地主對蔣介石土地改革的憤怒，把土地改革看成「消滅地主反對力量」。彭明敏想推動一中一台，卻要美國撤軍，論理矛盾到不可思議的地步。美軍撤防，中共軍隊渡海攻台相對容易，國民黨軍隊潰敗，取而代之的政權必定是中國共產黨，而不可能是彭明敏等台獨勢力。一九六一年起，台灣長達十年的經濟成長率平均10.2%，可說是台灣史上最燦爛的黃金十年，卻被彭明敏視為「經濟無法成長，失業日趨嚴重」，彭明敏為政治目的，扭曲事實，成了台獨勢力的習慣作為。彭明敏主張「任何處境相同、利害一致的人們都可以組成一個國家」，既不符合國際法原則，也不是國際政治現實。

有人把彭明敏這篇《宣言》吹噓成很了不起的台獨宣言，卻故意遮掩彭明敏作為大地主在這篇《宣言》上，大剌剌反對土地改革的私心自用與對國際法與國際政治認識的貧乏。彭明敏主張的「台灣實際上已成為一個國家」成為後來台獨者的共同說法，但是這個由「台灣地位未定、共產黨強大、國民黨欺壓台灣人民、台灣已經獨立、台灣前途由台灣人民決定」所共同構成的混雜論述，既無法理依據，邏輯又是混亂不通，卻成為後來台獨者的金科玉律，能不讓人搖頭嘆息？

彭明敏因發表《台灣人民自救宣言》被判刑八年，一九六五年十一月三日被蔣介石特赦出獄，一九七〇年逃離台灣。一九七二年任「台灣獨立建國聯盟」主席。一九八一年任「台灣人公共事務協會」會長。一九九二年返台，一九九五年加入民主進步黨，並擊敗許信良被民進黨提名為總統候選人。一九九六年總統選舉敗於李登輝，選後退出民主進步黨，另組「建國黨」。他那個雜亂無章、相互矛盾的台獨理論，仍舊影響著不少追隨者。

第十五章

一九七〇與八〇年代的治理

壹、外交處境

一、與美國斷交前的外交處境

㈠退出聯合國

在冷戰初期，以美國為首的多數國家皆承認中華民國政府是中國唯一合法政府，在聯合國中保有安全理事會常任理事國的席位。隨著國際情勢的變化，直至一九六〇年代末期，美國陷入越戰泥淖，而中共又與蘇聯交惡，在戰略考量下，美國採取「聯中制蘇」的策略。

一九七一年美國國家安全顧問季辛吉（Henry A. Kissinger）於七月九至十一日秘密訪問中國。同年七月十五日美國總統尼克森主動披露季辛吉密訪中國一事，並強調目的在與中國建立較正常的關係。尼克森也稱中美建立新關係，「不會以犧牲我們老朋友們的利益為代價」。七月二十一日美國參議院向北京表達善意，主動廢止一九五五年通過的《台灣決議案》，該決議案授權美國總統派兵防衛台灣。

美國此一戰略調整，讓聯合國多數會員國也紛紛改變政策，轉而支持中共進入聯合國。當年聯合國大會表決前，台北民國政府代表團眼見大勢已去，宣布退出聯合國。聯合國隨即通過《第二七五八號決議》，接納北京共和國政府取代台北民國政府在聯合國的中國代表權，取得聯合國會員資格與常任理事國席次。台北民國政府喪失聯合國的中國主權代表權，更正確的說，「中華民國」在國際法上逐漸喪失被認可作為「國家」的國際法人格。

該決議文全文為：「大會，回顧《聯合國憲章》的原則，考慮到恢復中華人民共和國的合法權利對於維護《聯合國憲章》和聯合國組織根據《憲章》所必須從事的事業都是必不可少的，承認中華人民共和國政府的代表是中國在聯合國組織的唯一合法代表，中華人民共和國是安全理事會五個常任理事國之一，決定：恢復中華人民共和國的一切權利，承認她的政府的代表為中國在聯合國組織的唯一合法代表，並立即把蔣介石的代表從它在聯合國組織及其所屬一切機構中所非法占據的席位上驅逐出去。」

聯合國成立之初，中華民國政府是中國的唯一代表。在一九四九年中華人民共和國政府成立以後，中國的土地上有兩個政府，都宣稱其代表整個中國。在一九七一年以前，聯合國認為，中華民國政府是代表整個中國的唯一合法代表，但是在聯合國《第二七五八號決議》後，聯合國改為中華人民共和國政府才是代表整個中國的唯一合法代表。

國家的存在條件有二：一是擁有客觀條件，即要有領土、人民與政府；二是主觀因素，即能否得到其他國家的國家承認。中華民國在一九七一年前後，其客觀條件都沒有改變，但主觀條件發生變化。聯合國的決議案，等於全世界大多數的國家認爲中華民國不再是享有國際法國家人格的國際法人，但也沒有完全否認其作爲一個政府所享有的治權。主權的承認有國際法條約的規範，但是治權的承認則可取決承認國家的法律決定。

《第二七五八號決議》中，不稱中華民國政府而稱蔣介石政權，應是北京運作的結果；以「恢復」中華人民共和國的合法權利，來凸顯民國政府「不合法」據有聯合國席位，應也是政治權力運作下的產物；但無法抹除民國政府曾代表整個中國在聯合國行使權利的過去。

另外一點值得注意，《第二七五八號決議》文，用的是「承認中華人民共和國政府的代表是中國在聯合國組織的唯一合法代表」，而非「中華人民共和國就是中國」，這表示聯合國也知道，仍然存在著另一個宣稱自己代表中國的政府，只是聯合國不承認罷了。就兩岸關係而言，兩岸分治的情形仍然存在，只是北京的共和國政府有聯合國賦予的國際法上的國家人格，而台北的民國政府，則沒有聯合國的背書。台北所採取的策略，就是希望透過邦交國的存在，使得國家人格不要消失。而北京的策略，就是要求所有新建交國，要接受「台灣是中國一部分，中華人民共和國政府是代表全中國唯一合法代表」之類的文字。

㈡上海公報

一九七二年二月下旬美國總統尼克森訪問中國。二月二十二日尼克森與周恩來會談。尼克森會談後公開對中國再度保證，美國不支持「兩個中國」、不支持「一中一台」、不支持「台灣獨立運動」、不再提「台灣地位未定論」等「四大保證」。

尼克森與周恩來於二月二十八日發表聯合公報，史稱《上海公報》。上海公報中闡明了兩方不同的觀點，然後表示雙方願意尊重對方的立場，隨後再闡述雙方達成的共識。

在有關「一個中國」方面，北京認為：「台灣問題是阻礙中美兩國關係正常化的關鍵問題；中華人民共和國政府是中國的唯一合法政府；台灣是中國的一個省，早已歸還祖國；解放台灣是中國的內政，別國無權干涉；全部美國武裝力量和軍事設施必須從台灣撤走。中國政府堅決反對任何旨在製造『一中一台』、『一個中國，兩個政府』、『兩個中國』、『台灣獨立』和鼓吹『台灣地位未定』的活動。」

華府則認為：「美國認識到（acknowledge），在台灣海峽兩邊的所有中國人都認為只有一個中國，台灣是中國的一部分。美國政府對這一立場不提出異議（not to challenge）。它重申對由中國人自己和平解決台灣問題的關心。考慮到這一前景，它確認從台灣撤出全部美國武裝力量和軍事設施的最終目標。在此期間，它將隨著這個地區緊張局勢的緩和逐步減少它在台灣的武裝力量和軍事設施。」

在台北民國政府退出聯合國，中美發表《上海公報》後，第一個急著與大陸建交的就是日本。一九七二年九月二十九日田中角榮與周恩來發表《中日聯合聲明》，日本「承認中華人民共和國政府是中國的唯一合法政府」，建立外交關係。日本還公開表述：「日本方面痛感日本國過去由於戰爭給中國人民造成的重大損害的責任，表示深刻的反省。」

目前仍有台獨人士認為，日本會支持台獨。如果稍微有一點常識，就可以瞭解到日本是支持「一個中國」政策，在《中日聯合聲明》中已有「中華人民共和國政府重申：台灣是中華人民共和國領土不可分割的一部分。日本國政府充分理解和尊重中國政府的這一立場，並堅持遵循《波茨坦公告》第八條的立場」的文字。固然有人說日本僅是「充分理解和尊重」北京的立場，而非「接受」或「承認」，但是這樣的爭辯是沒有意義的，文字或有不同，但是涵義已很清楚，日本是不會挑戰北京此一立場的。

(三)保釣運動

外交的挫折也影響了釣魚台列嶼的歸屬。《波茨坦公告》中重申《開羅宣言》第八條，並將日本的主權限制在本州、九州、四國和北海道，以及其他由該宣言簽署國（美國、英國與中華民國）共同決定的小島，這表示日本的領土並不包括釣魚台列嶼。

一九四三年十一月開羅會議，美國總統羅斯福多次問蔣介石，中國是否要取得琉球群島主權，蔣介石回覆應由中國和美國經由聯合國授權共同託管。一九四七年四月聯合國通過《關於前日本委任統治島嶼的協定》，決議把日本於一九一八年第一次世界大戰後，依《國際聯盟公約》第二十二條取得的太平洋島嶼交由美國託管。一九五一年《舊金山和約》第三條規定日本將西南群島，包含琉球群島及大東群島等島嶼交付聯合國託管，交付託管前，由美國實際統治。

一九六五年日本首相佐藤榮作訪問美國，向美國要求歸還琉球群島。一九六九年美國總統尼克森和佐藤榮作共同聲明，同意歸還琉球群島給日本。一九七〇年九月十日美日達成歸還琉球群島給日本的協議，包括釣魚台群島，引爆台灣民間及海外華僑的抗議活動，史稱「保釣運動」。

依照《波茨坦公告》：「日本之主權必將限於本州、北海道、九州、四國及吾人所決定其他小島之內。」琉球群島及釣魚台列嶼均非日本的本島，而屬於「其他小島」，若要將其轉移給日本，必須經過當時共同簽字的「中、美、英」與後來加入的蘇聯共同同意，或者也要經過琉球人民公投才可。美國的私相授受，其實已經違反了《波茨坦公告》。

一九七〇年九月二日台灣《中國時報》派記者登陸釣魚台，升起青天白日旗。十一月十七日美國普林斯頓大學台灣留學生組成「保衛釣魚台行動委員會」，抗議美國把釣魚台交給日本。一九七一年一月《大學雜誌》開始刊登保釣運動的消息，台灣民間才開始注意發生在美國的保釣運動。同年一月二十九日台灣及香港在美國的留學生聚集在紐約聯合國總部外面抗議，同時在美國六大城市發動示威遊行。三月在美國的學者和留學生等五百多人，要求蔣介石在釣魚台問題上對日本和美國採強硬立場，台灣內部的保釣運動輿論開始轉向挑戰蔣介石的《戒嚴令》。

一九七一年六月十七日美日簽訂《琉球群島及大東群島協定》，又稱《沖繩返還協定》，把釣魚台列嶼列入「歸還區域」。同年八月二十八日台北街頭也掀起「保釣運動」遊行。十月二十五日聯合國大會通過《第二七五八號決議》，中華人民共和國取得聯合國的中國代表權，蔣介石開始對台灣內部的保釣運動採取降溫措施。一九七二年五月十五日美國將託管的琉球群島及釣魚台列嶼移交給日本，保釣運動逐漸成為零散的活動。

豐富的史料記錄顯示，釣魚台列嶼早為台灣的附屬島嶼。日本戰敗投降後，釣魚台列嶼的主權自應與台灣一併交還中國。但由於國共內戰與兩岸分治及美國干預，日本迄今仍據占釣魚台列嶼。依據國際法與歷史事實，釣魚台列嶼屬於中國是毫無疑問的事實。本書篇幅有限，就不再申述了。

二、與美斷交後的美國安排

(一)與美國斷交

美國總統卡特接受中共「斷交、廢約、撤軍」三條件，一九七九年（民國六十八年）一月一日兩國正式建交。雙方先於前一年底，一九七八年十二月十七日發表《建交公報》。美國「承認」（recognizes）中華人民共和國政府是中國的唯一合法政府。在此範圍內，美國人民將同台灣人民保持文化、商務和其他非官方關係。美國政府「認知」（acknowledges）中國的立場，即只有一個中國，台灣是中國的一部分。同時也終止了一九五四年與台北民國政府簽訂的《中美共同防禦條約》。

㈡台灣關係法

「中美建交」無疑使台北民國政府原本已不斷限縮的國際空間更爲雪上加霜。但在美國國會中仍有許多與台灣友好的議員，並不願意放棄台灣作爲美國東亞戰略的一環。一九七九年四月十日美國制定《台灣關係法》，將台灣的政府機構定性爲「統治當局」（Governing Authorities），屬「類國家的政府」，而非「主權國家的政府」；同時表明任何企圖以非和平方式，來決定台灣的前途之舉，包括使用經濟抵制及禁運手段在內，將被視爲對西太平洋地區和平及安定的威脅，而爲美國所嚴重關切。美國提供防禦性武器給台灣人民，以抵抗任何訴諸武力，或使用其他方式高壓手段，而危及台灣人民安全及社會經濟制度的行動。如遭受威脅，因而危及美國利益時，美國總統和國會將依憲法程序，決定美國應付上述危險所應採取的適當行動。美國法律將繼續對台灣適用，缺乏外交關係或承認，不影響美國法律對台灣的適用。

《台灣關係法》是以美國國內法的方式，來規範美國人民與「台灣人民」（People on Taiwan）的法律，也是繼一九五〇年杜魯門發表《韓國情勢聲明》視台灣地位未定，之後第二份將台灣納入美國「勢力範圍」，美國有權介入的對內法律、對外宣示的文件。

美國雖然以類官方的機構「美國在台協會」（American Institute in Taiwan, AIT）與台灣往來，但是台北民國政府在美國的單位仍是外交部派駐的機構，美國在台灣的工作人員，也是由美國國務院負責，因此，美國仍將台灣視同為「類國家」或「類主權國家政府」來對待，發展「類官方關係」，並接受民國政府在其現有領域及對其所轄人口的治權。至於台灣這個「類國家」，「類似國家」的程度有多強，則是取決於美國的戰略需要。要打「台灣牌」時，「類官方」的程度就拉高，反之，則降低。台灣的國際地位，隨著美國的意願與操作而決定；同樣的，北京的意願與能力，也會影響到台灣的國際地位。

㈢八一七公報

中共與美國建交後，仍對美國對台軍售感到不滿，認為對台軍售是干涉中國的內政。在北京共和國政府的壓力下，一九八二年，美國總統雷根與中共簽訂八一七公報。在公報中，美國政府重申，無意侵犯中國的主權和領土完整，無意干涉中國的內政，也無意執行「兩個中國」或「一中一台」的政策。美國政府聲稱，不尋求執行一項長期向台灣出售武器的政策，向台灣出售的武器在性能和數量上將不超過中美建交後近幾年供應的水平，準備逐步減少它對台灣政權的武器出售，並經過一段時間導致最後的解決。這是美國首度提及「無意執行一中一台政策」，但卻也迴避美國《台灣關係法》是不是「美國版一中一台」的問題。

(四)美國的六項保證

當美國與北京共和國政府協商《八一七公報》時，由蔣經國政府提出，經美國雷根政府認同，於一九八二年七月知會美國國會後，以雷根私人信函向蔣經國提出保證，信函日期也同樣是八月十七日。《六項保證》也是美國處理兩岸關係的政策之一。這《六項保證》內容包括：第一，我們（美國）不同意對台結束軍售設定日期；第二，我們不在台灣與中華人民共和國之間做調停角色；第三，我們不會施壓台灣要求與中華人民共和國談判；第四，我們對台灣主權議題的長期立場並沒有改變；第五，我們無計畫尋求修改《台灣關係法》；第六，《八一七公報》不應解讀爲意味著我們已同意對台軍售會先徵詢北京意見。

自此以後，這些規範美中台三方關係的文件，一直延續下去，形成三方互動的結構文件，但是北京共和國政府視《上海公報》、《建交公報》、《八一七公報》等三公報爲依據，而台北方面則更強調《台灣關係法》及美國的《六項保證》也是不可或缺的要素。二〇一八年三月十六日美國《台灣旅行法》（Taiwan Travel Act）生效，旨在促進台灣與美國間的高層級交流。此法是繼《臺灣關係法》後，另一部現行與台灣相關的美國國內法。

三、彈性的國際組織參與

㈠「中華台北」模式

中國政府在一九二四、三二、三六、四八年都是以「中國」爲名，參加國際奧林匹克運動會。一九四九年兩岸分治。一九五二年在芬蘭首都赫爾辛基舉行的奧運會，討論「中國問題」，決議兩岸運動隊伍都可參加，台北民國政府基於「漢賊不兩立」，拒絕參加。一九五六年澳洲墨爾本奧運會，北京共和國政府堅持「台北不出，北京不入」，拒絕接受兩個中國的奥會會籍，退出比賽，台北民國政府則以「福爾摩沙─中國」（Formosa-China）的名義參加。

一九六〇年義大利羅馬奧運會，「中華民國奧林匹克委員會」被國際奧委會改名爲「中華奧林匹克委員會」，台北民國政府以「福爾摩沙」（Formosa）之名參賽。一九六四年東京奧運會及一九六八年墨西哥奧運會，改以「台灣」（Taiwan）之名參賽。一九七二年慕尼黑奧運會，台北民國政府以「中華民國」（ROC）之名參加。一九七六年蒙特婁奧運會，加拿大政府拒絕以「中華民國」（ROC）爲名的奧運代表團入境，國際奧委會再要求台北民國政府改以「台灣」（Taiwan）爲名參賽，蔣經國下令拒絕參加。一九八〇年莫斯科奧運會，因爲蘇聯入侵阿富汗，美國發起抵制，兩岸都參與抵制行動，沒有派隊參加。

一九八一年三月二十三日「中華奧林匹克委員會」與「國際奧林匹克委員會」在瑞士洛桑國際奧會總部簽訂《國際奧會與中華台北奧會協議書》，簡稱《洛桑協議》。「中華奧林匹克委員會」更名爲「中華台北奧林匹克委員會」（Chinese Taipei Olympic Committee），並以「中華台北」（Chinese Taipei）之名參與各項國際運動組織，這種參與方式也稱爲「奧會模式」。

「中華台北」模式從此成爲國際慣例，除了體育賽事外，舉凡電競、學術、技術等許多比賽中，若有「中華人民共和國」組隊以「中國」之名參加，「中華民國」的代表隊只能以「中華台北」的名義參加。

一九九一年十一月十二日主辦亞太經合會（APEC）的韓國居中協調，台北民國政府以「中華台北」名義，加入亞太經合會。「奧運模式」或「中華台北模式」就從運動領域轉入經濟文化領域，二〇〇九年五月十八日「中華台北」獲准以觀察員身分，參加世界衛生大會（WHA）。

(二)「中國台北」模式

亞洲開發銀行由日本主導，美國支持，成立於一九六六年十一月二十四日，台北民國政府以「中華民國」名義參加，在二十七個創始會員國中，認股額度排名第十一位。一九八六年二月二十日亞銀通過中華人民共和國入會，把台北民國政府的「中華民國」會員名稱改爲「中國台北」（Taipei, China）。一九八七年台北民國政府拒絕參加亞銀年會，一九八八年四月出席亞銀年會時，在「中國台北」的名牌邊，放置抗議牌Under Protest，從此這類抗議持續到現在。一九九一年後台北民國政府提案希望把「Taipei, China」改爲沒有逗點的「Taipei China」，意指「台北中國」，提案未成。一九九七年香港回歸中國，一九九八年香港參加亞銀的名稱改爲「中國香港」（Hong Kong, China），台北民國政府的會員英文名稱，則改爲「Taipei,China」，Taipei和China之間有逗點，但逗點後面不再空一格，以示與香港有所區別。不過中文名稱仍是「中國台北」。

貳、民主的深化

一、黨外及增額立委選舉

民權主義是三民主義的重要內容之一，也是中華民國立國的基礎。一九四六年起在台灣舉行地方選舉，一九四九年起民國政府退居台灣之後，地方選舉持續，但在兩岸對峙的冷戰格局下，爲求政治安定，中央民意代表則並未同步改選。

有限制的政治參與無法滿足民衆的期盼。一九七〇年代，都市化與工業化帶動中產階級崛起，又因爲外交受挫，群衆開始要求改革的各種聲浪日漸高漲。另一方面，台灣經濟飛快成長，人民所得增加，教育普及，擴大政治參與的社會條件亦漸成熟。一九七二年（民國六十一年）蔣經國（1910-1988）接任行政院長以後，強調開明政治，風氣爲之一變。蔣經國以「本土化」、「年輕化」政策，起用台籍青年擔任政府要職，並進行中央民意代表增補選，逐步進行政治開放以尋求社會支持，以強化對內治理的正當性。

當時民主運動主要有兩條路線：一是透過雜誌報刊的論政，如一九五〇年代的《自由中國》、一九六〇年代的《文星》與一八七〇年代的《大學》、《八十年代》、《台灣政論》、《美麗島雜誌》等，也培養了不少「黨外」的作家、編輯人員。二是透過有限選舉發展出來的「黨外」運動路線。「黨外」原本是「非國民黨籍人士」受限於法律無法成立政黨，而對其約定俗成的稱呼，至一九七〇年代以後，「黨外」一詞專指反對施行戒嚴統治的鬆散組合或團體。

依據一九四七年公布的《中華民國憲法》，立法委員應該每三年改選一次。然而，由於國共內戰，當時在距離行憲不到五個月，政府另外制定《動員戡亂時期臨時條款》（《臨時條款》），凍結《憲法》部分條文。一九四九年底民國政府撤退台灣後，原本於一九四七年底選出的第一屆國民大會代表，及一九四八年初選出的第一屆立法委員，即因一九五一年第一屆立法委員即將任滿，因無法改選，此後並形成長達四十餘年未改選的資深立委。

一九六九年十二月，因考量資深中央民意代表逐漸凋零乃修改《臨時條款》，在台澎金馬進行中央民意代表增補選，此次補選十一名立法委員。隨著民主運動的發展，民間要求全面改選中央民意代表的呼聲愈高。一九七二年三月政府為順應民間需求，再修改《臨時條款》，開放在台澎金馬舉行立法委員的局部改選，且根據《憲法》定期改選「增額中央民意代表」。十二月，首次舉辦增額中央民意代表選舉，選出五十一名「增額立委」。此後分別於一九七五、八三、八六、八九年舉辦增額立委改選。由於選舉層次提高，使得選舉活動發揮了民眾教育的作用，不僅提升民眾的政治意識，也為「黨外」民主運動提供一個運動場。一九九一年五月一日，《動員戡亂時期臨時條款》廢止，一九九二年立委全面改選。

二、中壢事件與美麗島事件

台灣的民主化不全然是政治人物的場域，台灣長老教會在其中一直扮演著重要的角色，而其又是以追求台灣獨立為目標，這使得台灣的民主化運動中一直有著強烈的台獨色彩介入其中。

一九七七年（民國六十六年）八月十六日台灣基督長老教會由趙信憫、翁修恭、高俊明具名發表《人權宣言》，但內容跟「人權」無關，卻跟台灣的「主權」有關，《宣言》名實不符。《宣言》主張說：「台灣的將來應由台灣一千七百萬住民決定。」又說：「我們促請政府於此國際情勢危急之際，面對現實，採取有效措施，使台灣成為一個新而獨立的國家。」這份《宣言》的焦點，在於以「住民自決」、「獨立建國」。

一九七七年十一月十九日的五項公職人員選舉，是台灣實施地方自治後最大規模的選舉，在當時立委康寧祥（1938-）等巡迴助選下，掀起黨外選舉熱潮。原國民黨籍的台灣省議員許信良（1941-），脫黨參選桃園縣長，開票當天發生群衆抗議選舉舞弊，引起中壢市民憤怒，上千名群衆包圍中壢市警察分局，搗毀並放火燒燬警察局的「中壢事件」，暴亂鬧到午夜三時群衆才散去。開票結果許信良當選。中壢事件被認爲是挑戰蔣經國權威的第一件群衆抗議暴動。

一九七八年十二月十六日，就在國大代表增額選舉、立法委員選舉前夕，美國突然宣布將於隔年元旦與中共建交，同時中止與中華民國的外交關係及《中美共同防禦條約》，並撤離駐台美軍，引起台灣社會不安。爲穩定政治局勢，蔣經國總統發布緊急處分令，宣布選舉延期，並加強戰備。許信良、余登發（1904-1989）等人在十二月二十五日發表黨外人士國是聲明，主張由台灣人民決定自己的前途和命運，挑戰政府的底線。一九七九年初，台灣警備總司令部以「涉嫌叛亂」爲由逮捕「黨外人士國是會議」聯署人余登發，引發黨外人士上街遊行。當時桃園縣長許信良南下參加在高雄縣橋頭鄉舉行的抗議活動，遊行活動雖然平和落幕，但許信良因此被停職，稱爲「橋頭事件」。

一九七九年八月黨外人士創辦《美麗島》雜誌，整合黨外勢力，並在各縣市成立分社，形同政黨組織。十二月十日，《美麗島》雜誌社在高雄舉行世界人權日紀念大會，抗議政府因外交挫敗而停止立法委員增補選舉，爆發激烈的警民衝突，造成流血事件。

十二月十三日蔣經國下令大逮捕，施明德（1941-）、黃信介（1928-1999）、林義雄（1941-）、呂秀蓮（1944-）、張俊宏（1938-）、陳菊（1950-）、姚嘉文（1938-）、林弘宣（1942-2015）等人被以叛亂罪判刑，施明德被處無期徒刑，黃信介被判刑十四年，其餘人士被判刑十二年。另有王拓（1944-2016）等三十七人也被判較輕罪刑，史稱「美麗島事件」。這個事件有多重歷史性效果：

第一，蔣經國政府受到美國強大壓力，日益顯現戒嚴體制面對美國壓力的脆弱性，把群眾遊行失控的治安犯罪升高到「叛亂」的罪責，已得不到國際認同，對已失去國際法地位的台北民國政府，更是重大傷害。

第二，一九七九年一月一日北京共和國政府全國人民代表大會常務委員會發布《告台灣同胞書》，宣示和平統一方針，同時其國防部長徐向前宣布停止砲擊金門，使得台北民國政府實施戒嚴的軍事理由，失去正當性。

第三，台灣民間不滿戒嚴體制已成氣候，蔣經國被迫必須認眞面對。尤其一九八〇年二月二十八日林義雄住宅發生血案，林義雄母親及一對雙胞胎女兒被殺死亡，其長女重傷，血案震驚全世界，使蔣經國逮捕美麗島「暴動罪犯」過度嚴厲的審判，完全失去政治和道德上的正當性。

蔣經國雖撐過美麗島事件，但步伐闌珊的政權，到了一九八六年九月二十八日民主進步黨成立，已無心也無力繼續施行戒嚴。蔣經國毅然決定於一九八七年七月十五日解除戒嚴，解除黨禁。一九八八年一月一日解除報禁，一月十三日蔣經國去世，一九九〇年五月二十日李登輝（1923-）特赦所有美麗島「罪犯」，這些「罪犯」都因坐牢取得政治上更大的光芒。

美麗島事件是台灣民主政治發展中的重要里程碑。美麗島事件成員家屬及辯護律師，後來在一九八〇年的中央民意代表與地方選舉中均高票當選，鼓舞黨外運動士氣，也促成民進黨的成立，台灣的政黨政治於焉成形。

三、重大政治社會事件

在黨外運動風起雲湧之時，幾件重大的政治社會案件，也影響了台灣政治的發展軌跡。

㈠陳文成事件

一九八一年（民國七十年）五月二十日在美國大學任教的助理教授陳文成（1950-1981）返台探親，七月二日被戒嚴單位台灣警備總司令部的人員帶走偵訊。七月三日清晨，陳文成被發現陳屍在台灣大學校園。驗傷結果是墜落重傷致死，至於是遭人從高處推落，或自行意外墜落，至今各說各話，原因成謎。但台北民國政府在美國的形象也因此案重挫。

㈡江南事件

一九八四年十月十五日美國的華裔劉宜良（1932-1984），筆名江南，在美國加州遭台灣竹聯幫陳啓禮刺殺。起因是江南被「國防部情報局」吸收為線民，以華語作家的身分，打聽中共在美國的活動。情報局第三處副處長陳虎門發現江南同時被中共吸收為線民，江南扮演雙面間諜的角色，又明顯對台北民國政府不利。陳虎門於是提案制裁江南，經局長汪希苓核定。江南被刺殺後，此案很快被美國聯邦調查局偵破，美國嚴厲要求蔣經國查辦，台北民國政府才發現江南也是美國聯邦調查局的線民。蔣經國被迫懲處汪希苓、陳虎門、陳啓禮等人外，下令解散「國防部情報局」，同時十一月十二日宣布展開「一清專案」，逮捕竹聯幫等黑道幫派頭目和徒眾，共四千人，以向美國交代。外界傳言蔣經國的兒子蔣孝武（1945-1991）牽涉江南命案，一九八五年十二月十五日蔣經國心力交瘁的宣布蔣家人不接班，是「既不能，也不會」，台北民國政府從此不再延續蔣家政權。

㈢十信案

一九八三年財政部發覺「台北市第十信用合作社」，簡稱「十信」，貸款不正常，派人監督。一九八五年二月九日財政部認定「十信」放款總額偏高，無法改善，下令接管，造成擠兌。「十信」的負責人蔡辰洲（1946-1987）於一九八二年當選立法委員，與其他立法委員劉松藩、王金平、洪玉欽等結成「十三兄弟」派系，常對財經官員關說施壓，且又與國民黨領導階層蔣彥士、關中緊密聯繫。「十信」發生後，蔣經國解除蔣彥士、關中等人職務，被視爲台北政壇大風暴。

四、民進黨成立

國民黨雖仍能在各項選舉中取得優勢，但面對民間民主化的呼聲，蔣經國決定加速台灣的自由化與民主化。一九八六年（民國七十五年）三月底，中國國民黨召開第十二屆三中全會，會議中確認改革策略，成立「政治革新委員會」，研擬改革國會、開放黨禁，及如何解除戒嚴等問題。

一九八六年九月二十八日有一三二位反對國民黨政權的政治運動人士聚集台北圓山飯

店，朱高正（1954-）提議組黨，公推費希平（1917-2003）爲組黨召集人，謝長廷（1946-）和尤清（1942-）建議黨名爲「民主進步黨」，費希平宣布「民主進步黨」正式成立，簡稱「民進黨」。雖然當時尚未解嚴，國民黨內也有人主張應該立刻取締，但蔣經國以「時代在變，環境在變，潮流也在變」的態度因應，並未鎮壓、取締，默許其成立，並順勢於一九八七年七月十五日政府解除長達三十八年的戒嚴，讓民主進步黨合法化。不僅恢復人民的各種基本人權，也容許反對黨存在，台灣整體的社會與政治環境大幅朝向民主化與自由化的方向發展。

民主進步黨的政治主軸在於爭取台灣的執政權，推動「台灣獨立」。一九八六年十一月十日民進黨制定《黨綱》。〈基本綱領〉第一款即〈台灣住民自決黨綱〉，一九九一年修訂爲〈台獨黨綱〉：「建立主權獨立自主的台灣共和國……台灣主權獨立，不屬於中華人民共和國且台灣主權不及於中國大陸，既是歷史事實又是現實狀態，同時也是國際社會之共識。台灣本應就此主權獨立之事實制憲建國。」

一九九九年的〈台灣前途決議文〉：「台灣是一主權獨立國家，其主權領域僅及於台澎金馬與其附屬島嶼，以及符合國際法規定之領海與鄰接水域。台灣，固然依目前憲法稱爲中華民國，但與中華人民共和國互不隸屬，任何有關獨立現狀的更動，都必須經由台灣全體住民以公民投票的方式決定。」

二〇〇二年陳水扁（1950-）主張兩岸爲「一邊一國」。二〇〇八年民進黨推動「入聯公投」。二〇一六年蔡英文（1956-）上台後，積極落實「文化台獨」，不接受「九二共識」，推動以「一邊一國」爲基礎的「維持現狀」。

解除戒嚴後，一般人民不再受軍法審判，公民的基本權利不再被限縮。解嚴以後，十一月二日台北民國政府開放民衆返鄉探親，中斷長達近四十年的兩岸交流再次開啓。一九八八年報禁解除，台灣言論市場逐漸開放多元。台灣社會自此進入多元開放的時期。

解嚴後的另一個重大事件，就是張憲義事件。張憲義（1943-）任職中山科學院，一九六九年赴美國攻讀核子工程時被美國中央情報局（CIA）吸收爲間諜，返國任職後陸續將台北民國政府的核子武器研發資料送交美國。一九八八年一月九日張憲義在美國中情局掩護下逃往美國，一月十三日蔣經國去世，當天美國總統雷根立即指派丁大衛（David Dean）見李登輝，強烈要求終止核武計畫。一月十五日美國與國際原子能總署封鎖中山科學院的核武實驗室，拆除設施，運走濃縮核原料，強行灌漿封閉實驗室。台灣的核武計畫南柯一夢，蔣經國終究無法跳出美國的手掌。

參、經濟發展

一、出口導向的經濟政策

一九六〇年代末期，台灣輕工業發展穩固，同時技術人力、資金供給、市場擴大等條件產生，皆有利於推動大規模重化工業。一九七三年（民國六十二年）與一九七五年連續爆發石油危機，全球經濟陷入不景氣。因生產成本遽增、出口大幅下降、退出聯合國等因素使投資意願下降。這個時候，民國政府進行第二次進口替代政策，利用下游出口產業的衍生需求，作爲重化工業及關鍵產業成長的基礎。民國政府發展重工業、化工業等措施，建立自主經濟體系，進行大規模公共投資。一九七〇年代發展基礎工業與重工業的策略，使台灣有效降低對外國中間財供應的依賴，促進產業快速升級。

一九七四年蔣經國推動十大建設，包括交通、電力等基礎工程，及鋼鐵、石化、造船工業。其結果使得台灣所得成長持續提高，也爲台灣石化業與重工業打下良好基礎。爾後，陸續推動一系列重大建設，以配合建立基礎工業和策略性工業。這些重大的經濟政策及設施，使得台灣躋身亞洲四小龍之列，更創造了難能可貴的台灣經驗，成爲日後許多開發中國家典範。

十大建設算是台灣史上比較成功的經濟建設計畫，對台灣也產生有效的凱因斯效應，度過一九七三年十月世界的第一次能源危機。但第五項台中梧棲港沒有到達預期績效，第七項高雄造船廠失敗收場，第十項核能電廠未升格爲出口型的核能產業，輸給更晚蓋核電廠的韓國，殊爲可惜。二〇〇〇年後在民進黨陳水扁、林義雄帶領下，台灣興起廢除核電的風潮，核電在政治衝擊下，變得衰微。

另一方面，由於台灣缺乏自然資源，但教育水準高，擁有豐富的知識資源，因此政府有意往技術與知識密集高的產業發展。一九七三年，時任經濟部長的孫運璿（1913-2006）建議成立以政府資金爲主的半官方機構「工業技術研究院」，以財團法人的方式突破政府法規限制，以高薪聘請歸國學人，從事產業研發。一九七四年，孫運璿與美國電子業專家討論後，將半導體產業作爲一九七〇年代中期的經濟發展重點，並自美國取得移轉技術至工研院，並在一九七七年籌設、一九八〇年完成新竹科學園區之建設，使得台灣成爲世界少數能獨立生產積體電路的地區。此後二十年，工研院與新竹科學園區的產學合作成爲帶動台灣出口經濟成長的動力，也讓台灣成爲世界科技業不可或缺的一環。

二、產業結構調整

一九五〇至一九九〇年代之間，台灣歷經多次的政策調整急速地完成工業化，在多數開發中國家都未積極加入勞力密集產品國際市場的競爭時，由於加入世界分工體系，利用勞力密集優勢，適當的政府配套政策與鼓勵，台灣的每人平均所得由一九六〇至一九八六年實質成長將近五倍。

台灣的經濟成長在一九七〇年代末期逐漸顯露其疲態，一方面隨著人民所得增加，教育水準提升，加上政治社會民主化，讓過去強調經濟至上的發展政策不斷受到批評與檢討，諸如：勞動權益、環保意識高漲的現象，使得經濟發展議題經常難以取得平衡合理的妥協與共識來發展。另一方面，不少工資水準遠低於台灣的開發中國家，在一九八〇年代加入勞力密集產品的出口競爭，使得台灣傳統的勞力密集產品很難和這些國家競爭。以上兩股內外壓力都讓台灣必須思考如何透過產業結構的轉型提升，達到兼顧經濟與社會的永續發展。

產業結構儘管必須調整，但一九八〇年代後，由於台灣經濟自由化，民間企業在國際經濟條件更加開放的條件下，不僅得以將台灣的傳統產業外移到鄰近的開發中國家投資，也不再像過去那麼依賴政府政策引導或官方保護來發展事業。政府愈來愈難直接介入產業投資，在產業結構調整上，能夠發揮的影響力也逐漸減弱。政府在產業結構調整的面向有限，而其作用不再高度有效，產業發展政策也由選擇性的產業政策改爲功能性的政策，導致只能針對具有市場失靈現象的廠商行爲來採取政策，以求減少市場失靈現象對產業發展的傷害，而盡量不直接認定什麼產業較值得發展。

三、經濟自由化的改革

一九八〇年代民國政府的主要政策是推動經濟自由化與發展技術密集產業。一九八〇年代早期，在成功的外貿政策推動下，台灣貿易順差不斷擴大，總體經濟失衡日益嚴重。爲此，民國政府採取經濟自由化與國際化作爲經濟發展新主軸，希望透過市場機制的有效運作，導正各項失衡問題。同時，台灣也開始運用豐沛的資金，發展電子、資訊與機械等資本與技術密集產業。

一九八〇年代台灣經濟的重要特色，就是逐年擴大對外貿易出超與龐大外匯存底。在通貨膨脹與美國政府三〇一條款的施壓下，要求台灣降低貿易障礙，約束對美出口，並對美開放市場，民國政府乃實施經濟自由化的改革。首先在外匯管制方面，出超、外匯存底與投機熱錢湧入，造成新台幣升值壓力，一九八七年實施新的管理外匯條例，人民可以自由持有並運用外匯。

在進口管制方面，一九八三年起，進口商品開放與稅率下降成爲趨勢，保護措施在公平貿易要求下逐漸改善。隨著二〇〇二年台北民國政府以「台澎金馬單獨關稅區」名義加入世界貿易組織後，平等、互惠的開放國內市場成爲必要的選擇。

另一方面，中國大陸在經濟方面的改革開放，加上台灣政治經濟逐步實現自由化，許多台商將資金、人才、技術與經營方法移往大陸，形成台灣產業第一波的西進，雖然使得台灣的經濟暫時免除成本提高的壓力而得以繼續成長，但也同時面臨必須盡快提升產業水平，完成產業轉型的壓力。

肆、多元文化的發展

本節所述及的宗教、文學、藝術、流行文化等多元文化的發展，範圍爲台灣光復到一九八〇年代末期。

一、宗教的興盛

台灣是一個宗教信仰自由平等的地區，又因台灣爲一移民社會，華人移民固有的傳統信仰如佛教、道教，在該族群中極爲流行且根深柢固，而西方世界較常見的宗教，如基督教及伊斯蘭教，亦擁有不少的信衆。在兩蔣時期，台灣的佛教界由於出了幾位領袖型的高僧，而讓台灣的漢傳佛教在世界上廣受重視，其影響力也跨越兩岸，普及全球，其中星雲法師與證嚴法師、聖嚴法師、惟覺法師並列台灣佛教四大宗師。

星雲法師（1927-），人稱星雲大師，本名李國深，江蘇揚州人，一九六七年（民國五十六年）創辦「佛光山」，致力於弘揚人間佛教，提倡「三好」（說好話，做好事，存好心）、「四給」（給人歡喜，給人方便，給人希望，給人信心），目前全球已有逾三百餘個道場，在教育文化與醫療慈善上貢獻良多，不僅已在全球創立各級學校，更將佛法從台灣傳往世界，對世界的和諧與人類和平做出具體貢獻。這些成就讓佛光山於二〇〇三年被正式邀請爲聯合國非政府組織的成員。二〇一一年落成的佛陀紀念館已成爲世界知名的文化中心。

證嚴法師（1937-），本名王錦雲，台中大甲人。一九六六年創立「慈濟功德會」，推動慈善、醫療、教育、人文四大志業。一九八六年創立慈濟醫院，近年來更走向國際，對國外進行賑災，是台灣與全球慈善救助的實踐者。二〇〇六年宣告成立佛教「慈濟宗」。

另外，聖嚴法師（1931-2009），本名張保康，生於江蘇南通。一九七七年任台北農禪寺住持，一九八九年創設法鼓山。惟覺法師（1928-2016），人稱惟覺老和尚，本名劉知安，生於四川營山，一九八七年主持靈泉寺，二〇〇一年在南投建立中台禪寺。這些大師們都對佛教界與文化傳播、社會服務做出巨大貢獻。

二、台灣文學的演進

光復初期曾有呂若赫、楊逵等台灣作家致力於開創台灣新文學，但在政府推行國語政策與二二八事件後陷入低迷，狹義的台灣文學發展停滯，取而代之的是一九五〇年代主流的反共文學與懷鄉文學。反共文學以孫陵的〈保衛大台灣〉歌曲爲代表，以及如柏楊的《異域》等作品。懷鄉文學則以司馬中原、姜貴等外省作家，以對中國大陸的鄉土感情與童年懷舊爲主要寫作題材。

一九六〇年代，西方的現代主義思潮隨著美援與美式生活型態的引入，影響台灣文學發展，以夏濟安、白先勇師生爲代表，開始台灣現代文學年代，以批判反省傳統文化，表達現代與傳統間拉扯的矛盾爲主，如白先勇的《台北人》等。

一九七〇年代，由於本土意識覺醒，在文學上造成一股回歸現實、認同鄉土的熱潮，以描寫台灣民衆生活爲主旨，運用俗語方言的鄉土文學。一九七七年余光中等人抨擊鄉土文學爲「工農兵文學」，鄉土文學家尉天聰、陳映眞等著文回應，引發一場文學論戰，使得作家們對鄉土認識更深，進而產生反省農村衰退、勞工生活、批判財團、官僚腐化、生態破壞等問題的「社會寫實文學」。

解嚴後，言論尺度大爲放寬，文學創作趨多元化，範疇擴大，出現女性文學、同志文學、台語文學、原住民文學、勵志文學、網路文學等各種不同形式的文學作品。

三、解嚴前後的藝術發展

在繪畫方面，由於張大千、溥心畬、黃君璧等國畫大師皆隨中央政府遷台，故中國水墨畫成爲早期台灣畫壇的主流。另一方面，由李石樵等本土畫家於日殖時期組成的「台陽美術協會」，也於一九四八年（民國三十七年）恢復活動，並堅持鄉土寫實主義，以台灣各地名勝入畫。一九五〇年代，受到歐美畫風的影響，台灣畫壇掀起現代藝術運動，以李仲生爲首的「東方」畫會及李芳枝等人創立的「五月」畫會，嘗試將西方藝術風格中的抽象主義與中國文化結合，創作現代中國繪畫。但在一九七〇年代，台灣美術與文學同樣發起鄉土運動，強調回歸社會寫實主義，以此時創刊的兩大美術雜誌《雄獅美術》與《藝術家》爲代表，掀起以本土特色、人情風俗爲題的風潮。一九七六年洪通畫展與朱銘雕塑展首開先聲，鄉土寫實主義流行。一九八〇年代起，台灣繪畫發展趨向自由大膽，勇敢諷刺過去政治、反省都市飲食男女等，呈現多元面貌。

在戲劇方面，台灣早期的戲劇發展可粗分爲官方與民間兩部分。政府遷台後帶來了各省的戲種，但官方將京劇視爲國粹，大力推廣，故很快便只剩下京劇一枝獨秀；在民間則以楊麗花、葉青等人的歌仔戲，以及黃俊雄演出的布袋戲「雲州大儒俠」最爲盛行，其他傳統劇種都逐漸沒落。此外，因國語政策的推行，以閩南語爲主要語言的歌仔戲與布袋戲，表演受到局限，直到解嚴後才恢復活力。

在舞蹈方面，台灣的舞蹈亦可粗分爲傳統的民俗舞蹈與現代舞兩大部分。民俗舞蹈以八家將、陣頭爲代表，近年來又出現結合傳統與現代的電音三太子，堪稱台客文化的代表。除歐、美現代舞技外，以林懷民雲門舞集爲首的台灣現代舞也融入傳統京劇、台灣民俗的身段，試圖將台灣的文化與藝術融合。

四、流行文化的發展

在電影方面，台灣電影的起源相當早，最初盛行的是台語電影，一九五五年（民國四十四年）第一部歌仔戲電影〈薛平貴與王寶釧〉的賣座帶起一股拍製台語電影風潮。一九六〇年代，受歐美寫實風格影響，中央電影公司提出「健康寫實主義」路線，李行的〈蚵女〉為其代表。一九六〇年代後期開始，隨著台灣經濟情況好轉，民眾娛樂需求提高，以瓊瑤小說改編的愛情片、香港的功夫片、武俠片與喜劇片大量出現。一九七〇年代中期，因為退出聯合國等不利情勢，電影也開始出現一系列的愛國政宣片，如〈英烈千秋〉等。一九八〇年代，電影取材不僅貼近社會現實，更期望以新的創作形式和風格建立電影語言，例如侯孝賢的〈兒子的大玩偶〉即是寫實主義風格的「新電影」代表作。此外，新生代導演如楊德昌等人的加入，開啓台灣電影新浪潮的時代，侯孝賢的〈悲情城市〉，楊德昌的〈一一〉皆成功使台灣電影走向國際。

政府遷台後，取締歌詞哀怨淒楚或者帶有社會煽動性的台語歌曲，例如〈望你早歸〉等，取而代之的是由香港、上海傳入的國語歌曲和美國鄉村歌曲。一九七〇年代，校園民歌風行，羅大佑等將人文關懷寫入歌中，貼近百姓生活。一九八〇年代由於鄧麗君等人的走紅，國語老歌在台灣歌壇風行一時。同時，葉啓田的〈愛拚才會贏〉等，更代表了台灣人民爲創造經濟奇蹟而奮鬥的理想。近年來，許多台灣歌手紅遍兩岸三地及新馬地區，不少來自亞洲各地的新秀來台灣發展，台灣樂壇對華語音樂扮演極大的重要角色。

總結來說，一九七〇與八〇年代的台灣，可以說是蔣經國治理下的台灣。蔣經國一九七二年任行政院長，推動十項行政革新，一九七三年推動十大建設。從一九七五年蔣介石去世，到一九七八年蔣經國出任總統之前，這三年期間的總統是嚴家淦，但實權掌握在蔣經國手中。一九七五年蔣經國任國民黨主席，一九七八年任中華民國總統。一九八八年一月十三日，蔣經國先生逝世。

「革新保台」這四個字應該可以總結爲蔣經國主政的理念。在國際政治環境不利的情勢下，蔣經國全力發展與強化了台灣的經濟，解除了多年的戒嚴，促使政治全面民主化。蔣經國的過世，不僅是他的時代結束，台灣也進入了一個轉折點。大約是同一個時間點，世界局勢也開始改變，冷戰隨即結束，新的世界格局開啓。蔣經國任內開啓的全面民主化，趕上了世界民主化的浪潮；他開放的大陸探親，使得兩岸關係重新再行連結。蔣經國留下的中國認同與文化遺產，很快的就被後任者一個接一個從本質上破壞；他留下的經濟遺產，讓後任者一個接一個可以盡情的揮霍；他留下的民主化政治遺產，也逐漸被後任者一個接一個惡質化；他最在意的清廉政治，也快速被黑金或金權政治所侵蝕；最後，他留下的中華民國也慢慢地被後任者一個接一個的虛無化。人們對他的時代仍有緬懷，歷年多次民調顯示，蔣經國總是爲人民所肯定的歷任總統，但是屬於他那個時代的點點滴滴，早已飛逝消失。

本書寫到前一代人爲止，一代是三十年，一九八八年蔣經國過世以後的台灣史，就留給未來的人來撰寫了。《台灣史基本讀本》至此應已可收筆，但是作爲本書的作者，願意將閱讀台灣史後的心得與感想作爲結語，與讀者分享如後。

結語：以正知摒棄偏見，以包容迎向未來

滄海百年，可能只是歷史一頁；世事多變，最終也是灰飛煙滅。歷史都會過去，但是留下的記憶會影響著未來的腳步。

台灣島上有文字歷史以來，也不過短短幾百年，但是由於這個島上的統治者換來換去，歷史的記憶與詮釋也就有了不同與爭議。呈現眞實是避免爭議的最好方法，但是面對同一事實，仍會有不同的理解與詮釋。因此，閱讀歷史，要有一顆包容的心，但是也該有一些基本的是非。閱讀歷史，不僅是在瞭解過去的點點滴滴，也希望透過歷史，得到啓發，避免重蹈覆轍，讓社會走得更好。

「孔子著春秋，亂臣賊子懼」，就是在彰顯歷史固然無情，但是卻可以呈現人們應有的價值選擇。面對歷史，我們應該有感情，也應有理性，更應有來自良善價值的判斷。沒有良善價值爲依據，是不夠資格評論歷史的。面對歷史時應思考，是否瞭解了事情的本末？誤解了誰？污衊了誰？

過去的人、過去的事，都已經過去了，他們已是昨日黃花、黃土一坏，我們的任何評價

對他們已無意義，而是對我們當代的人與事有意義。我們看歷史，必須要從群體的發展著眼，如果只是從自己的私心、恩怨、意識形態出發，不惜曲解歷史，甚而誤導他人，那不僅對不起歷史，也是不道德的。

沒有人可以全盤理解歷史，本書也是一樣。即使試著全盤深入瞭解，仍可能有思想不周之處，但是在回顧台灣史時，仍得出若干心得感想，藉此與讀者分享。

台灣是否爲一個多元文化社會，還是一個以中華文化爲主體的多元文化社會，這是台灣史的核心問題。近十餘年，台灣的教科書是以「台灣是多元文化社會」爲標準答案，不允許有「中華文化爲主體」之說。其理由在於「多元」不應有主體或非主體，均應平等對待。其實，台灣當權者在倡議台灣爲多元文化時，其目的並非在「多元」兩字，而是透過「多元」這個概念來減低「中國化」或「中華文化」在台灣文化中的成分，進而爲「去中國化」鋪路。

我們用事實來說話。舊石器時代的長濱文化、左鎮遺址，新石器時期的大坌坑、圓山、卑南等文化，鐵器時代的十三行文化、蔦松文化、靜浦文化，雖然是台灣最早的住民，但是後來突然消失，而與目前台灣的原住民並沒有可驗證的關係，但是一些學者仍將其作爲台灣多樣性文化的論述依據。荷蘭是以聯合東印度公司的名義來到台灣，最著名的安平古堡是荷蘭時期所建，但是所有的建築材料與工人，都是來自於大陸的漢人。東印度公司來台的荷蘭人並不多，其生活習慣也幾乎沒有對當地人有影響。目前在台灣丈量土地所通用的「甲」的確是來自荷蘭文，但是台灣的「甲」較荷蘭的「甲」（Kop）至少大五千多倍。西班牙人在台期間也只有十多年，且並沒有在台灣北部建立起自己的殖民體系，而只是散居做一些生意買賣，當時的一些雕堡早已無影無蹤，如果要說荷蘭與西班牙為台灣留下多元文化的因子，那是太過了，如果硬要說有，那就是政治正確需要了。

目前台灣原住民是台灣多元文化的一群。有些學者藉由原住民與漢人大量通婚而得出「只有唐山公，沒有唐山嬤」的結論，並進一步作為台灣人是「南島語族」的證明，再得出「南島語族」的文化是台灣「多元文化」的重要組成。這些謬誤在本書中已經一一駁斥，不再累述。從文化血緣來看，漢人在不同階段大量移民台灣，經過繁衍，目前有漢人血統者占台灣人口比率98%，在中國大陸漢人只有91%，香港94%、新加坡75%，台灣反而是漢族比率最高的地方。這些漢人幾乎全部都受中華文化影響。

日本人殖民台灣五十年，也嘗試用「皇民化」改變台灣人認同，放棄中華文化信仰。但是日本人最終讓台灣人都信仰神道了嗎？台灣迄今仍有人喜好日本料理，喜歡日本生活文化，但是這是屬於廣義的生活多元，台灣一樣有人喜歡法國料理，美國豪宅、麥當勞，外國電影，信仰基督教，但這就可以作爲台灣是多元文化的理由嗎？如果依這個標準，日本的文化來自中國，民主制度來自美國，但是爲何日本人迄今未嘗強調自己是個多元文化的國度？美國、加拿大等移民國家可以說是多元文化的國家，其原因在於不同人種、宗教信仰、生活習慣，的確都有相當的數量與代表性。

「多元文化」是一個泛稱，從地理大發現、西方殖民開始，全球化已是一個現象，如果廣義來說，全世界沒一個地方不是多元文化。若深入探討，「多元文化」裏面各「元」的「量」的比率與「質」的價值差別是關鍵的評量標準。如同在海水中加一些糖，我們不會說它是糖水，也不會說它是糖海水，我們可以用最寬廣的定義來詮釋多元文化，但是絕對不是如當權者所說的：「台灣是多元文化，不是以中華文化爲主體的多元文化。」

所謂「台灣是多元文化，不是以中華文化爲主體的多元文化」是當權者或若干學者完全悖離知識，爲政治目的而服務的說法。在台灣，中華文化所占「量」與「質」的比率是遠遠高過其他文化或生活習慣。這不是中華文化的霸權說，而是歷史與當代生活中的事實。以「多元文化」爲包裝的「去中國化」論述可以休矣。

台灣經歷了幾個政權，荷蘭算一個，明鄭也算一個，比較長久的是清朝的二一二年，日本殖民五十年，民國政府從一九四五年迄今。隨著「去中國化」的推動，在現有的教科書及台灣政治主流論述中，以下的圖像愈來愈明顯：第一，在台灣全面民主化以前，所有的政權都是外來政權，其中有好有壞。第二，清朝治理期間叫做「清領」，即清朝占領、領有，在台是消極治理，直到一八六二年台灣實際開港，一八七五年設台灣巡撫後，才開始認眞治理台灣，但是短短幾年就結束了。第三，日本是依《馬關條約》合法統治台灣，因而要用中性的「日治」，表示日本統治、治理。第四，台灣是日本一部分，台灣人就是日本人，盡量避免使用「殖民」用語。第五，日本帶給台灣現代化建設，培養台灣人現代法治意識，功勞最大。第六，蔣介石政權帶頭打壓台灣人的本土意識，有二二八與白色恐怖的惡行，外省人迫害台灣人，表現最差。第七，一九四五年起治台的國民政府與一九四九年以後來台的國民黨政權汲取台灣人的資源，威權統治，近年更是「親中」、「賣台」。

最後兩點已經遠遠超過「認知圖像」，二〇一六年（民國一〇五年）民進黨執政以後將其落實，訂立《不當黨產條例》與《促進轉型正義條例》，將一九四五年八月十五日至一九九二年十一月六日這段期間視爲「不正義」的威權年代，需要轉型，而其中又以蔣介石爲罪魁禍首，因此要拆其紀念堂，毀其銅像。

「比較」是最簡單的方法。小時候，我們學會比較「哪個長，哪個短」，「哪個大，哪個小」，長大後，我們也會分辨「哪個拿我錢，哪個幫我忙」，「哪個給我從政機會，哪個送我上戰場」，「誰把我當自己人，誰把我當外人」。

從一六八三至一八九五年，清政府統治台灣長達二一二年，台灣是中國的領土，漢人移民大舉入居台灣，形成台灣的「大移民時代」。移民入台四處墾荒，形成台灣史上最大規模的墾殖事業，是偉大的「大墾荒時代」。清政府將台灣治理成為人口密集的近代島嶼，可說相當成功。視清政府是外來政權，只是消極統治台灣，無什重大建樹的說法，是刻意扭曲事實的偏見。

清政府初期以國防安全為由，將台灣納入中國版圖。相較於其他邊疆地區，清廷對於台灣的治理相當認真，派更多的官員來台治理，付出更多軍事開銷，運用各種方法，包括設定地界，規定漢人不可與平埔族結婚，以免利用原住民的女性繼承習俗而奪人財產，穩定漢人和原住民的衝突。

有人認為台灣的分類械鬥是清廷治理不力所致。台灣的分類械鬥也不比其他地區嚴重，中國東南沿海地區的分類械鬥，比台灣有過之而無不及。台灣的羅漢腳現象，是中國許多邊疆地區共有的現象，開墾失敗的遊民，在邊疆地區到處都是，台灣並不特別。有政治野心的移民，蜂擁暴動，稱皇稱帝，奪取政權，更是任何遠離政治中心的中國領土的共通歷史現象，台灣並不特殊。

這些邊疆現象也不構成清政府消極治理的證據，反而清政府花費更多的財力、武力，穩定台灣的移民社會，導致移民大批入台，人口大量增加，開墾田地快速擴大，才是清政府積極治理的證據。例如，台灣府的財政一直仰賴福建省補貼，台灣府升格爲台灣省仍然要靠福建省補貼；清軍在台灣的密度高於福建，也高於中國全境，顯示清政府對台灣的重視。

台灣現有教科書普遍認爲清廷「爲防台而治台」，是刻意扭曲清政府「動機」的毫無根據之言。畢竟，台灣再怎麼動亂也不會影響北京的清政府，清政府根本不需要「防範台灣島民」，把「維安」視爲「防台」純是無聊學者的囈語。相較之下，清代中國的同一時期，很多中國移民進入南洋，缺乏清政府軍隊保護，歷經排華暴動，死傷慘重，就沒這麼幸運。

大清帝國治理台灣著重戰略利益，不讓台灣被海盜或荷蘭、西班牙、日本占領，威脅中國東南沿海的防衛安全；雖然因國際法知識不足，或國力已衰，讓列強得以占中國的便宜，但從未思考如何剝削台灣的資源。所有資源都投入維持台灣的內部安定和防衛外敵及海盜，「台灣府」和「台灣鎮」長期需要福建省提供財政補貼，就是明證。台灣對中國大陸最大的經濟功能，是透過移民台灣，疏解福建的人口壓力。但荷蘭人、日本人就完全不同，荷日殖民者毫不客氣的剝削台灣資源，送回去滋養本國人民。有些台灣史學者引用福建官員的說法，指清政府派駐台灣的官員貪污，吏治不彰。清政府治理台灣時期，的確可以列出很多貪污案，但比較日本殖民時期的日本官員像水野遵案、後藤新平的財團案，那種系統性、制度性的貪污，清朝政府的吏治其實沒有那麼差。

荷蘭人占領台南安平港時，最初只是掌控安平港作爲貿易港口，從轉口貿易和港口租稅，獲得商業利潤，此時的荷蘭人只是港口占領軍。荷蘭人很快發現，搶奪原住民土地，招募中國移民，種植甘蔗，再由中國移民的「糖廍」（傳統的製糖工場）製造砂糖，運銷日本和中國是門好生意。荷蘭人用武力征服台灣原住民，爲的是建立產業基地。荷蘭人自己不移民，卻移民中國人，從原住民的土地和中國人的勞力，獲取殖民利潤，匯回阿姆斯特丹，支持在阿姆斯特丹證券交易所上市的荷蘭聯合東印度公司的股票價格，以及荷蘭政府從事獨立戰爭的軍費。

日本人占領台灣，一開始就師法英國經營殖民地的策略：先奪取台灣的自然資源，征服原住民，奪取山林土地，砍伐檜木運回日本做高貴建材；砍伐樟木，製作樟腦，壟斷外銷利潤，養大日本財團。另一方面，控制台灣土地，擴大生產稻米、蔗糖、香蕉，低價供應日本國內，減少日本的外匯和白銀的流失，蓄積對外侵略的資本；更以征服台灣人民作爲日本人的忠順臣民，供作日本侵略中國和東南亞的後備部隊；徵募台灣人充當台籍日本兵、軍屬（軍中文職人員）、軍伕（軍中雜役）、海軍工員（少年工）、軍隊看護婦（隨軍護士）、農業戰士、工業戰士，在第二次世界大戰期間充當日本侵略的共犯，還強迫台灣婦女充作慰安婦（軍妓）。台灣人將積蓄拿去購買日本戰爭公債，等於用儲蓄資助日本侵略。一九四五年台灣的每人平均生產總值掉落到一八九五年清朝統治時的水平。

日本人常煽動說，清帝國官員很多貪污腐敗，但日本人不敢面對的事實是，日本殖民台灣系統性的剝削，其金額遠遠大於清帝國官員的個別貪污。何況台灣的日本官員離職時，都可以獲得豐厚退職金，和獲贈台灣的田地做補償。這些日本人巧取豪奪的土地，到一九四五年第二次世界大戰後才被沒收。更重要的事實是，二十世紀的財政資料顯示，台灣不但未曾獲得日本政府的補貼，還倒貼日本政府的財政赤字。日本殖民政府在台灣的建設經費也全數自台灣人身上搜刮取得，台灣人的每人稅負也遠高於日本人。這些日本如何剝削台灣的事實，教科書不是不寫，就是輕描帶過，而主張「去中國化」的學者政客，對此更是絕口不提。

台灣的命運一直牽動著中國，一八九五年台灣被迫割讓，光緒痛哭，百姓憤慨，不僅促使維新變法之議，更使得孫中山決定要革命救國。一九四五年台灣光復，全中國人沒有不歡喜慶祝。當時的南京政府從一開始就沒有把台灣同胞當成日本人看待，而視台灣人為中國人。

一九四五年以後台灣的命運與蔣介石及國民黨是不可分的。蔣介石的一生高低起伏，國際聲望在西安事變後，到抗戰初期達到了高峰。到了抗戰末期，因爲史迪威事件蔣美關係交惡，蔣介石在美國人心目中的地位開始下降，到大陸易手，蔣介石在國際間的聲望跌入谷底，美國發表對《中國白皮書》，放棄蔣政權，甚至主張倒蔣者也大有在。

蔣介石在國共內戰敗象已露之際，把南京民國政府龐大的軍隊、政府機關和黃金外匯遷移到台灣，帶領軍民成功地阻卻毛澤東的共產黨軍隊攻占台灣，讓今日台獨分子有機會發展空間，但台獨分子最痛恨的政治人物卻是蔣介石與國民黨。

抗日戰爭勝利後，蔣介石的國民政府堅持台灣同胞也是中國人，使得台灣人從參與侵略戰爭的共業者，轉而成爲戰勝國的國民，而使得台灣人不受戰爭的追訴，也不必承擔侵略者的良心譴責。但是七十年後的台灣，卻有人視蔣介石爲迫害台灣人的兇手，將他比擬爲屠殺六百萬猶太人、挑起二次世界大戰的希特勒，不拆解其銅像，不在其靈柩上潑紅漆，難消心中之恨。

二二八事件的發生，是衆多因素所匯集而成，但是從一個原本單純的警民衝突事件，可以演變成要推翻政府的革命行爲。如果同樣的警民衝突發生在日據時期，日本警察會如何處理？相信大家心知肚明。陳儀的處理不當是事件擴大的原因之一，不過，暴民與野心政客難道沒有責任？在陳儀看到社會暴動難以收拾之際，電請中央派兵平亂。換成日據時期，可能日軍早就大開殺戒了。當時已出現武裝推翻政府的民兵，任何一個國家的中央政府均會設法平亂，而非放任不管，這是基本認識。當蔣介石決定派兵平亂時，正值國共內戰，但仍以電報命令陳儀不可報復，但是迄今台獨者仍然一口咬定蔣介石是「二二八元兇」，卻提不出任何證據。陳水扁時代的國史館館長張炎憲在《二二八檔案彙編》序言中即說：「……蔣介石是二二八的原兇呼之欲出，只是還找不到白紙黑字的證據而已。」找不到證據卻說「呼之欲出」，也使得一些學者、政客及受他們誤導的青年人也跟著搖旗吶喊，以「有罪推定」方式來羅織罪名。

在意識形態的操弄下，「二二八」事件成爲「官逼民反」、「大屠殺」，但綜觀整個事件的擴大，完全是因爲已經鬧到要武力政變了，政府軍隊才出手。而所謂的「大屠殺」，更是子虛烏有，目前統計人數死亡及失蹤者共約八百餘人，比日據時期後藤新平以「匪徒」名義處決良善百姓的不知少了多少，但是後藤新平的銅像目前仍安穩地立在爲了紀念他的台灣博物館，而沒有看到有任何反蔣者質疑。

後來韓戰爆發，蔣美關係改善，但是蔣介石在盟邦以及西方學術界之地位一直沒有恢復，當時外界對蔣之批評是：獨裁、專制、不懂民主、法治、剛愎自用、任用私人，蔣的團體貪污腐敗、無能，所以把大陸搞垮了。這個制式的印象也轉移到當時民眾對民國政府上，認爲來台灣的都是一群敗軍，魯蛇。這一點在幾十年台灣解嚴後格外明顯，在一些學者專家的著作中，那時的國民黨與民國政府幾乎一無是處，相對於日本的皇軍警察，更是不能比。

美國支持韓戰後的蔣介石與民國政府，不是因爲美國喜歡他們，而是當時毛澤東與新成立的「新中國」共和國政府一邊倒向蘇聯。韓戰後，美國即使恢復支持民國政府，但卻是處處給穿小鞋，不是主張「台灣地位未定」，就是限制軍事調動權。在美國眼中，蔣介石與民國政府只是暫時的盟友，事實也的確如此，當毛澤東向尼克森招手時，美國立刻拋棄台灣，轉向北京了。

由於國際處境的因素，台灣一直被迫對美國依賴，成爲美國的扈從。所謂「扈從」，就是跟著美國後面當小弟、跟班，不敢得罪美國。依賴久了，前一代的人凋零，後一代的人記憶卻變成美國是台灣最堅定的盟友，認爲美國已經保護了台灣幾十年，必要時，美國未來也會出兵保護台灣。

自我情感的投射，讓民眾對冷戰期間，美國爲了自己利益背棄民國政府、給台灣穿小鞋的記錄，完全不清楚也不願意深入瞭解。清楚的說，從一九四九年迄今，美國從來沒有爲台灣出兵的打算，即使是一九七九年的《台灣關係法》，美國也僅是表達對台灣安全的「關切」，而沒有任何承諾。對於美國而言，台灣只是手上的一張牌，美國緊握不放，只是爲了讓對手有所顧忌，或在最適當的時間丟出，以賺得美國的最大利益。

一九五〇年是國共內戰的戰場從大陸移轉到台灣，那是一個「你死我活」的年代，大陸抓「蔣匪」，台灣抓「匪諜」，是軍事鬥爭的副產品。蔣介石殘酷整肅台灣的親共勢力，使得毛澤東處心積慮在台灣部署的力量被連根拔除。台灣普遍稱那個時代叫「白色恐怖」，表示「很恐怖」，但是如果設身處地，如果重回歷史場景，面對共產黨要解放台灣，現在的政府應該如何處理？

當時有不少眞正的「受難者」，他們的眞正身分是「特工」，至今在大陸北京西山國家森林公園建設無名英雄廣場受到尊敬，他們「求仁得仁」，不需要台北的民國政府還其公道。是否在台灣被認定爲「受難者」或是「匪諜」，對他們根本不重要。

「白色恐怖」期間也不乏被波及的受害者，値得我們同情，也應該爲其討回正義與公道。那個是已經過去的大時代悲劇，但是有心的政客學者，對此永遠念念不忘，時而拿出來攻擊一下七十年前的時代悲劇。這些人如此消費台灣這段歷史，眞的只是爲了「轉型正義」，還是有更大的私心？那一段日本人在乙未戰爭中殺害台灣同胞的歷史，那一段日本人後藤新平如何屠殺「歸順」台民的歷史，那一段日本兵如何屠殺霧社等原住民的歷史，是否也應算是很恐怖的「恐怖」時期？如果眞的有正義良知，是否也應該爲他們討回公道？至少也可以爲他們立碑撰文，但是有這麼做嗎？我們在讀歷史、寫歷史時，要把心放在應該放的地方，而不要爲了狹隘的私利、意識形態，不斷地挖早該癒合的傷疤。

蔣介石在大陸期間，讓中國成爲聯合國的創始會員國，也是五個常任理事會的會員國。從古寧頭大捷到八二三砲戰，成功地維護了民國政府的國祚與台灣人民的安全。再看看大陸後來走的道路，如果沒有這一般捍衛台灣安全的歷史，台灣的命運當時會如何？在評論「白色恐怖」時，是否也應該放到這個脈絡中討論？

歷史是無情的，人也是健忘的，但是在回顧歷史時，必須有個「度」。蔣介石與陳誠推動的土地改革相當成功，讓台灣的佃農獲得夢寐以求的土地，現在攻擊蔣介石的年輕一代，卻大多是這些佃農的子孫。如果沒有蔣介石與民國政府，移居到台灣的外省人，無法找到軍事庇護和政治庇蔭，但是外省子弟罵起蔣介石與民國政府也不遑多讓，特別是需要投靠民進黨和台獨的外省子弟。歷史不是不能改寫，人物不是不能反評，但是必須也要有個「度」。「度」的標準沒有任何指標，全在於個人道德良知、是非正義的素養。歷史事件中不乏個人的恩怨情仇，不過，歷史不應只是一家一室的恩怨，特別是當整個國家當時面臨生死存亡之時，可否應用更大的格局來看待曾經傷痛的歷史？

任何事件都會有無辜的受害者，不論是二二八，還是「白色恐怖」，都有無辜的亡魂，這是歷史的傷痛。但是我們可否從大歷史來理解這段小歷史？二二八事件不就是中日戰爭的遺緒，而白色恐怖不也是國共內戰的另外翻版？在對日抗戰與國共內戰中，亡魂還少了嗎？令人痛心的是，在台灣，一些人將「道德正義」無限上綱與曲解，在他們眼中，只要是被民國政府殺害者，一律都是「受難者」，而不管他是否是流氓、暴民、武力顛覆者、潛伏諜報者。一直糾纏著「白色恐怖」不放，眞的只是爲了「正義」？還是爲了要醜化當時的蔣介石與民國政府，以凸顯其是欺負台灣人的外來政權？

對歷史的曲解更在於，不斷放大「二二八」與「白色恐怖」的不正義性，並把兩件本質不相干的事件混在一起，更視兩蔣治理台灣時期爲「不正義」的年代。如果兩蔣時期不正義，日本殖民統治時期「正義」嗎？替日本軍國主義上戰場的人「正義」嗎？取得日本人留下財產的財富「正義」嗎？這是那些主張「轉型正義」者必須要回答的問題。

在那個被現在稱之爲「不正義」的年代，在蔣介石與民國政府治理下，台灣出現有史以來經濟發展最爲燦爛的黃金十年。經濟成長率不論從一九六〇年計算至一九六九年，或從一九六一年計算至一九七〇年，長達十年期間，每年平均成長率（或增加率）都超過10%。物價上漲率不到4%，出口占GDP比例超過24%，儲蓄率超過20%。這個成績不論比較荷蘭東印度公司、延平王、大清帝國、日本殖民政府、台北民國政府的任何一位統治者，都無人能出其右。在蔣經國時代，推動十大建設、開發新竹工業園區，讓半導體產業成爲台灣科技業的指標，傲視全球，使台灣成爲亞洲四小龍。但是很可惜，後繼者卻無法繼續讓台灣壯大。

一九六〇年代的關鍵十年是台灣能脫離貧窮，走入現代化的關鍵十年，這是蔣介石與民國政府所領導的。沒有這十年紮下的根，蔣經國的經濟建設很難突飛猛晉。台灣自古以來，從荷蘭人至日本人統治時期都存在的羅漢腳和乞丐現象，在這十年間消失。不論各種政治立場的人如何評斷蔣介石與民國政府的功過得失，這十年的政績，台灣的過去、現在、未來的統治者，都無人能超越。但台灣現在只努力要讓年輕一代認定蔣介石只是獨裁統治者，國民黨是個外來政權。

在兩岸對峙、台灣戒嚴的年代，民國政府仍然堅定落實民權主義，並沒有停止台灣地方自治的腳步，爲未來的全面民主化奠定了基礎。這是日本殖民時期絕對做不到，也不會想做的。推動九年國民教育，全面提升國民素質；復興中華文化，讓台灣成爲中華文化的重鎮，也是蔣介石與民國政府不可抹殺的貢獻。

「亡其國必先滅其史」，是先儒們感嘆歷史朝代轉換時的總結。日據時期，日本人要滅中國史可以理解，很遺憾的，現在的台灣卻是自己人要滅掉自己的歷史。當台灣史的理解偏差時，台灣就必然陷入價值錯亂、是非不分、對錯不明、立場決定一切、態度走向極端的情境。昔日蔣介石與由國民黨主政的民國政府對台灣的日本人和日本皇民，都寬大爲懷，以德報怨，沒有像韓國一樣整肅親日皇民。但是當台灣由昔日的皇民當家時，卻樂於鬥爭蔣介石與國民黨。

蔣介石自詡爲中國的民族主義領袖，全力在台灣推廣中華文化，消除日本殖民文化的影響力。但是歷史是諷刺的，一些皇民化的後代透過政治權力，進行了歷史最大的反撲。在多年的去中國化、扭曲台灣史的教育下，台灣的年輕世代卻愈來愈不認同中國人身分，理所當然的認爲，「台灣人不是中國人」。這與他們的祖先在不同年代渡海而來，宗族的墓碑上仍寫著唐山故土的名稱已是完全不同。這群年輕人已被教育成是屬於「南島語族」，而非「中華民族」。

爲達到「去中」政治目的，所採取的做法，就是徹底抹去或醜化民國政府來台的一切，而其最核心的攻擊點就是從蔣介石與國民黨下手。因此，二〇一六年，當民進黨擁有絕對的權力後，以蔡英文爲首的民進黨政府即以「轉型正義」爲由，要徹底消滅蔣介石在台灣留下的任何印記。但不管如何努力，成功的機率都很小。原因很簡單，歷史的事件可以用曲解來欺騙，但無法篡改事實。如果比較兩蔣時期與日本殖民時期對台灣的貢獻，誰把台灣人當自己人，很容易就找到答案。

兩蔣時期對台灣的現代化貢獻遠非日本人可比，在日據時期台灣人只是「屬民」，但是在民國時期則是「公民」。如果批評兩蔣時期是殘暴的威權統治，那麼也可與日據時期所有的台灣總督做個比較，後者殺人如麻，國民黨治理下的台灣無疑是不能比。總是批評台灣有三十多年的威權統治，但卻歌頌日本五十年的專制皇民統治，這樣的台灣史論述，對嗎？

蔣介石與蔣經國終生不讓「中華民國」的燈火熄滅，但是其後繼者卻一個一個在實質上拋棄了他們，甚而肯叛了他們。他們拉拔的政治人物，面對蔣介石被台獨分子攻擊時，蔣經國的接班人李登輝成爲「去中」的精神領袖，馬英九與其他國民黨的領導人則大多選擇保持沉默。當歷史教科書逐漸「去中國化」的過程中，兩蔣的後續者選擇噤聲不語，即使有了權力，也沒有撥亂反正。當兩蔣時期被定位爲「不正義」的年代，而需要被轉型時，他們也沒有奮力抗爭。有些人「不容青史盡成灰，不信眞理喚不回」，而仍選擇抗爭時，國民黨的領導人們也是選擇保持距離，深怕影響到他們「客觀中立」的形象。悲哀的是，不只是兩蔣政治上的繼承者，連兩蔣自己的子孫也呼應所謂本土和台獨的立場，貶抑蔣介石。

是非不明的社會是不可能有凝聚力的，價值錯亂的人群又如何能夠眞正的團結？當兩蔣時期在台灣被視爲是外來政權時，注定了台灣會走向分裂、競爭力減弱。兩蔣時期的民國政府，對台灣好，還是壞；兩蔣是成功者，還是失敗者；兩蔣時期的中國國民黨，對得起，還是對不起台灣，已經不重要，都已經過去。這段時期的台灣史，不會只是當代幾個學者或政治人物說了算，時間才是眞正的歷史檢驗者，青史不會成灰，在激情欺騙都逐漸如煙散去後，歷史的公道會浮現的。

過去的就過了，不會再回來。在地理大發現時，台灣只是航線上的一個重要轉運島，也曾經是漢人尋求新生活的開墾天堂，也不幸地成爲帝國主義垂涎的果實、戰爭的基地，不論如何改變，它的地理位置讓它總是政治、經濟、文化的邊陲，而不是中心。

一九四九年民國政府來到台灣這段歷史，改變了台灣的「政治、經濟、文化」地理位置。這次渡海南遷，是中國史上足以比擬東晉永嘉渡江與南宋靖康渡江的三大南遷事件。一九四九年也是三大移民潮中文化意義最豐富的移民事件。由於來到台灣的不少當時的文化教育菁英、重寶國器、檔案資料，一九四九年後的台灣可謂是民國學術的繼承者，是另一種五四精神的發揚者，更有對中國歷史文化的傳承。一九六〇年代，台灣再大力推展中華文化復興運動，讓中華文化在台灣深深紮下了厚實的基礎，也讓台灣成爲全球中華文化的代表者。一直到一九七〇年代，台灣的經濟是在和平的手段下逐漸轉型發展，政治民主也日益深化。這時台灣的表現，讓它成爲中國眞正的中心，而不再是邊陲，這是台灣從來沒有出現過的現象。

可惜，一九九〇年代起，當過去四十年的歷史被詮釋爲外省人迫害本省人、國民黨與民國政府是外來政權、是不正義時；當台灣決定在政治上要遠離中國、在文化上要去中國化、在經濟上要與中國保持距離時，台灣似乎又再次回到它歷史的原點。特別是，當中國大陸開始重視並弘揚中華文化、經濟快速發展時、政治力量茁壯時，台灣已不再是中國的中心，而似乎又往邊陲移位了。

不是沒有機會的，台灣還是有可能在未來中華民族的發展上扮演重要的角色。在國際關係上，兩蔣時期留下了一個沒解決的問題，即兩岸是一個什麼樣的關係？國際上只認同接受「一個中國」，沒有國家公開接受「兩個中國」或「一中一台」，台灣是要硬著頭皮、頂著鋼盔往台獨衝，還是有智慧地坐下來與北京共同解決這個歷史的問題，讓兩岸可以在「和合」的道路上發展？這取得於台灣人是否有智慧。

兩蔣以後，台灣的大趨勢是選擇分離主義，因爲要選擇這條路，所以用政治力量把眞正的台灣史給扭曲了。政治是一時的，但是扭曲的台灣史對青年的傷害卻是長久的，這是台灣目前最大的問題所在。本書的出版，希望能在這一方面做出貢獻。我們期待，當台灣史在台灣得到正確的認識，因爲台灣史而引發的錯誤認同可以改變，兩岸能夠用智慧解決爭議，和平相處，台灣絕對可以像有些人所期待的「胖鯨魚」一樣縱橫四海。

在閱讀完本書後，在瞭解事實眞相的原委後，或許我們可以放下所有的恩恩怨怨，展望一下未來吧！有人說，幾百來年，台灣人從來沒有決定自己命運的權利，所以要有主體性，要與中國大陸一刀切而獨立。但是，「台灣是屬於誰的？」「台灣是否應該是台灣人的台灣？」「誰是本土，誰是外來？」這樣的爭議有這麼重要？又能夠解決問題嗎？

如果從人與自然的角度來看，土地是包容我們的母親，孕育我們的生命，借用佛法來說，即使是自己的生命，我們都不能眞正的擁有，而最多只能使用享有，何況土地？所有的土地與財產，都是借我們使用或看看幾十年而已。從時間的長河來看，我們都是地球上的過客。在地球這塊土地上，從來沒有眞正的「原住民」，也沒有所謂的「外來人」，有的只是「先來後到」而已。

台灣的歷史，的確是一個不斷有「後來者」進入的歷史，先來者往往排斥抵制後來者，甚而要後來者「滾回去」，視後來者為「非我族類」，這樣的情形在二十世紀末、二十一世紀初的台灣仍然可見。這種「先來後來」的分別心，成為台灣這個「移民島」上爭執與衝突的核心源頭。

放下「我執」吧！台灣與世界上所有地方一樣，都不是屬於誰的，我們都是地球上的過客，地球才是眞正的主人。回顧過去，展望未來，台灣應該要做的是如何讓自己更「開放」，更追求「和平」，讓生活能夠過得更好。有了好生活，才會有尊嚴，也才會有所謂的「主體性」。

當世界上更多的人願意來到台灣，願意「享有」台灣時，台灣也就可「享有」世界了，也就有了眞正的「主體性」。故步自封，以「我執」來愛台，只會害台，只會讓自己失去所謂的主體性。「台灣是台灣人的台灣」的「鎖島」排他思維將使得台灣逐步萎縮，唯有「台灣是世界的台灣」的認識，台灣才有機會享有全世界。「和平開放」是台灣必須要走的道路，「有容乃大」則是台灣面對世界，展望未來唯一的座右銘。

台灣史基本讀本

作　　者／蔡正元、張亞中
出 版 者／孫文學校
發 行 人／張亞中
總 編 輯／閻富萍
地　　址／台北市萬芳路 60-19 號 6 樓
電　　話／(02)26647780
傳　　真／(02)26647633
E-mail／service@ycrc.com.tw
網　　址／www.ycrc.com.tw
ISBN／978-986-97019-3-8
初版一刷／2018 年 12 月
初版二刷／2021 年 12 月
定　　價／新台幣 450 元

總 經 銷／揚智文化事業股份有限公司
地　　址／新北市深坑區北深路三段 258 號 8 樓
電　　話／(02)86626826
傳　　真／(02)26647633

國家圖書館出版品預行編目（CIP）資料

台灣史基本讀本 / 蔡正元, 張亞中著. -- 初版. -- 臺北市 : 孫文學校, 2018.12
面； 公分

ISBN 978-986-97019-3-8(平裝)

1.臺灣史

733.21 107021057